Constitucionalismo Moderno

ORIGENS E FUTURO (1820 * 2023)

Constitucionalismo Moderno

ORIGENS E FUTURO (1820 * 2023)

2023

Paulo Ferreira da Cunha
Juiz Conselheiro do Supremo Tribunal de Justiça

ALMEDINA

CONSTITUCIONALISMO MODERNO
Origens e Futuro (1820 * 2023)
AUTOR
Paulo Ferreira da Cunha
EDITOR
EDIÇÕES ALMEDINA, S.A.
Avenida Emídio Navarro, 81, 3D
3000-151 Coimbra
Tel.: 239 851 904 · Fax: 239 851 901
www.almedina.net · editora@almedina.net
DESIGN DE CAPA
FBA.
PRÉ-IMPRESSÃO
EDIÇÕES ALMEDINA, S.A.
IMPRESSÃO E ACABAMENTO

Março, 2023

ISBN
978-989-40-1057-9

DEPÓSITO LEGAL
????????/23

ALMEDINA | GRUPOALMEDINA

OUTROS LIVROS DO AUTOR

1987

(1) *O Procedimento Administrativo*, Coimbra, Almedina, 1987 (esgotado);

(2) *Quadros Institucionais – do social ao jurídico*, Porto, Rés, 1987 (esgotado); refundido e aumentado no volume seguinte:

(2a) *Sociedade e Direito. Quadros Institucionais*, Porto, Rés, 1990 (esgotado);

1988

(3) *Introdução à Teoria do Direito*, Porto, Rés, 1988 (esgotado);

(4) *Noções Gerais de Direito*, Porto, Rés, 1ª ed., 1988, 2ª ed. 1991, há outras edições ulteriores (em colaboração). Edição bilingue português-chinês, revista, adaptada e muito aumentada: Noções Gerais de Direito Civil, I, trad. de Vasco Fong Man Chong, Macau, Publicações O Direito, ed. subsidiada pelo Instituto Português do Oriente e Associação dos Advogados de Macau, 1993; nova edição pela Calendário das Letras, Vila Nova de Gaia, 2015; nova edição pela Primeira Edição editora, 2020.

(5) *Problemas Fundamentais de Direito*, Porto, Rés, 1988 (esgotado);

1990

(6) *Direito*, Porto, Edições Asa, 1990; 2ª ed. 1991; 3ª ed., 1994 (esgotado);

(7) *Mito e Constitucionalismo. Perspectiva conceitual e histórica*, Coimbra, 1988, Separata do "Suplemento ao Boletim da Faculdade de Direito de Coimbra", vol. III, Coimbra, 1990 (esgotado);

(8) *Pensar o Direito* I. *Do realismo clássico à análise mítica*, Coimbra, Almedina, 1990 (esgotado);

(9) *Direito. Guia Universitário*, em colaboração, Porto, Rés, 1990 (esgotado);

1991

(8a) *Pensar o Direito* II. Da Modernidade à Postmodernidade, Coimbra, Almedina, 1991 (esgotado);

(10) *História da Faculdade de Direito de Coimbra*, Porto, Rés, 1991, 5 vols. (com colaboração de Reinaldo de Carvalho, Prefácio de Orlando de Carvalho);

1992

Mythe et Constitutionnalisme au Portugal (1777-1826). Originalité ou influence française?, Paris, Université Paris II, 1992 (tese policopiada e editada parcialmente);

1993

(11) *Princípios de Direito. Introdução à Filosofia e Metodologia Jurídicas*, Porto, Rés, 1993 (esgotado);

1995

(12) *Para uma História Constitucional do Direito Português*, Coimbra, Almedina, 1995 (esgotado);

(13) *Tópicos Jurídicos*, Porto, Edições Asa, 1ª e 2ª ed., 1995 (esgotado);

(14) *"Peço Justiça!"*, Porto, Edições Asa, 1995 (esgotado) – há edição em Braille, Porto, Centro Prof. Albuquerque e Castro, nº 1176, 8 volumes;

(15) *Amor Iuris, Filosofia Contemporânea do Direito e da Política*, Lisboa, Cosmos, 1995 (esgotado);

1996

(16) *Constituição, Direito e Utopia. Do Jurídico-Constitucional nas Utopias Políticas*, Coimbra, Faculdade de Direito de Coimbra, Studia Iuridica, Coimbra Editora, 1996;

(17) *Peccata Iuris. Do Direito nos Livros ao Direito em Acção*, Lisboa, Edições Universitárias Lusófonas, 1996;

(18) *Arqueologias Jurídicas. Ensaios jurídico-humanísticos e jurídico-políticos*, Porto, Lello, 1996;

1998

(19) *Lições Preliminares de Filosofia do Direito*, Coimbra, Almedina, 1998, esgotado, há 2ª ed. e 3ª ed.;

(20) *A Constituição do Crime. Da substancial constitucionalidade do Direito Penal*, Coimbra, Coimbra Editora, 1998;

(21) *Instituições de Direito. I. Filosofia e Metodologia do Direito*, Coimbra, Almedina, 1998 (organizador e coautor), Prefácio de Vítor Manuel Aguiar e Silva;

(22) Res Publica. Ensaios Constitucionais, Coimbra, Almedina, 1998;

1999

(23) *Lições de Filosofia Jurídica. Natureza & Arte do Direito*, Coimbra, Almedina, 1999;

(24) *Mysteria Ivris. Raízes Mitosóficas do Pensamento Jurídico-Político Português*, Porto, Legis, 1999;

2000

(25) *Le Droit et les Sens*, Paris, L'Archer, dif. P.U.F., 2000;

(26) *Teoria da Constituição*, vol. II. *Direitos Humanos, Direitos Fundamentais*, Lisboa, Verbo, 2000;

(27) *Temas e Perfis da Filosofia do Direito Luso-Brasileira*, Lisboa, Imprensa Nacional-Casa da Moeda, 2000;

(20a) *Instituições de Direito*. vol. II. *Enciclopédia Jurídica*, (organizador e coautor), Coimbra, Almedina, 2000;

(28) *Responsabilité et culpabilité. Abrégé juridique pour médecins*, Paris, P.U.F., 2000 (esgotado);

2001

(29) *O Ponto de Arquimedes. Natureza Humana, Direito Natural, Direitos Humanos*, Coimbra, Almedina, 2001 (esgotado);

(30) *Propedêutica Jurídica. Uma perspectiva jusnaturalista*, Campinas, São Paulo, Millennium, 2001 (em colaboração com Ricardo Dip);

2002

(31) *Lições Preliminares de Filosofia do Direito*, 2ª edição revista e atualizada, Coimbra, Almedina, 2002;

(25a) *Teoria da Constituição*, vol. I. *Mitos, Memórias, Conceitos*, Lisboa, Verbo, 2002;

(32) *Faces da Justiça*, Coimbra, Almedina, 2002 (esgotado);

2003

(33) *Direitos Humanos. Teorias e Práticas*, Coimbra, Almedina, 2003 (org.), com Prefácio de Jorge Miranda;

(34) *O Século de Antígona*, Coimbra, Almedina, 2003;

(35) *Teoria do Estado Contemporâneo* (org.), Lisboa/São Paulo, Verbo, 2003;

(36) *Política Mínima*, Coimbra, Almedina, 2003 (esgotada a 2ª ed.);

(37) *Miragens do Direito. O Direito, as Instituições e o Politicamente Correto*, Campinas, SP, Millennium, 2003;

(38) *Droit et Récit*, Québec, Presses de l'Université Laval, 2003;

2004

(39) *Memória, Método e Direito*, Coimbra, Almedina, 2004 (esgotada a 2ª ed.);

(40) *O Tímpano das Virtudes*, Coimbra, Almedina, 2004;

(41) *Filosofia do Direito – Primeira Síntese*, Coimbra, Almedina, 2004 (esgotado);

(42) *Direito Natural, Religiões e Culturas*, org., Coimbra, Coimbra Editora, 2004;

2005

(43) *Anti-Leviatã*, Porto Alegre, Sérgio Fabris, 2005;

(44) *Repensar a Política. Ciência & Ideologia*, Coimbra, Almedina, 2005 (esgotado; há 2ªed., com uma Apresentação de J. J. Gomes Canotilho);

(45) *Lusofilias. Identidade Portuguesa e Relações Internacionais*, Porto, Caixotim, 2005 (Menção Honrosa da SHIP);

(46) *Escola a Arder*, Lisboa, O Espírito das Leis, 2005;

(35a) *Política Mínima*, 2ª ed., corrigida e atualizada, Coimbra, Almedina, 2005 (esgotado);

(47) *Novo Direito Constitucional Europeu*, Coimbra, Almedina, 2005;

(48) *História do Direito. Do Direito Romano à Constituição Europeia*, Coimbra, Almedina, 2005 (em colaboração com Joana de Aguiar e Silva e António Lemos Soares), esgotado, foi feita reimpressão, de novo esgotada, e mais recentemente 2ª ed.;

(49) *Direito Natural, Justiça e Política*, org., Coimbra, Coimbra Editora, vol. I, 2005;

(50) *O Essencial sobre Filosofia Política Medieval*, Lisboa, Imprensa Nacional-Casa da Moeda, 2005;

2006

(51) *O Essencial sobre Filosofia Política Moderna*, Lisboa, INCM, 2006;

(52) *Per-Curso Constitucional. Pensar o Direito Constitucional e o seu Ensino*, Prefácio de Manoel Gonçalves Ferreira Filho, São Paulo, CEMO-ROC-EDF-FEUSP, Escola Superior de Direito Constitucional, Editora Mandruvá, 2006 (esgotado);

(53) *O Essencial sobre Filosofia Política da Antiguidade Clássica*, Lisboa, Imprensa Nacional-Casa da Moeda, 2006;

(54) *Pensamento Jurídico Luso-Brasileiro*, Lisboa, Imprensa Nacional--Casa da Moeda, 2006;

(55) *Raízes da República. Introdução Histórica ao Direito Constitucional*, Coimbra, Almedina, 2006 (esgotado);

(56) *Direito Constitucional Geral*, Lisboa, Quid Juris, 2006 (esgotado; há novas edições);

(57) *Filosofia do Direito*, Coimbra, Almedina, 2006 (esgotado; há nova edição);

(56a) *Direito Constitucional Geral. Uma Perspectiva Luso-Brasileira*, São Paulo, Método, 2006, Prefácio de André Ramos Tavares (Prémio Jabuti para o melhor livro de Direito; há nova edição brasileira);

(58) *Constituição da República da Lísia*, Porto, Ordem dos Advogados, 2006;

2007

(59) *A Constituição Viva. Cidadania e Direitos Humanos*, Porto Alegre, Editora do Advogado, 2007, Prefácio de Ingo Sarlet;

(45a) *Repensar a Política. Ciência & Ideologia*, 2ª ed., revista e atualizada, Coimbra, Almedina, 2007, com uma Apresentação de J. J. Gomes Canotilho;

(60) *Direito Constitucional Aplicado*, Lisboa, Quid Juris, 2007;

(61) *O Essencial sobre Filosofia Política Liberal e Social*, Lisboa, INCM, 2007;

(62) *O Essencial sobre Filosofia Política Romântica*, Lisboa, INCM, 2007;

(63) *Manual de Retórica & Direito*, Lisboa, Quid Juris, 2007, colaboração com Maria Luísa Malato (esgotado; 2ª ed. em preparação);

(64) *Constituição, Crise e Cidadania*, Porto Alegre, Livraria do Advogado Editora, 2007, com Prefácio de Paulo Bonavides;

2008

(65) *Direito Constitucional e Fundamentos do Direito*, Rio de Janeiro/São Paulo/Recife, Renovar, 2008, com um texto de J. J. Gomes Canotilho;

(66) *Comunicação e Direito*, Porto Alegre, Livraria do Advogado Editora, 2008;

(67) *Tratado da (In)Justiça*, Lisboa, Quid Juris, 2008;

(68) *Direito Constitucional Anotado*, Lisboa, Quid Juris, 2008 (esgotado);

(69) *Fundamentos da República e dos Direitos Fundamentais*, Belo Horizonte, Forum, 2008, Apresentação de André Ramos Tavares;

(70) *O Essencial sobre Filosofia Política Contemporânea (1887-1939)*, Lisboa, Imprensa Nacional-Casa da Moeda, 2008;

(71) *O Essencial sobre Filosofia Política do séc. XX (depois de 1940)*, Lisboa, Imprensa Nacional-Casa da Moeda, 2008;

2009

(72) *Filosofia Jurídica Prática*, Lisboa, Quid Juris, 2009;

(73) *Direito Constitucional & Filosofia do Direito*, Porto, Cadernos Interdisciplinares Luso-Brasileiros (coord.), 2009 (esgotado);

(72a) *Filosofia Jurídica Prática*, Belo Horizonte, Forum, 2009, Prefácio de Willis Santiago Guerra Filho, Apresentação de Regina Quaresma;

(74) *Da Declaração Universal dos Direitos do Homem*, Osasco, São Paulo, Edifieo, 2008 (2009);

(75) *Geografia Constitucional. Sistemas Juspolíticos e Globalização*, Lisboa, Quid Juris, 2009;

(76) *Direito & Literatura*, coord., Porto/São Paulo, Cadernos Interdisciplinares Luso-Brasileiros 2009 (esgotado);

(77) *Síntese de Filosofia do Direito*, Coimbra, Almedina, 2009;

(67a) *Breve Tratado da (In)Justiça*, São Paulo, Quartier Latin, 2009;

(31a) *Lições Preliminares de Filosofia do Direito*, 3ª ed., Coimbra, Almedina, 2009;

(39a) *Iniciação à Metodologia Jurídica. Memória, Método e Direito*, Coimbra, Almedina, 2009 (esgotadas a 2ª ed. e 3ª eds.);

(78) *Pensar o Estado*, Lisboa, Quid Juris, 2009;

2010

(79) *Presidencialismo e Parlamentarismo*, Belo Horizonte, Forum, 2010, Prefácio de Marcelo Figueiredo, Apresentação de Maria Elizabeth Guimarães Teixeira Rocha;

(80) *Traité de Droit Constitutionnel. Constitution universelle et mondialisation des valeurs fondamentales*, Paris, Buenos Books International, 2010 (também com edição em eBook);

(81) *Justiça & Direito. Viagens à Tribo dos Juristas*, Lisboa, Quid Juris, 2010;

(82) *Para uma Ética Republicana. Virtude(s) e Valor(es) da República*, Lisboa, Coisas de Ler, 2010, Prefácio de Eduardo Bittar;

(83) *Filosofia Política. Da Antiguidade ao Século XXI*, Lisboa, Imprensa Nacional-Casa da Moeda, 2010;

2011

(84) *O Essencial sobre a I República e a Constituição de 1911*, Lisboa, Imprensa Nacional-Casa da Moeda, 2011;

2012

(85) *Droit naturel et méthodologie juridique*, Paris, Buenos Books International, 2012, Prefácio de Stamatios Tzitzis;

(86) *Avessos do Direito. Ensaios de Crítica da Razão Jurídica*, Curitiba, Juruá, 2012, Prefácio de Lênio Streck, Apresentação de Maria Francisca Carneiro;

(87) *Constituição & Política. Poder Constituinte, Constituição Material e Cultura Constitucional*, Lisboa, Quid Juris, 2012;

2013

(88) *Rethinking Natural Law*, Berlin/Heidelberg, Springer, 2013, Prefácio de Virginia Black;

(57a) *Filosofia do Direito. Fundamentos, Metodologia e Teoria Geral do Direito*, 2ª edição revista atualizada e desenvolvida, Coimbra, Almedina, 2013 (esgotado);

(89) *Filosofia do Direito e do Estado*, Prefácio de Tercio Sampaio Ferraz Junior, Apresentação de Fernando Dias Menezes de Almeida, Belo Horizonte, Forum, 2013;

(90) *Repensar o Direito. Um Manual de Filosofia Jurídica*, Prefácio de Mário Bigotte Chorão, Posfácio de José Adelino Maltez, Lisboa, Imprensa Nacional-Casa da Moeda, 2013;

(56b) *Direito Constitucional Geral*, Nova Edição (2ª): Aumentada, Revista e Atualizada, Lisboa, Quid Juris, 2013;

(57b) *Filosofia do Direito. Fundamentos das Instituições Jurídicas*, Rio de Janeiro, G/Z, 2013;

(91) *Nova Teoria do Estado. Estado, República, Constituição*, São Paulo, Malheiros, 2013, Prefácio de Paulo Bonavides, Apresentação de Carmela Grüne;

2014

(92) *O Contrato Constitucional*, Lisboa, Quid Juris, 2014;

(93) *La Constitution naturelle*, Paris, Buenos Books International, 2014;

(94) *Direitos Fundamentais. Fundamentos e Direitos Sociais*, Lisboa, Quid Juris, 2014;

(95) *Desvendar o Direito. Iniciação ao Saber Jurídico*, Lisboa, Quid Juris, 2014;

(96) *Republic: Law & Culture*, Saarbrucken, Lambert Academic Publishing, 2014, Prefácio de Patrick Hanafin;

(35b) *Política Mínima*, nova edição (3ª), com Prefácio de Adriano Moreira, Lisboa, Quid Juris, 2014;

(39b) *Iniciação à Metodologia Jurídica*, 3ª ed., Coimbra, Almedina, 2014 (esgotada);

(97) *Constitution et Mythe*, com prefácio de François Vallançon, Quebeque, Presses de l'Université Laval, 2014.

2015

(98) *Fundamentos del Derecho. Iniciación Filosófica*, Prólogo de Francisco Puy Muñoz. Estudio Introductorio de Milagros Otero Parga, Epílogo de

Santiago Botero Gómez, Biblioteca Jurídica Americana, México, Editorial Porrúa y Red Internacional de Juristas para la integración Americana, 2015;

(4a) *Noções Gerais de Direito*, Vila Nova de Gaia, Calendário das Letras (nova edição, em colaboração);

(86a) *Avessos do Direito. Ensaios de Crítica da Razão Jurídica*, edição portuguesa, Lisboa, Juruá, 2015, Prefácio de Lênio Streck, Apresentação de Maria Francisca Carneiro, Posfácio de António Braz Teixeira;

(99) *Political Ethics and European Constitution*, Heidelberg, Springer, 2015, Prefácio de Paulo Archer de Carvalho;

2016

(100) *Palimpsesto: A Democracia*. Rio de Janeiro, Lumen Juris, 2016 (org. em colab. com Sérgio Aquino);

2017

(101) *Direito Internacional. Raízes & Asas*, Belo Horizonte, Forum, 2017, Prefácio de Marcílio Franca e Posfácio de Sérgio Aquino;

(102) *Pour une Cour Constitutionnelle Internationale*, em colaboração com Yadh Ben Achour, Oeiras, A Causa das Regras, 2017;

(103) *Direito Fraterno Humanista. Novo Paradigma Jurídico*, Rio de Janeiro, G/Z, 2017, Prefácio de Germano Schwartz, Posfácio de Reynaldo Soares da Fonseca;

(104) *Tributo a César. Arte, Literatura & Direito*, Florianópolis, Empório do Direito, 2017, Prefácio de António Arnaut, Posfácio de Paulo Bomfim;

2018

(105) *Síntese de Justiça Constitucional*, Oeiras, A Causa das Regras, 2018, Prefácio de André Ramos Tavares;

(106) *Teoria Geral do Estado e Ciência Política*, São Paulo, Saraiva, 2018, Prefácio de Ricardo Aronne;

(57c) *Filosofia do Direito. Fundamentos, Metodologia e Teoria Geral do Direito*, 3ª edição revista atualizada e aprofundada, Coimbra, Almedina, 2018;

(107) *Teoria Geral do Direito. Uma Síntese Crítica*, Oeiras, A Causa das Regras, 2018;

2019

(48a) *História do Direito*, 2ª ed., Coimbra, Almedina, 2019 (em colaboração com Joana de Aguiar e Silva e António Lemos Soares).

(101a) *Repensar o Direito Internacional. Raízes & Asas*, Coimbra, Almedina, 2019, Prefácio de Maria Helena Pereira de Melo.

(57d) *Filosofia do Direito. Fundamentos, Metodologia e Teoria Geral do Direito*, 3ª edição revista atualizada e aprofundada, Coimbra, Almedina, 2019, reimpressão.

2020

(108) *Dicionário de Metodologia Jurídica. Guia Crítico de Fundamentos do Direito*, São Paulo, Tirant Brasil, 2020, Prefácio de Jean-Marc Trigeaud, Introdução de Lenio Luiz Streck.

(109) *Crimes & Penas. Filosofia Penal*, Coimbra, Almedina, 2020, Prefácio de Cândido da Agra.

(110) *Filosofia do Direito e do Estado. História & Teorias*, Coimbra, Almedina, 2020.

(111) *O IV Cavaleiro. Direito, Cultura e Apocalipses*, Coimbra, Almedina, 2020, Prefácio de José António Henriques dos Santos Cabral.

(112) *Primavera Outono. Direito & Artes*, Oeiras, A Causa das Regras, 2020, Prefácio de Gonçal Mayos, Átrio de Emerenciano, Posfácio de Henrique Fabião e Sérgio Amorim.

(113) *Pós-Estética? Diálogo sobre Arte e Pensamento*, colaboração com Sousa Dias, Porto, Quadras Soltas, 2020.

(114) *Vontade de Justiça. Direito Constitucional Fundamentado*, Coimbra, Almedina, 2020, Prefácio de Luiz Edson Fachin.

(4b) *Noções Gerais de Direito*, Primeira edição editora (nova edição, em colaboração), 2020.

2021

(39c) *Metodologia Jurídica – Iniciação & Dicionário*, 4ª ed., atualizada, revista e ampliada, Coimbra, Almedina, 2021, Prefácio de Joana Aguiar e Silva.

(115) *Justiça Social*, Coimbra, Gestlegal, 2021, Prefácio de Arnaldo de Pinho.

(116) *Cultura & Cidadania*, Coimbra, Gestlegal, 2021, Prefácio de António Braz Teixeira.

(89a) *Filosofia do Direito e do Estado*, 2ª ed., Belo Horizonte, Forum, 2021.

(117) *Medicina ou Magia? Um Olhar Jurídico*, João Pessoa-PB, Editora Porta, Prefácio de Luís Bigotte Chorão, Posfácio de José Pedro Lopes Nunes, 2021.

2022

(118) *Observar a Justiça*, João Pessoa-PB, Editora Porta, 2022.

(119) *Arte Constitucional. Novos Ensaios*, João Pessoa-PB, Editora Porta, 2022, Prefácio de Karine Salgado, Posfácio de Antonio-Carlos Pereira Menaut.

(120) *Lições de Desumanidade. Entre Paz e Guerra*, João Pessoa-PB, Editora Porta, 2022.

(121) *O que é o Direito?*, João Pessoa-PB, Editora Porta, 2022.

(122) *Arte Justa. Constituição & Justiça na Sociedade Global*, Coimbra, Gestlegal, 2022, Prefácio de Alexandre Reis.

(123/107a) *Observação das Marés. Primeiro Manual de Direito*, João Pessoa-PB, Editora Porta, 2022, Prefácio de João Relvão Caetano.

(124) *Observação dos Ventos. Sociedade & Direito (2010-2022)*, Coimbra, Imprensa da Universidade de Coimbra, 2022, Prefácio de Guilherme d'Oliveira Martins.

(125) *Crítica & Construção. Para uma Metodologia*, João Pessoa-PB, Editora Porta, 2022.

(126) *Da Biblioteca e seu redor*, João Pessoa-PB, Editora Porta, 2022.

(56c) *Direito Constitucional Geral*, 4ª ed., Curitiba, Intersaberes, 2022.

Ficção e Poesia

(1) *Tratado das Coisas não Fungíveis*, Porto, Campo das Letras, 2000;

(2) *E Foram Muito Felizes*, Porto, Caixotim, 2002;

(3) *Escadas do Liceu*, São Paulo, Mandruvá, 2004, Apresentação de Gilda Naécia Maciel de Barros;

(4) *Livro de Horas Vagas*, São Paulo, Mandruvá, 2005, Prefácio de Jean Lauand;

(5) *Linhas Imaginárias*, Dover, Buenos Books America, 2013, com um Prólogo de José Calvo;

(6) *Caderno Permitido*, Lisboa, A Causa das Regras, 2014;

(7) *Relatório sem Contas*, Oeiras, A Causa das Regras, 2017, Prefácio de Luiz Rodolfo de Souza Dantas, Posfácio de Roberto Senise Lisboa;

(8) *Estado das Cidades*, Oeiras, A Causa das Regras, 2018;

(9) *Fauves*, Oeiras, A Causa das Regras, 2019, Prefácio de Gabriel Perissé, Posfácio de Luis Rodolfo Ararigboia de Souza Dantas.

(10) *Ponte Suspensa*, João Pessoa-PB, Editora Porta, Prefácio de Jean Lauand, Posfácio de João Sérgio Lauand, 2021.

(11) *Fármaco & outras Ficções*, João Pessoa-PB, Editora Porta, 2022.

(12) *Prova Devida*, João Pessoa-PB, Editora Porta, 2022.

No II Centenário da Constituição portuguesa de 1822

Celebrando o Constitucionalismo português
e homenageando o Constitucionalismo brasileiro.

ÍNDICE GERAL

PREÂMBULO

Talvez o destino ou a História tenham querido marcar o bicentenário da primeira constituição codificada em língua portuguesa (a Constituição portuguesa de 1822) com prenúncios de revisão constitucional – quiçá maximalista, contra o costume, depois da primeira – em Portugal, e grave agitação político-constitucional no Brasil, no rescaldo das eleições presidenciais. Em 2023 tudo se clarificará (crê-se e espera-se) numa e noutra das margens do grande lago Atlântico, que deverá mais unir que separar (para usar uma reminiscência de Fernando Pessoa, na *Mensagem*).

O presente livro, sem se embrenhar por ambos os fenómenos pontuais, com implicação constitucional, mas raiz fundamentalmente política, recorda pontos fundantes e fundacionais do constitucionalismo moderno, e especialmente a história (mítica e real – que se imbricam, aliás) da Revolução de 1820 e da Constituição que dela acabaria por nascer, assim como da Carta Constitucional, feita no Brasil por D. Pedro (IV em Portugal, I no Brasil), "herói dos dois mundos".

Procura desfazer alguns equívocos e finalmente reflete sobre o futuro do constitucionalismo moderno. Afinal, é possível continuar (ou retomar) a via de um Estado de Direito democrático e social (ou Estado Constitucional), ou será que um retrocesso (civilizacional até) é (será) inevitável?

Esta obra abre um projeto de publicação de estudos que procurarão repensar a nossa História Constitucional, fazendo dialogar materiais de pesquisas mais antigas, que recuam nomeadamente aos nossos doutoramentos nas Universidades de Paris e de Coimbra, com labores mais recentes, designadamente até durante o nosso pós-doutoramento na Universidade de São Paulo (USP). Desejavelmente, procurar-se-ão ir dando a lume volumes que irão do constitucionalismo tradicional (a Constituição "natural") até ao sonho da criação futura de um Tribunal Constitucional Internacional.

Evidentemente, o ritmo do aparecimento destes tomos decorrerá das disponibilidades editoriais e pessoais: estas últimas, naturalmente, de tempo, saúde e forças, para mais dadas as obrigações assumidas na Magistratura judicial, que para nós estão e estarão sempre à frente de tudo, na importância, na ocupação e na premência. Mas a História editorial ensina que não parece dar sorte anunciar estes planos, que muito frequentemente não saem da gaveta, ou mesmo da cabeça dos autores. Oxalá consigam ultrapassar as várias barreiras.

Parte Primeira

1820 @ 2023: MANTER O RUMO

"(...) o Estado social não é artigo ideológico nem postulado metafísico nem dogma religioso, mas verdade da Ciência Política e axioma da democracia".

PAULO BONAVIDES – *Do Estado Liberal ao Estado Social*, p. 22.

Capítulo I

CONSTITUCIONALISMO MODERNO LUSO-BRASILEIRO

Cumprem-se em 2022 dois séculos sobre a proclamação do primeiro monumento legislativo (codificador) do nosso Constitucionalismo moderno, luso-brasileiro nas suas raízes e luso-brasileiro no seu desenvolvimento: vejam-se, por todas, as afinidades (eletivas, se glosaria) entre as atuais constituições lusa de 1976 e brasileira de 1988. Ou a elaboração da Carta constitucional portuguesa no Brasil e com direta inspiração da Carta brasileira...

Constitucionalismo moderno que se carateriza, ao contrário do antigo (também dito histórico, tradicional, consuetudinário) por se alicerçar nos Direitos Fundamentais e Humanos e na Separação dos Poderes, tendo como pano de fundo uma sacralidade de um texto codificado (com alguma "rigidez", ou blindagem), o qual se defenderá dos seus múltiplos inimigos (como texto de sociedades abertas que é[1]) por limites à revisão constitucional (incluindo, no limite, cláusulas pétreas), e, mais tarde, pelo próprio controlo da constitucionalidade, protagonizado por entidades jurisdicionais, como os tribunais constitucionais, supremos tribunais com esses poderes e ainda outros órgãos com funções

[1] Sir Karl R. Popper – *The Open Society and its Enemies* (1957, revista em 1973), trad. port. *A Sociedade Aberta e seus Inimigos*, Belo Horizonte, São Paulo, Editora da Universidade de São Paulo/Editora Itatiaia, vol. I, 1974.

afins (como o *Conseil d'État* francês, por exemplo). A Justiça constitucional será, assim, o corolário de um *levar os direitos a sério*[2]. Os direitos e as instituições democráticas.

A Constituição de 1822 é um documento e um marco desse Constitucionalismo moderno em que ainda vivemos, aprofundado ao longo destes dois séculos. Apenas a Constituição de 1933, a constituição plebiscitada (em condições de muita limitação eleitoral) do Estado Novo, desejou ser antiliberal (assim como antidemocrática e antiparlamentar), embora nem tenha conseguido ser coerente, no seu texto, com tal propósito, tal a força por assim dizer anímica da relação constituição/liberalismo político.

Ao texto de 1822 também se podem atribuir os louros de ser a nossa primeira constituição liberal. Do liberalismo original, o do seu tempo, hoje muito treslido ou olvidado. O que vamos dizer nem chega a ser o piso térreo da política: tal a sua obviedade e absorção pelo programa constitucional, é já conteúdo jurídico. O que antes se proclamava como bandeira de liberdades, direitos e garantias é hoje plácido adquirido civilizacional, como já apontava, aliás, na sua clássica tese, o constitucionalista brasileiro Paulo Bonavides[3].

[2] Ronald Dworkin – *Taking Rights seriously*, London, Duckworth, 1977; José Joaquim Gomes Canotilho – *Tomemos a sério os direitos económicos, sociais e culturais*, separata *de Boletim da Faculdade de Direito de Coimbra*, número especial, "Estudos em Homenagem ao Prof. Doutor António Arruda Ferrer Correia, 1984", Coimbra, 1988, hoje *in Estudos sobre Direitos Fundamentais*, Coimbra, Coimbra Editora, 2004.

[3] Paulo Bonavides – *Do Estado Liberal ao Estado Social*, 10ª ed., São Paulo, Malheiros, 2011.

Capítulo II

RETIFICAR A LINGUAGEM

Confúcio dizia (*mutatis mutandis*) que para bem governar, antes de mais, era necessário curar das palavras, fazer nelas uma limpeza (*retificar* a linguagem), para saber do que se falava, para as pessoas se entenderem[4]. O problema é que dificilmente encontraremos no léxico político corrente uma expressão mais polissémica, e por isso mais dúbia, que "liberal".

Sob esse epíteto (debaixo desse guarda-chuva pseudoideológico – porque já se esvazia de ideologia caracterizadora) estão pessoas de esquerda, democratas (e não só do partido democrático), sobretudo nos EUA e no Canadá, e pessoas (e partidos) de direita, e até muito de direita (extrema-direita), em várias partes do mundo. E ainda restarão alguns moderados e de centro (centro-direita e centro-esquerda – como os partidos liberais alemão e britânico classicamente eram), embora cada vez mais pareça que menos os haja sob esta bandeira: o que é muita pena. Porque vivemos tempos em que parece que apenas se faz ouvir

[4] Confúcio – *Lun-yu*, ou *Analectos*, XIII, 3. Cf., *v.g.*, Confucius – *Entretiens de...*, trad. do chinês de Anne Cheng, Seuil, 1981, p. 102. Comentários, *v.g.* in Simon Leys (coordcn. Minh Tran Huy) – De -551 à *Aujourd'hui. Confucius les voies de la sagesse, in* "Le Magazine Littéraire", novembro de 2009, nº 491, p. 66. Anne Cheng – *Histoire de la Pensée Chinoise,* Paris, Seuil, 1997, pp. 82 ss. Hoje, cf. Simone Weil – *La Personne et le sacré,* ed. de Paris, Allia, 2022, p. 7.

quem grita muito alto, com o eco em ondas das redes sociais, dizendo barbaridades intolerantes e radicais... Os ecos de guerra, que sopram de Leste, não são os únicos indícios de tempos sombrios que parecem avizinhar-se.

Jurista e teórico político brasileiro, José Pedro Galvão de Sousa observou muito agudamente uma das facetas do devir histórico do velho liberalismo (aquele que consideramos ser o genuíno), ou veteroliberalismo: ele seria uma "rampa ensebada" para o socialismo. Presumimos que o pensador paulista estaria a pensar num socialismo democrático, de rosto humano, ou, como se diz em algumas latitudes teóricas, "socialismo liberal"[5].

Certamente essa evolução se pode detetar na própria história de famílias pessoais e partidárias em alguns países: avô liberal, neto socialista ou social-democrata (de esquerda) ou partido avô liberal, partido pai republicano (ou radical, ou radical socialista), partido neto socialista ou social-democrata (de esquerda). E do mesmo modo que Diogo Freitas do Amaral explicou que as raízes da democracia cristã[6] eram diferentes das social-democratas (no fundo, sendo uma "heresia" liberal e outra uma "heresia" marxista: outra forma de analisar a realidade histórica), também se poderia interpretar que as fontes do neoliberalismo não seriam, afinal, o liberalismo antigo, da "santa liberdade" dos que combateram entre nós na guerra civil contra o absolutismo monárquico, mas, afinal, em grande medida uma importação estrangeira (e estrangeirada), que tem muito mais afinidades com a contrarrevolução, e com o maior radicalismo do conservadorismo. A existência de "neocons", aliás, é uma espécie de comprovação lateral dessa evolução genética. E mesmo assim o conservadorismo aliado ao neoliberalismo é uma bomba contrarrevolucionária bem diversa de alguma placidez do típico *tory* britânico, sentado no seu clube em poltrona Chesterfield, bebendo placidamente um Scotch, enquanto lamenta com ar sábio os demandos do mundo moderno (há uma cena da série de banda desenhada/qua-

[5] Numa perspetiva crítica, *v.g.*, GARCIA HUIDOBRO, Joaquín *et al.* – *Reflexiones sobre el Socialismo Liberal*, Santiago de Chile, Editorial Universitaria, 1988.

[6] Diogo FREITAS DO AMARAL – *Democracia Cristã*, in "Pólis. Enciclopédia Verbo da Sociedade e do Estado", São Paulo/Lisboa, Verbo, 1984, vol. II.

drinhos Blake & Mortimer que nos inspira nesta imagem[7]). Uma figura apesar de tudo moderada, o que não são os acirrados ânimos dos que, mesmo dizendo-se conservadores, se encontram possuídos do frenesim de um extremista "marxismo branco".

O apagamento e até a sanha antissocial do neoliberalismo não é compatível com a totalidade do legado liberal *tout court*. Thomas Hill Green[8], os fundadores dos serviços sociais britânicos[9], e já os mais clássicos Montesquieu e Tocqueville, assim como estamos em crer que, mais recentemente, académicos de craveira como Hayek (que fora socialista) e Raymond Aron (que admirava Marx) nada terão a ver com aquilo a que Adriano Moreira chegou a chamar (obviamente em clave crítica) "liberalismo repressivo"[10]. E que, embora tenha conquistado muitas cabeças que querem ser modernas e bem-pensantes (mas não leram ou tresleram a História), é também lugar de refúgio de outras, plenas de preconceitos e obscurantismos (que se acolhem à bandeira como se poderiam abrigar sob outra, se fosse conveniente), sendo, portanto, certamente, um dos lugares de eleição do oportunismo político hodierno. Não o único, evidentemente, mas com boa fama, ótima imprensa e o manto protetor e exaltante da moda. E, contudo, se para alguns o neoliberalismo ainda está "em alta", outros vaticinam já um declínio (que, aliás, a lógica das coisas faria até ter vindo mais cedo, depois das *débacles* da economia de casino): "The neoliberal model is under extreme stress today in the United Kingdom", é uma das conclusões de um interessante e recente artigo de Colin Crouch[11].

O bicentenário da primeira Constituição codificada em Portugal é, no nosso caso, pretexto para simplesmente a recordar, através da repu-

[7] Edgar P. Jacobs – *Le Piège diabolique*, Lombard/"Le Journal de Tintin", 1960-1961.

[8] Cf. *online*: https://archive.org/search.php?query=creator%3A%22Green%2C+Thomas+Hill%22 (última consulta em 19 de novembro de 2022).

[9] Cf. *A Consciência Social na Grã Bretanha*, Serviços de Imprensa e Informação da Embaixada Britânica, 1944.

[10] Adriano Moreira *in* "Jornal i", 13 de julho de 2014: http://www.ionline.pt/artigos/portugal-25-abril/adriano-moreira-portugal-esta-governado-neoliberalismo-repressivo. Consultado em 16 de agosto de 2014

[11] Colin Crouch – *Game Over?*, "Prospect", nº 313, dezembro de 2022, p. 18-21, que tem como parágrafo *lead*: "The Truss government was brought down by its own flawed ideological brand. Is neoliberalism finished?"

blicação (pouquíssimo retocada) de um texto de 1992, incluído da nossa primeira tese de Doutoramento, na Universidade Paris II, o qual teve, além da sua posteridade em língua francesa, alguns trechos por último editados em *Raízes da República*, editado pela Almedina, de Coimbra, obra porém esgotada há bastantes anos já.

Cremos que ninguém é dono do velho liberalismo português e da Constituição mais liberal que produziu, a de 1822. Ainda bem que há quem desperte para estes problemas, ao menos com os centenários. Seria ocioso elencar todos os contributos que, durante este tempo, alertam a opinião pública, que precisa ser convocada para estes assuntos. Tanto mais que este bicentenário não é um bicentenário qualquer: a Constituição de 1822 é hoje continuada, aprofundada, e também ainda hoje atacada (por via do seu legado)[12]. A ignorância histórica, de mãos dadas com a constitucional e a manipulação sectário mediática, podem produzir monstruosidades mentais e comportamentos políticos perigosíssimos, como no Brasil pós-eleição presidencial de 2022. Só uma sólida, esclarecida, crítica e formada opinião, de cidadania, é capaz de planar acima das agitações e propagandas, que intranquilizam a sociedade e colocam em causa as instituições. E essa cidadania formada e bem informada necessita de fontes seguras, não da vozearia estridente, nem dos estudos simplesmente *pro domo*, que apenas diferem em formalidade de linguagem.

Mas não ficaremos apenas na recordação do que ocorreu há dois séculos. Acrescentamos um texto recentíssimo, em que, além de balan-

[12] No nosso caso, de há muito que estas questões e este tempo nos interessam. Cremos que o nosso primeiro texto sobre a questão recuará à nossa tese de doutoramento em Direito na Universidade Paris II, *Mythe et Constitutionnalisme au Portugal* (1777-1826). *Originalité ou influence française?*, Paris, Université Paris II, 1992 (editada parcialmente em vários números da revista "Cultura", Centro de História da Cultura da Universidade Nova de Lisboa). Dela nasceram os nossos livros *Raízes da República. Introdução Histórica ao Direito Constitucional*, Coimbra, Almedina, 2006 (esgotado); *La Constitution naturelle*, Paris, Buenos Books International, 2014; *Constitution et Mythe*, com prefácio de François Vallançon, Quebeque, Presses de l'Université Laval, 2014. De assinalar, por todos, recentemente, o interessante artigo de Guilherme d'Oliveira Martins – *O Porto e a Constituição*, "As Artes entre as Letras", nº 325, 26 de outubro de 2022, p. 3. E, além do mais, desde logo pela sua abrangência autoral (doze autores), o volume coordenado por Celeste Natário *et al.* – *A Revolução Liberal, 200 anos depois, em homenagem a Pedro Baptista*, Sintra, Zéfiro, 2021, e AA. VV. – *A Construção da(s) Liberdade(s)*, Porto, UP Press, 2021.

ços, procuramos prospetiva: na linha veteroliberal, mas também republicana, democrática, social, ecológica, inclusiva, sem folclorismos e tribalismos, rumo àquilo a que poderá ser uma etapa mais à frente da "rampa" imaginada pelo teórico paulista. Afinal, nada mais se trata que aprofundar a Constituição em vigor, na sua senda.

Capítulo III

2022-2023: REVISÃO CONSTITUCIONAL PORTUGUESA E DESAFIOS CONSTITUCIONAIS BRASILEIROS

No momento em que escrevemos estas linhas anuncia-se um estranho, inusitado, talvez mesmo surpreendente consenso[13] para uma revisão constitucional da Constituição da República Portuguesa de 1976, que tem resistido a sucessivos ataques revisionistas, e quando foi realmente revista mais em substância, na sua primeira revisão, afinal seria para se reencontrar na sua essência, afastando elementos que eram simples epifenómenos revolucionários, mal compatíveis com a institucionalização de um Estado de direito democrático e social.

Obviamente que as propostas de que se ouvem ecos na comunicação social são entre si adversas, refletindo, em geral, a paradoxal vontade de os que a criticam por ideológica fazerem depurações e aditamentos que precisamente coloririam das suas cores o que deve ser o programa coletivo do Estado, ou seja, ao nível de uma ideologia discreta, e o mais consensual possível.

[13] Cf. António Barreto – *A Revisão Inútil*, in "Público", 3 de dezembro de 2022; Pedro Marques Lopes – *Brincar às Constituições*, in "Visão", 24.11.2022, edição *online*: https://visao.sapo.pt/opiniao/politicamente-correto/2022-11-24-brincar-as-constituicoes/ (consultada ultimamente a 8 de dezembro de 2022).

Oxalá a desertificação intelectual das questões verdadeiramente ideológicas de fundo (substituídas na ribalta por *chinoiseries* e *petites histoires* e acompanhadas pelas sequelas da proverbial *Trahison des clercs*, de que falava já Benda[14]) não contribua para o abrir mão do conteúdo forte do Constitucionalismo moderno, cedendo à tentação de irenismo laxista, ou, pior ainda, à barganha do *toma-lá-dá-cá* de curtíssimo prazo.

Oxalá não se venha a cair, como já se caiu uma vez, na tentação da revisão dos limites materiais de revisão constitucional (cláusulas pétreas), e que, pelo contrário, se aproveite a oportunidade para rever pormenores que a prática revelou serem caducos ou pouco práticos. E que para isso se oiça a sociedade civil, e nomeadamente os juristas, que sabem bem de estrangulamentos motivados por algum teoricismo constitucionalista, afastado da realidade prática.

Mas a revisão, a fazer-se, deveria ser minimalista, pontual e cirúrgica, prática e não ideológica. Já não há mais nada de ideologicamente excessivo na Constituição, apenas pormenores a acertar, a melhorar. Conflui-se, se tanto, numa espécie de "social-democracia" *souple*, ou de "linha branca" (à falta de melhor nome), que é hoje uma espécie de mero invólucro enquadrador do Estado social e dos Direitos sociais (consensualíssimos, como sublinham até os tradicionalistas), e não uma ideologia marcada[15]. Em certo sentido, algo de semelhante ao que ocorreu na Europa ocidental depois da II Guerra mundial, com o chamado "modelo social europeu", construído pela *solicitude social* de democratas-cristãos e social-democratas/socialistas democráticos e subsidiariamente com o concurso de republicanos, liberais sociais, e afins. Muito interessantes e a meditar são estas palavras de um antigo Presidente da República portuguesa, a um semanário, há já mais de dez anos: "Eu esperava que com o colapso do comunismo a social-democracia e a democracia cristã pudessem desenvolver o projecto europeu. Mas os americanos pensaram o contrário. Foram eles que lançaram a globalização desregulada, o neo-

[14] Julien Benda – *La trahison des clercs*, Paris, Grasset, 1927.

[15] Cf. a insuspeita análise de Francisco Puy – *La Socialdemocracia y su Parentela Ideológica*, "Anuario de Filosofia del Derecho", Nova época, tomo X, Madrid, 1993.

liberalismo como ideologia única e que fizeram cair os partidos socialistas, sociais-democratas e democratas-cristãos"[16].

Mas apesar de o Estado social ser (naturalmente, inevitavelmente) antes de mais obra de estadistas, que começam como políticos, ele supera largamente essa condição, e não tem a marca específica de uma tal natureza. Talvez seja um paradoxo difícil para quem na *res publica* só veja faciosismo e não conceba que nela se trabalhe de forma mais elevada para o *salus populi*. Paulo Bonavides, contudo, surpreendeu bem essa realidade profunda (e redentora) ao afirmar: "Enfim, o Estado social não é artigo ideológico nem postulado metafísico nem dogma religioso, mas verdade da Ciência Política e axioma da democracia"[17].

Se se cair na tentação de não simplesmente (e cautelosamente) *rever, mas romper* (para evocar um artigo do Manuel de Lucena[18]), podemos realmente estar a fechar um ciclo de constitucionalismo moderno, e passar a outra coisa... Porém, mesmo que isso acontecesse, como ocorreu institucionalmente, pelo menos, de 1926 (e mais formalmente ainda desde 1933) a 1974, em Portugal, a força da razão e a memória deste progresso civilizacional decisivo acabariam plausivelmente por vir a trazer de volta um Constitucionalismo moderno renovado.

Mas certamente tal cenário não será o que virá a surgir, porquanto se espera que as novas gerações tenham já entendido que os cantos de sereia que pretendem estigmatizar o legado da Revolução Francesa (e a sua proclamação *Liberdade – Igualdade – Fraternidade*, que, sendo obviamente republicana, também é cristã[19], ao contrário do que alguns propa-

[16] Mário Soares – ao jornal "Expresso", 5 de maio de 2012, apud https://www.jornaldenegocios.pt/economia/politica/detalhe/mario-soares-1924-2017-quando-ca-nao-estiver-o-que-hei-de-fazer (consultado a 20 de novembro de 2022).

[17] Paulo Bonavides – *Do Estado Liberal ao Estado Social*, 7ª ed., 2ª tiragem, São Paulo, Malheiros Editores, 2004, p. 22.

[18] Manuel de Lucena– *Rever e Romper (Da Constituição de 1976 à de 1989)*, "Revista de Direito e de Estudos Sociais", ano XXXIII, VI da 2ª série, n. 1-2, p. 1-75.

[19] Elucidativas são as abordagens do teólogo Hans Küng – *O Cristianismo. Essência e História*, trad. port., Lisboa, Temas e Debates, 2012, máx. p. 673 ss.; do então Bispo do Porto, que viria a ser Cardeal Patriarca de Lisboa, (D.) Manuel Clemente – *Liberdade – Igualdade – Fraternidade (Tópicos de Reflexão)*, Sé do Porto, 11 de março de 2010, Catequese Quaresmal, in *Porquê e Para Quê? Pensar com esperança o Portugal de hoje*, Lisboa, Assírio & Alvim, 2010, e mesmo do Papa João Paulo II – *Voyage apostolique à Paris et Lisieux* (30 mai-2 juin 1980, homélie du Saint-Père Jean-Paul II, Le Bourget, dimanche 1er juin 1980, apud http://

gam no seu anti modernismo), e das Constituições que se lhe seguiram são os mesmos que inspiraram os fascismos e o nazismo, por muito que possam envolver-se de outras roupagens, como bem denunciou, num breve e brilhante ensaio, Rob Riemen[20]. E que esse caminho, ainda que agora abdicando da dimensão social protecionista e assistencialista, e trocando-a por um salve-se-quem-puder no mundo económico, financeiro, cultural, ambiental e social, acaba por ser intrinsecamente contrário, essencialmente adverso, à própria essência do Estado democrático de direito *tout court*, ou Estado Constitucional[21]. Numa síntese popular, não há *pão sem liberdade*, nem *liberdade sem pão*. E nem uma nem outra sem Justiça.

Se os jovens, imbuídos não de uma cortina de fumo de alienação[22], mas, pelo contrário, de um renovado entendimento da ética republicana (que alguns consideram tresandar a mofo, mas que, ao invés, é atualíssima ante a proliferação das corrupções e do laxismo, sem rasgo e sem projeto[23]), animados do ideal universalista de fazer um Mundo melhor e mais justo, estiverem acordados (tudo se perde pelo adormecimento, insistia Montesquieu), certamente que se poderão ir fazendo boas revisões constitucionais, acrescentando sentido prático e bom senso, atuali-

fr.wikipedia.org/wiki/Liberté,_Égalité,_Fraternité. Fora da Igreja Católica, *v.g.*, no âmbito espírita, Allan Kardec – "Liberdade, igualdade, fraternidade", in *Obras Póstumas*, trad. port. de Guillon Ribeiro, 40ª ed., 3ª reimp., Rio de Janeiro, FEB, 2010, p. 259 ss.

20 Rob Riemen – *De eeuwige terugkeer van het fascisme*, trad. port. de Maria Carvalho, *O Eterno Retorno do Fascismo*, trad. port., Lisboa, Bizâncio, 2012.

21 Peter Häberle – *El Constitucionalismo Universal desde las Constituciones parciales nacionales e internacionales. Siete tesis*, in Porto Alegre, Síntese/Brasília, Instituto Brasiliense de Direito Público, "Direito Público", nº 54, novembro/dezembro de 2013, p. 9 ss.; Idem – *El Estado Constitucional*, estudo introdutório de Diego Valadés, trad. e índices de Héctor Fix-Fierro, México, Universidad Nacional Autónoma de México, 2003. Cf. ainda O nosso *Direito Constitucional Geral*, 4ª ed., Curitiba, InterSaberes, 2022.

22 Alguns dos vetores e sinais de perigo são: ignorância histórica, perda de memória coletiva, desinteresse político, crença nos mitos da antipolítica e no dogma de que os políticos são todos corruptos, menos os que o dizem, e consequentes atitudes de escapismo, consumismo, hedonismo, ou adesão a falsas causas fraturantes, na verdade particularistas, corporativistas, bizantinas – como discutir o *sexo dos anjos* com uma guerra *ad portas* – e até eventualmente discriminatórias.

23 Para mais desenvolvimentos, o nosso livro *Para uma Ética Republicana*, Lisboa, Coisas de Ler, 2010.

zando e não fazendo regredir o texto fundamental do Estado. Ou então, glosando um dito constitucionalista tradicional peninsular, noutro contexto, "se não, não"...

No Brasil, depois das últimas eleições para a Presidência da República, tem-se vivido, em alguns meios, uma profunda emotividade constitucional, e surgido mesmo singulares hermenêuticas da Constituição e do entendimento dos fundamentos da separação dos poderes, ora neste, ora naquele, ora naqueloutro sentido. 2023 será certamente um tempo forte, um *momento* constitucional, pela revisão constitucional em Portugal e por novos rumos da vivência constitucional brasileira, que se espera também na linha do respeito pela Constituição cidadã, como a batizou, tão adequadamente, Ulysses Guimarães, presidente da Constituinte. Outro nome que Ulysses Guimarães lhe deu foi "Constituição coragem", mas aí a coragem não é do texto, será de quem o defende.

É, pois, de um lado e do outro do Atlântico, uma questão de "manter o rumo" do Constitucionalismo moderno, com convicção e coragem.

Parte II

PRIMÓRDIOS DO CONSTITUCIONALISMO MODERNO EM PORTUGAL
As Influências e os Mitos

"EM NOME DA SANTÍSSIMA E INDIVISÍVEL TRINDADE

As Cortes Extraordinárias e Constituintes da Nação Portuguesa, intimamente convencidas de que as desgraças públicas, que tanto a têm oprimido e ainda oprimem, tiveram sua origem no desprezo dos direitos do cidadão, e no esquecimento das leis fundamentais da Monarquia; e havendo outrossim considerado que somente pelo restabelecimento destas leis, ampliadas e reformadas, pode conseguir-se a prosperidade da mesma Nação e precaver-se que ela não torne a cair no abismo, de que a salvou a heróica virtude de seus filhos; decretam a seguinte Constituição Política, a fim de segurar os direitos de cada um, e o bem geral de todos os Portugueses."

Preâmbulo da Constituição portuguesa de 1822

Capítulo I

DO CONSTITUCIONALISMO MODERNO

O Constitucionalismo moderno foi, como se sabe, implantado em Portugal com a revolução liberal de 1820, e institucionalizado com a Constituição de 1822, de efémera vigência, mas plena de significado simbólico e repercussões práticas.

Sabemos, entretanto, que as mais antigas raízes nacionais do constitucionalismo *tout court* se poderão colher, não só no legado romanístico e visigótico (e em certa medida até muçulmano) que foi moldando a originalidade ibérica na proteção dos direitos, como nos nossos costumes e leis nacionais e até anteriores à formação da nacionalidade (convencionalmente datada, em geral, de 1143). Conheceria pontos altos de afirmação na Restauração da Independência (com a revolução de 1640), na Polémica entre Mello Freire e Ribeiro dos Santos sobre o novo Código de Direito Público (no séc. XVIII), e nas diferentes tentativas constitucionalistas durante as invasões francesas (nos inícios do séc. XIX). Este conjunto (de que só deixámos aqui o apontamento de alguns momentos marcantes ou pontos altos) constitui o nosso *constitucionalismo histórico* na sua essência. Concentramo-nos, de seguida, nos elementos factuais e textuais significativos para a criação e consolidação desse novo modelo de constitucionalismo, o *moderno*, que, *na sua mais estrita pureza*, em boa verdade, acaba entre nós com o advento da Carta de 1826.

E porque definha esse constitucionalismo em 1826 (sendo depois recuperado, nomeadamente, no efémero Setembrismo, por exemplo: e mesmo assim não totalmente)? Porque a constelação mítica em que se funda o novo sistema (ou a nova utopia), e que está simbolicamente resumido no art. 16º da Declaração dos Direitos do Homem e do Cidadão francesa (sacralidade textual, direitos fundamentais/humanos e separação de poderes, todos assentes na soberania popular), perde com a Carta um pilar fundamental – a Carta é outorgada, enquanto o constitucionalismo moderno arranca de um poder constituinte originário do Povo[24].

A Carta é já um fenómeno que deriva do poder dos reis. No nosso caso, de um monarca que posou para a História em geral como um vulto em geral simpático (não o sendo, obviamente para os absolutistas e seus herdeiros), o rei liberal D. Pedro IV de Portugal e imperador D. Pedro I do Brasil. O que, porém, não deixa de fazer da sua obra liberalizante *hoc sensu* um *fait du prince*.

[24] Cf., sobre o início do constitucionalismo moderno, e do português em especial, J. M. Cardoso da Costa – *Constitucionalismo*, in "Pólis", Lisboa, Verbo, vol. I, 1983, col. 1151 ss.. V. ainda Charles Howard McIlwain – *Constitutionalism – ancient and modern*, revised ed., Ithaca, New York, Cornell University Press, 1974, e Paulo Ferreira da Cunha – *Teoria da Constituição*. I. *Mitos, Memórias, Conceitos*, máx. p. 276 ss.; *Idem – Mito e Constitucionalismo. Perspectiva conceitual e histórica, e Idem – Pensar o Direito*, I. *Do realismo clássico à análise mítica*, máx. a última parte.

Capítulo II

1820, 1822: UMA RECEÇÃO CONSTITUCIONAL INDIRETA

1. Mitanálise do Constitucionalismo Português

1.1. O paradoxo das receções. Dialética das teorias sobre as influências constitucionais

1.1.1. A tese da influência francesa

Uma primeira aproximação ao problema da influência constitucionalista em Portugal inclina-nos para a ideia de uma importante contribuição francesa.

É sabido que, antes, durante e depois da ocupação francesa, houve em Portugal entusiastas da França e da Revolução Francesa, e mesmo contrarrevolucionários imbuídos de "francesismo".

Antes das invasões, lembremo-nos de um fundo de significativa influência cultural gaulesa, máxime no domínio literário[25], e a existência de uma fação ou clima de opinião muito favorável à França, ilustrável, *v.g.*, pelas cartas do Embaixador Sousa Coutinho, bastante adepto da Revolução Francesa[26].

[25] Cf. Paulo Ferreira da Cunha – *La Culture Portugaise et la France Littéraire*, in « Videtur », nº 19, ed. *online in* http://www.hottopos.com/videtur19/pfcunha.htm (abril 2003).

[26] D. Vicente de Sousa Coutinho – *Diario da Revolução Francesa*, Lisboa, edições Távola Redonda, 1990.

Durante as invasões, pensamos não somente no grupo diretamente ligado ao poder, mas também à Maçonaria de inspiração francesa[27] e ao grupo que pediu a Napoleão um rei e uma constituição, e ainda na Legião portuguesa. Para além da persistência e da intensificação das influências francesas (é também o tempo da moda – *proprio sensu* – vinda de Paris), estes fenómenos são uma manifestação de uma mais profunda atração pela importação do que é francês.

Depois das invasões, o governo inglês e a ausência do rei no Brasil também contribuíram para reanimar uma imagem ideal (mítica) dos amigos franceses[28].

1.1.2. A tese da influência inglesa

No entanto, não podemos esquecer que outras influências se manifestavam simultaneamente[29]. Nomeadamente, como é óbvio, a influência inglesa.

A Inglaterra era o velho aliado português e, de facto, mantinha o país sob a sua tutela económica, a qual se tornava naturalmente cada vez mais política em todas as crises.

Portugal tem sempre honrado a sua velha aliança (considerada pela tópica dos discursos oficiais como "a mais velha da Europa"), e foi muitas vezes um peão no jogo de crises políticas europeias (e internacionais). Uma vez mais, disso se tratou na "guerra peninsular".

Para muitos espíritos, a via constitucional inglesa era um pouco o modelo a atingir. As invasões e depois a guerra civil levaram muitos portugueses para Inglaterra. A Maçonaria em Portugal foi primeiramente de inspiração britânica, e muitos oficiais ingleses, que vieram comandar as nossas tropas contra os exércitos napoleónicos, eram mações (regista-se pelo menos uma procissão maçónica em Lisboa por esse tempo – o

[27] Sobre os problemas que as invasões criaram no dividido ânimo da Maçonaria portuguesa, A. H. de Oliveira Marques – *História da Maçonaria em Portugal*, vol. I. *Das Origens ao Triunfo*, Lisboa, Presença, 1990, p. 93 ss.

[28] No mesmo sentido, *v.g.*, Marcello Caetano – *História Breve das Constituições Portuguesas*, 3ª ed., Lisboa, Verbo, 1971, p. 15.

[29] Fernandes Tomás, o chefe do "Sinédrio" estaria fascinado pelas constituições sul-americanas, especialmente a da Bolívia. A Constituição de Cádis ("La Pepa") vigorou em Portugal, pelo menos como lei eleitoral. Uma influência espanhola ou ibero-americana pode também vislumbrar-se.

que é uma manifestação pública consideravelmente significativa). A sua influência foi relevante.

A tradição política inglesa era constitucional, assim como a tradição política francesa, embora de um outro constitucionalismo – em geral tido o constitucionalismo britânico por mais moderado e evolutivo.

O governo inglês, depois da instauração do regime constitucional em Espanha, pressionou o governo português, então no Brasil, para em Portugal seguir esse caminho.

1.1.3. Dialética teórica

Pergunta-se, então: no constitucionalismo português, há mais influência inglesa ou francesa?

José de Arriaga inclina-se para a inglesa. Eis o testemunho de Pinharanda Gomes:

> "França e Inglaterra são, para o historiador, duas matrizes, ou duas plataformas de recurso, para as tendências filosóficas e culturais portuguesas. A França é o espaço da abstracção, da fina razão, do mecanismo cartesiano. A Inglaterra é o trilho do realismo biológico, da teoria apostada à efectividade da prática, do emprirismo orgânico. Por isso que, em obediência aos trâmites do apogeu português, a Inglaterra respondia melhor aos projectos do pensamento português, ou, conforme Arriaga prefere dizer, da 'filosofia portuguesa' ".[30]

E Arriaga sintetiza, depois de conceder que os portugueses liam o excelente Montesquieu (um francês de algum modo pró-inglês, aliás): "Rousseau [....] não encontrou adeptos em Portugal [...] Bentham é o Rousseau dos portugueses."[31]

Muitos outros falam da influência francesa, não somente sobre a filosofia, mas também sobre o constitucionalismo. Citamos Vitorino Nemésio:

[30] Pinharanda Gomes – Prefácio a José de Arriaga, "A Filosofia Portuguesa. 1720-1820", in *História da Revolução Portuguesa de 1820*, nova ed., pref. e notas de Pinharanda Gomes, Lisboa, Guimarães Editores, 1980 (corresponde, na antiga ed. a vol. I, Livro II, Cap. III – "Movimento intelectual", pp. 331-435), p. 11.

[31] José de Arriaga – *A Filosofia Portuguesa*, cit., p. 62.

> "A formação dos homens que promoveram a revolução portuguesa e prepararam os seus destinos foi toda feita sobre o acervo espiritual que gerou 89 "[32].

Além disso, os adeptos da influência francesa raciocinam frequentemente por dedução. Partem da posição da influência geral, e depois aplicam-na ao caso concreto.

Para tratar do caso de Antero de Quental, Barradas de Carvalho afirma numa dada passagem: "[...] experimentando a influência francesa, como todo o mundo, em Portugal desde o século XVII [...][33].

Do geral ao particular. Como não sofrer esta influência, se ela vinha já desde o séc. XVII e toda a gente a experimentava, mais ou menos voluntariamente?

1.1.4. Hipótese de conciliação teórica: as influências cruzadas

Entretanto, analisemos de mais perto e friamente os factos.

O que se passa é um mecanismo de ação e de reação. A influência inglesa e a influência francesa são, de começo, duas maneiras de enfrentar a hegemonia espanhola. Isto é muito notório durante o período da Restauração da Independência portuguesa, no séc. XVII, depois do interregno de união com a Espanha (1580-1640).

Depois disso, a Inglaterra ganhou, por causa da sua influência económica (e do velho mito da aliança?). Todavia, os ingleses colonizavam já Portugal antes das invasões, e a colonização transformou-se em governo direto (sob Beresford), o que renovou a nossa simpatia pelos franceses.

Então, em conclusão, embora não tenha sido completa ou única, a influência francesa tornou-se bastante significativa em Portugal, numa larga medida graças ao sentimento anti inglês.

Pode dizer-se também, como o historiador francês Albert Silbert, que

> "Não foi a influência directa das ideias francesas que desempenhou um papel essencial. Foi muito mais a influência inglesa que esteve na origem do desenvolvimento dos princípios liberais, na medida em que o contacto

[32] Vitorino Nemésio – *Exilados (1828-1832). História sentimental e política do liberalismo na emigração*, Lisboa, Bertrand, s/d, p. 119.

[33] J. B. de Carvalho – *A la recherche de la spécificité de la renaissance Portugaise*, Paris, Fondation Calouste Gulbenkian. Centre Culturel Portugais, 2 vols., 1983, II, p. 533.

com a Inglaterra (e talvez com o exemplo espanhol) trouxe novos hábitos de espírito. E, fundamentalmente, também na medida em que a tutela inglesa, política, militar e económica, muito mais forte do que em qualquer outra altura, suscitou uma reacção que se alimentou de ideias de oposição ao Antigo Regime [...]".“O desaire do imperialismo napoleónico reaproximou em pouco tempo Portugal de França [...]"[34].

Enfim, o que é curioso é que a influência francesa tenha provocado, numa certa medida, a influência inglesa, e vice-versa.[35]

De todo o modo, se o movimento constitucionalista e muitos dos participantes nas lutas liberais encontraram em Inglaterra o seu modelo utópico e um abrigo concreto para a sobrevivência e resistência durante os exílios, os textos a que deram origem são exemplos de influência francesa.

Uma situação de alguma maneira paradoxal se nos apresenta então – um constitucionalismo inglês, e uma constituição de influência francesa[36].

Mas poder-se-ia ir mais longe, como Vitorino Nemésio. A influência inglesa saía de um pano de fundo de influência francesa. Completamos assim a citação feita *supra*, que explica o desenrolar da influência inglesa na francesa:

> “É verdade, como vimos, que a emigração em Inglaterra os fez contactar com outras fontes; – mas não eram esses momentos do mesmo processo histórico em que a Revolução Francesa e a sua ideologia entravam? Parlamentarismo e particularismo inglês eram reforços institucionais ao corpo de ideias novas, já formado e robusto sob a influência das Luzes de França"[37].

[34] Albert SILBERT – *Do Portugal do Antigo Regime ao Portugal Oitocentista*, 3ª ed., Lisboa, Livros Horizonte, 1991, pp. 77-78.

[35] Uma hipótese é também a de uma linha de influência constitucionalista Inglaterra → França → Espanha → Portugal (sem prejuízo de retroação pelo caminho). Cf. sobretudo o pensamento de D. Frei Fortunato de S. BOAVENTURA – *O Punhal dos Corcundas*, 4, p. 32 ss.; *ibid*, 33, p. 448.

[36] Uma outra explicação para as influências seria a da inspiração de certas ideias nacionais (desconhecidas) sobre certos grupos em especial. Na verdade, nem todos eram francófilos ou anglófilos, ou pró-espanhóis...

[37] Vitorino NEMÉSIO – *Exilados...*, cit., p.119.

1.2. As Cortes Constituintes e a elaboração da Constituição

1.2.1. Os rumores de invasão e o mito do inimigo

O mito do inimigo foi imediatamente agitado como *slogan* antes da abertura das Cortes. Os rumores mais inverosímeis circulavam, semeando o terror.

Dizia-se que os russos, os ingleses, ou os austríacos vinham invadir Portugal.

Arriaga atribui esses rumores à contrarrevolução[38]. Mas, com objetivos diferentes, é muito provável que o clima se tenha instalado com o concurso das duas partes e a credulidade de um povo sofredor e sem instrumentos críticos para desmontar (ou "desconstruir") as propagandas...

O inimigo era o estrangeiro, pouco importava qual. A xenofobia parecia surgir num povo tradicionalmente tão afável e hospitaleiro... Seria quiçá o preço de duas invasões sucessivas. A identificação do mito do inimigo e o do invasor era propícia à mudança de nacionalidade dos fantasmas que se agitam: russos, austríacos, ingleses – que importava?

Ter-se-ia estabelecido, no espírito dos portugueses, a relação clara entre a Revolução Francesa e a Revolução Portuguesa, temendo a invasão estrangeira depois da "morte" (real ou simbólica) do rei?

1.2.2. Limitações às Cortes

O poder constituinte originário das Cortes reunidas à maneira moderna era limitado de início. Os deputados estavam obrigados a fazer uma constituição "mais liberal que a de Espanha"[39]. Estes "mandatos imperativos" são sempre uma tentação[40].

Isto provocou a reação dos deputados mais tradicionalistas. Um deputado muito ativo durante a campanha eleitoral nas Beiras, Manoel Trigoso d'Aragão Morato[41], propôs mesmo um protesto junto do governo central contra esta limitação à liberdade da assembleia.

[38] José de Arriaga – *História da Revolução Portuguesa de 1820*, cit., p. 498.

[39] Sobre esse "mandato imperativo" há várias versões.

[40] Limitar o poder constituinte é um contrassenso, mas, talvez por isso, mais sedutor ainda. Depois da Revolução de 1974, tivemos em Portugal dois Pactos entre o Movimento das Forças Armadas e os Partidos Políticos, que firmaram um compromisso constituinte destes... Terá sido, dizem alguns observadores, o preço de terem sido realizadas eleições livres...

[41] Este conhecido político será autor de um novo projeto de Constituição. Cf. *Memórias de Francisco Manuel Trigoso de Aragão Morato*, coord. de Ernesto Campos de Andrade, Coimbra,

A proposta foi rejeitada, e o historiador liberal e republicano Arriaga[42] faz-se eco da argumentação dos mais liberais: isso seria ilegal. Hoje talvez se dissesse que seria inconstitucional ou anticonstitucional.

Entretanto, uma outra limitação, inspirada diretamente na constituição espanhola, jogou contra a vontade dos mais radicais em começar imediatamente os trabalhos.

O inverno estava muito chuvoso. Os deputados tardavam em vir a instalar-se em Lisboa. E os mais conservadores ou timoratos pediam instruções ao Rio de Janeiro antes da abertura.

Os mais radicais queriam abrir as Cortes mesmo sem os ausentes. Mas tinha sido estabelecido um *quorum* de dois terços dos deputados para a inauguração dos trabalhos. Tiveram que esperar.

1.2.3. A associação do novo poder constituinte à Igreja

A inauguração dos trabalhos foi acompanhada pelo ritual festivo de uso. Cortejos, desfiles e salvas militares, fanfarra, iluminações públicas, e finalmente a missa. A despeito de três padres se terem recusado a proferir a homilia de circunstância.

A associação do novo poder à Igreja (em alguma medida, contra a vontade dela própria, ou, pelo menos, de parte dela) é uma constante deste primeiro constitucionalismo. O juramento patriótico de cada deputado teve lugar no templo, entre cantos magníficos[43] e toda a pompa do ritual católico.

O povo estava impressionado e de alguma maneira persuadido de que tudo aquilo não passava de uma evolução na continuidade.

O discurso do padre (o quarto convidado), que tinha consentido em dizer a missa (Frei Vicente Santa Rita, um franciscano), foi entusiasta: um misto de linguagem da retórica liberal com o discurso piedoso. Os

Coimbra Imprensa da Universidade, 1993, e Almeida GARRETT – *Necrológio do Conselheiro Trigoso*, in *Obras de...*, Porto, Lello, s.d., vol. I, p. 955 ss..

[42] José de ARRIAGA – *História da Revolução Portuguesa de 1820*, cit., p. 199.

[43] O ritual constitucionalista fazia tudo para assegurar o concurso das cerimónias religiosas. Assim, o compositor Joao Domingos Bontempo foi encarregado pelas Cortes de escrever uma missa para o juramento das Bases da Constituição. Cf. *Diário das Cortes Gerais e Extraordinárias e Constituintes da Nação Portuguesa*, 9-3-1821, citado por M. L. C. SIMÕES – "Notas", p. 24 e 25. Sobre a fusao de signos, o viajante em Portugal Conde de PECCHIO – *Cartas...*, p. 12, diz que se quer aliar os "dois símbolos da redenção: a cruz e a constituição".

"vivas", que o sacro orador proclama, parecem extraídos do *numerus clausus* imposto aquando da chegada do rei: "Viva a nossa santa religião, viva o nosso rei o senhor D. João VI, viva o governo supremo do reino, vivam as cortes e a constituição por ellas dada!"[44].

1.2.4. O persistente mito do rei

> *João da Pátria he pai, he rei clemente.*
> *Delícias, glória, amor da Luza gente*[45]

O rei parecia manter, apesar de tudo, o seu mito positivo.

Na sessão de abertura das Cortes, um ambiente frio, ditado por discursos rígidos e pouco entusiásticos do presidente do governo e do presidente das Cortes, foi quebrado por um gesto simbólico: a apresentação pública e em lugar de honra[46] do retrato do rei[47].

Isso, e isso apenas, provocou o entusiasmo dos presentes. De facto, faltava o rei.

Pouco antes, Frei Vicente Santa Rita tinha feito uma alusão um tanto provocatória, mas capaz de excitar o público:

> "Lagrimas inocentes, gemidos tristes, vós não pudestes chegar aos ouvidos do mais amado dos reis; barreiras quasi insuperaveis vos desviaram; mas vós chegastes até ao céo; penetrastes até ao throno do rei dos reis [...][48].

A revolução e a constituição eram assim legitimadas por Deus. Mas a mais sensata prova da persistência do mito do rei é-nos dada no momento do juramento da regência perante as Cortes. O conde de Sam-

[44] *Apud* José de Arriaga – *História da Revolução Portuguesa de 1820*, cit.,p. 506.

[45] Texto de uma legenda colocada perto da efígie régia, exposta durante uma festa no Porto, em 1818, *apud* João Ameal – *História de Portugal*, Porto, Tavares Martins, 1958, p. 547.

[46] O plano consistia em colocar esse retrato sobre um trono, que deveria ser erigido na sala da assembleia. Um verdadeiro ícone, uma imagem de substituição do rei...

[47] Parece que o autor desse retrato fora o famoso pintor Domingos António Sequeira. No Teatro Nacional, o efeito do retrato do rei, em cena com uma cantora, que interpretava um novo hino constitucional, provocou um efeito semelhante.

[48] *Apud* José de Arriaga – *História da Revolução Portuguesa de 1820*, vol. II, cit., p. 506.

paio, em nome da presidência da regência, dirige-se ao presidente das Cortes e – não foi um simples *lapsus linguæ* mas, psicanaliticamente, um ato falhado: chama-lhe "Vossa Majestade"...

Aquele não era o rei, certamente, mas sentia-se que, mais uma vez, o rei estava a faltar[49]. E alguém tinha que, necessariamente, tomar o seu lugar. É assim com instituições muito antigas e a que nos habituamos: demora muito a delas podermos simbolicamente prescindir. E por vezes apenas as substituímos, mais ou menos nominal ou formalmente.

Mas D. João VI já era deste modo um rei que progressivamente se substituía por um outro, ou, na verdade, por outros (poderes e personagens) soberanos...

1.2.5. O mito da separação dos poderes

As Cortes decidiram ser o único corpo legítimo da soberania (à exceção do rei – mas o problema permanecia confuso). Assim, deveriam substituir o governo provisório em exercício.

Discutiu-se como instituir uma regência. Ela seria colegial, certamente. Mas poderiam os deputados fazer parte dela, assim como dos futuros governos?

A discussão assemelhava-se à que havia tido lugar em França. E a solução foi também a mesma: por medo de que o rei pudesse subornar os deputados, e por causa do carácter insubstituível dos melhores de entre eles, que deveriam, por conseguinte, ser nomeados ministros, resolveu-se, com todas as cautelas, que o corpo legislativo e o executivo deveriam manter-se rigorosamente separados.

Tal deu lugar a incompreensões e tensões de ambos os lados. As questões suscitadas pela separação dos poderes não apresentam aqui novidades – é sempre, no plano mítico-simbólico, a velha questão da secularização do dogma da Santíssima Trindade[50].

[49] Uma outra interpretação (persistência das ideias não democráticas) *in* José de ARRIAGA – *História da Revolução Portuguesa de 1820*, cit., p. 530.

[50] Cf. Paulo FERREIRA DA CUNHA – "O mito da separação dos poderes" in *Pensar o Direito*, I, p. 233 e ss.; e ainda os nossos livros *Mito e Constitucionalismo* e *Constitution, Mythes et Utopie.*

1.2.6. Balanço mítico. Um mito positivo e um mito negativo das Cortes constituintes

Há, numa historiografia em geral bastante apaixonada,[51] dois mitos contraditórios sobre as Cortes Constituintes. De um lado, o dos "pais da Pátria" (como se começou logo a chamar-lhes, pouco depois da abertura das Cortes). Do outro, o que os toma por demagogos, conspiradores, traidores, numa palavra (com as conotações da época nos círculos tradicionalistas), "mações"[52].

Há narrativas míticas de um e do outro lado. São inimitáveis, se bem que demasiado longas. No entanto, mais vale deixar falar ambas as partes que apresentam, evidentemente, versões com importantes divergências.

Joaquim de Carvalho diz desses homens:

> "O País inteiro conhecia de nome a maioria dos deputados; alguns, encanecidos na idade, nos serviços à Pátria, no culto da sciência, eram dignos da pena de Plutarco; e quási todos, honrados, escrupulosos, patriotas, pussuíam as grandes virtudes burguesas da decência, da dignidade grave, da honorabilidade perfeita."[53]

José de Arriaga igualmente escrevia na mesma linha apologética, quando nos conta quem foi eleito:

> "Como se vê, em primeiro lugar está o magistério, os homens de sciencia mais doutos e conhecidos; depois segue-se a magistratura, os bachareis formados, o clero, os proprietários e negociantes, e em último lugar os militares. Os empregados públicos foram postos de parte, estando representadas tão somente as classes que teem interesse em que os negocios do estado[54]

[51] Sobre este assunto, Victor de Sá – *A Crise do Liberalismo e as primeiras manifestações das ideias socialistas em Portugal (1820-1852)*; José Tengarrinha – "Prefácio" a Manuel Fernandes Tomás – *A Revolução de 1820*, Lisboa, Editorial Caminho, Lisboa, 1982, p. 14 ss..

[52] Logo em 1823 se imprime em Lisboa um panfleto híper reacionário, sob forma de Constituição comentada, ainda hoje muito esclarecedor no plano mítico-ideológico: Faustino José da Madre de Deus – *A Constituição de 1822 commentada e desenvolvida na prática*, Lisboa, Na Typografia Maygrense, 1823.

[53] Joaquim de Carvalho – *A Obra Legislativa das Côrtes*, in *História de Portugal*, dir. de Damião Peres, Barcelos, Portucalense Editora, 1934, vol., p. 97.

[54] Pode dizer-se que o conceito e a figura do funcionário foi sempre objeto de desconfiança pelos mais radicais representantes do espírito burguês, porque o funcionário deve fideli-

progridam. Os deputados sahiram das classes sociais mais independentes e menos submissas ao poder executivo. D'aqui a independencia, honradez e mais nobres virtudes civicas que ornaram os deputados de 20" [55].

Veem-se claramente os aspetos míticos habituais no tempo e no quadrante ideológico em causa: os intelectuais e os bons burgueses independentes, os homens das Luzes capazes de fazer (ou descobrir) Leis no sentido liberal; a aversão em relação ao executivo, etc.

É interessante verificar que, sobre este ponto, a historiografia da segunda ou da terceira geração (depois dos acontecimentos) se refugia sob o argumento da autoridade dos contemporâneos. E, no caso dos críticos, citam-se contemporâneos liberais para acrescentar uma carga de credibilidade ao testemunho.

Assim, Joaquim de Carvalho, para moderar os seus elogios iniciais, cita Latino Coelho. E Oliveira Martins, para fundar a sua demolição sobre uma base sólida, começa a sua crítica por uma longa citação de Alexandre Herculano.

Retomamos esta tradição historiográfica. Os textos de Latino Coelho, Herculano e Oliveira Martins servir-nos-ão de... *sed contra*.

A historiografia mais contemporânea é muito menos literária[56] na sua apreciação, e acaba por, de algum modo, ocultar as suas preferências com um laconismo que é sem dúvida menos mítico, mas que nem sempre chega para atingir menor parcialidade.

Eis o texto (já selecionado – mesmo a citação de Joaquim de Carvalho é demasiadamente longa) de Latino Coelho[57]:

dade ao executivo, visto como o inimigo do espírito parlamentar do liberalismo. Cf., *v.g.*, Carl Schmitt – *Verfassungslehre*, trad. castelhana de Francisco Ayala, *Teoria de la Constitucion*, Madrid, Alianza, 1982, p. 184 e *passim*.

[55] José de Arriaga – *História da Revolução Portuguesa de 1820*, vol. II, p. 486.

[56] Algumas vezes o corte epistemológico entre as disciplinas não é muito claro. Oliveira Martins – *Portugal Contemporâneo*, vol. III, 7ª ed., Guimarães, 1953, p. 316, afirma, por exemplo: "Assim, senão é à política, é à literatura que iremos pedir uma explicação do novo sistema". Mas esta frase e o estilo literário da sua obra historiográfica condenaram-no injustamente junto dos historiadores mais secos e "objetivos". Cf. Victor de Sá – *A Crise do Liberalismo e as Primeiras Manifestações das Ideias Socialistas em Portugal*, cit., p. 48 e n. 13.

[57] Latino Coelho – *O Visconde Almeida Garrett*, *apud* Joaquim de Carvalho – *A Obra Legislativa das Côrtes*, pp. 97-98.

> "os liberais de 1820 tinham toda a sciência especulativa dos revolucionários sem o arrôjo prático das grandes reformas públicas. Eram por assim dizer uns demagogos académicos, que faziam da revolução um tema de disputações e um certame de dialéctica."

Tal era a teoria sobre a frivolidade dos debates. Eis o mito dos "parlamentares" de Bizâncio, que discutem *o sexo dos anjos...*

Mas outras mitologias, mais recentes, entusiasmavam os deputados: as que haviam feito a Revolução Francesa. O Autor continua:

> "Ninguém mais do que eles sabia todos os antecedentes da grande revolução francesa. Não lhes eram recônditos os tesouros de toda a boa erudição democrática, nem lhes faltaram nunca as comparações campanudas da democracia grega, nem os símiles oratórios da revolução de França. Tinham de cor os eloquentes desvarios de Rousseau, e sabiam parafrasear a tempo um trecho apropriado do *Choix de Rapports*[58]. Faziam da liberdade um hino, e da revolução um circo aparatoso. A par dos mais inspirados improvisos sobre a soberania popular, ouriçavam-se-lhes de terror santo as cabeleiras apolvilhadas ao menor tentame de verdadeira emancipação popular"[59].

Daqui derivaria a hipocrisia ou a imensa ingenuidade destes deputados. O autor prossegue, criticando o estranho casamento do constitucionalismo e da monarquia, ornada da "túnica plebeia", que faz um cetro de um ramo de "carvalho cívico".

Joaquim de Carvalho retoma a palavra, mais seguro com o concurso da autoridade, e dá-nos uma bela imagem da influência francesa, espanhola e inglesa na nossa constituinte:

> "Onde está o leitor equânime e desapaixonado do Diário do Soberano Congresso que não depare constantemente com o desiderato [...] de injectar o sangue novo e rubro de Montesquieu, de Rousseau, da constituição francesa de 1791 e da gaditana de 1812, de Benjamin Constant e de Bentham, nas dessangradas veias da velha democracia lusitana?"[60].

[58] Aqui, Joaquim de Carvalho inclui, entre parêntesis, *addenda* de sua responsabilidade, para sublinhar também a influência espanhola: "e dos *Diarios de sessiones* das Côrtes de Cádis, acrescentamos nós".

[59] Latino Coelho – *O Visconde de Almeida Garrett.*

[60] Joaquim de Carvalho – *A obra legislativa das Cortes*, p. 98.

Oliveira Martins, como dissemos, retoma Herculano, o velho liberal desiludido no exílio interno de Vale de Lobos:

> "Eles [os democratas de 1820] mandaram a D. João II e a D. João III, nos seus túmulos, o código do absolutismo e a bula da Inquisição[61]. Queimaram profusamente a cera e o azeite em iluminações brilhantes, vestindo-se de briche nacional, horrorosamente grosseiro e bastante caro. Foi um tiroteio de banquetes, procissões, foguetes, discursos, arcos de triunfo, revistas, tedéu, eleições, artigos de jornal, salvas de artilharia. Todos os dias havia novas festas, e babavam-se por elas. Era um salseiro de hinos, sonetos, canções, dramas, cortes de fatos, e formas de sapatos liberais. (Foi então que apareceu nas cabeças portuguesas o chapéu alto, revolucionário). Multiplicavam-se as lojas maçónicas: os tolos iam lá gastar dinheiro em honra do Supremo Arquitecto do Universo e os espertos comer-lho em honra do mesmo Arquitecto. Reuniram-se as Cortes. Fez-se uma Constituição pouco mais ou menos republicana, mas inteiramente inadequada ao País".

Até agora, além da moda *tout court* de importação francesa, é sobretudo a libertação dos antigos grilhões (o absolutismo, a Inquisição[62]),

[61] Os revolucionários de 1820 e os deputados que fizeram a Constituição de 1822 não estavam totalmente de acordo sobre o período da idade do oiro, quando os seus antepassados viveriam felizes. Alguns, datavam o despotismo, o esquecimento das boas e velhas leis nacionais, do período de D. João II, como refere o texto. Mas para outros, a idade do oiro estava muito mais próxima: começava já antes de D. Maria I. Parece que se voltava aos dois mitos de Pombal: herói ou tirano. De qualquer maneira, a vaga formulação mítica do preâmbulo da constituição salvaguardava a unidade. O desprezo pelos direitos não estava datado. Sobre esta questão, *v.g.*, A. H. Oliveira Marques – *História de Portugal*, 7ª ed., Lisboa, Palas editora, 1977, vol. II, p. 63.

[62] No momento da revolução de 1820, a Inquisição não funcionava há muito tempo. As suas prisões estavam vazias. Mas os revolucionários quiseram reeditar uma tomada da Bastilha. É interessante como os mesmos mitos perseguem os protagonistas das diversas épocas, e como a História se vai "repetindo". Uma vez tomado de assalto o edifício do Santo Ofício (onde estava reunido o governo do país, que fazia planos para abolir a instituição no dia seguinte), os revolucionários, dececionados por não terem encontrado prisioneiros, começaram a destruir a casa. Ocorreriam assim duas mortes quando derrubaram a estátua da Fé do alto do edifício. Cf. D. José Trasimundo Mascarenhas Barreto – *Memórias do Marquês de Fronteira e Alorna...*, ditadas por ele próprio em 1861, reed., Lisboa, Imprensa Nacional – Casa da Moeda, 1986, I vol., II parte, p. 208-209. Estamos perante um mesmo ritual de destruição dos símbolos da opressão.

feita mito, o ritual da festa revolucionária, o oportunismo de uns, e a ingenuidade de outros. Agora o Autor é mais preciso sobre a influência estrangeira, que considera uma tradução. Oliveira Martins cita uma passagem de Herculano, traduzindo-o:

> "Repetiu-se, palavra por palavra, traduzidos em português, ou coisa semelhante, os discursos mais célebres do *Choix des rapports*, ou as páginas mais excêntricas de Rousseau e de Bentham"[63].

Evidentemente, se alguns discursos seriam ou pareceriam uma cópia, outros tornavam-se a repetição da história pela semelhança dos acontecimentos. Em conclusão:

> "O povo espantava-se de se achar tão grande, tão livre, tão rico, em direito teórico: porque na realidade, nos factos materiais, palpáveis, da vida económica, as coisas estavam pouco mais ou menos na mesma."[64]

Lembremo-nos que Oliveira Martins já fazia alusão ao mito antirrevolucionário. Em algumas das linhas da introdução ao longo texto de Herculano, evoca as caricaturas democráticas daquela época e como suscitaram e suscitariam ainda motivo para gracejos. Depois da citação, confirma Herculano. Mas absolve-os por uma espécie de "inimputabilidade": Na verdade, estes "voltaireanos", aqueles adeptos de Rousseau e Bentham – seriam apenas ridículos. Ainda quando nobres, generosos, ingénuos que tinham pensado que o mundo muda "à voz dos apóstolos".

Pensava certamente nos liberais calculistas do seu tempo. Em comparação, Fernandes Tomás, ou Ferreira Borges, este último mesmo se acusado de nas Cortes defender os interesses da Companhia vinícola de que era secretário[65], eram bem puros – ou Catões (ou Robespierre) incorruptíveis. Oliveira Martins acaba por assinalar e louvar o seu idealismo.

Os comentadores pósteros, sobretudo os comentadores póstumos das revoluções, mesmo os espíritos progressivos como o de Oliveira Martins, são muito frequentemente tentados a fulminar com graves

[63] Alexandre HERCULANO, *apud* Oliveira MARTINS – *História de Portugal*, Mem Martins, Europa-América, s/d, II, p. 181.

[64] *Idem, Ibidem.*

[65] Victor de SÁ – *A Crise do Liberalismo e as Primeiras Manifestações das Ideias Socialistas em Portugal*, 2ª ed., Lisboa, Seara Nova, 1974, p. 61, n. 5.

veredictos os exageros, as ingenuidades, as pretensões demiúrgicas dos entusiasmos revolucionários. É quase também um ritual sacrificar a essa ironia fácil quando se não viveu o entusiasmo e as promessas da própria revolução, e já se sabe (e tanto se sabe) que as revoluções têm a sina de ser recuperadas e traídas, e de não atingirem os seus fins em boa medida. Por isso é que há tantos testemunhos sérios e ponderados sobre a imponderação revolucionária, depois de encerradas todas as revoluções. Por seu turno, os revolucionários estão sempre tão afadigados a viver 24 horas por dia o momento extraordinário da sua revolução, que produzem normalmente apenas papéis de momento, sempre efémeros, pouco destacados dessas vivências em turbilhão em que se encontram imersos.

A dialética mítica a propósito das Cortes de 1821 e da Constituição de 1822 é ainda mais impressionante se se compara num mesmo autor a evolução do seu pensamento. Verifica-se, entre os autores da própria revolução, uma evolução que vai do entusiasmo à desilusão.

É o caso – muito paradigmático[66] – do escritor (feito visconde pela nova ordem liberal) Almeida Garrett.

Em muitas proclamações académicas e num artigo do jornal *O Patriota*, Garrett proclama os princípios da revolução e insurge-se contra os rumores de exclusão dos estudantes das eleições.

O mito do inimigo está aí presente, sobretudo sob a fórmula do traidor:

> "[...] almas perversas, hipócritas, envenenadas de malvadez, azedas de ódio, corruptas de peçonha, adversárias da luz, inimigas declaradas da razão e da verdade [...] não, decerto não as há entre nós: e, se as há, se um tal monstro habita entre nós, se algum bárbaro sectário do feudalismo... [...] nós repetimos, com os nossos companheiros do Porto: 'Esse não é Académico'[67]; nós

[66] E é por causa desta exemplaridade que iremos apresentá-lo, ainda que brevemente.

[67] O mesmo processo de recusa de dependência (uma manifestação negativa do mito da unidade) é utilizado no artigo de 10 de fevereiro: Almeida Garrett – "Festa Constitucional do corpo Académico-escolástico da Universidade de Coimbra", in *Obra Política. Escritos do Vintismo (1820-1823)*, Lisboa, Editorial Estampa, 1985, p. 174: "haverá ainda um Português que desconfie dos nossos sentimentos, de nosso patriotismo? Se algum há, esse não deve ser Português"). Um processo idêntico consiste em afirmar ou incitar à união ou ao afastamento do grupo. Garrett acaba quase todos os seus manifestos dessa época de uma tal forma. A 4 de dezembro, a nação pode contar com as penas, os braços e até com as vidas

o expulsamos do nosso grémio; nós lhe negamos o doce e santo nome de irmão: nós o amaldiçoamos até à hora em que se alistou sob os estandartes de Minerva."[68].

E o estudante exaltado ameaçava os traidores que tinham caluniado a Universidade junto do governo para que o voto fosse recusado aos estudantes. Quantos mitos se encontram aqui!

Mitos positivos: a ciência protegida por Minerva, as Luzes, a Razão, etc.; mitos negativos: o feudalismo, a traição, etc.

1.2.7. O ataque contra os velhos mitos

Se não se revogam aqui todos os dias trezentas leis, sessenta funções e vinte ministros, não se faz nada.".
BORGES CARNEIRO[69]

As Cortes não tinham somente o mandato imperativo de fazer um texto mais liberal que o de Espanha[70]. Assumiram o papel legislativo, e ensaiaram reviver a grande noite do 4 de agosto[71]. A assembleia aboliu

dos estudantes. A 6, o autor recorda que, se os estudantes não podem votar, eles não o serão eternamente: e recusar as Letras é um grande preço para obter a cidadania. A 8 de dezembro, o manifesto acaba com um incitamento a todos esses ("dignos dos nomes de Académicos"). Um outro texto do mesmo dia fala de ser digno do nome de Homem. E um outro ainda – em apoteose da Unidade mítica – depois de ter começado por afirmar que todos são irmãos, filhos da mesma Pátria, termina: "Amigos! que o medo e a desconfiança se afastem de vós: abracemo-nos no seio da Pátria e que o nosso abraço seja eterno, e a nossa união e a nossa felicidade". Os mitos da unidade e da felicidade abraçados. V. Almeida GARRETT – *Obra Política...*, pp. 155-174.

[68] Almeida GARRETT – "Primeiro Protesto ao Governo", in *Obra Política. Escritos do Vintismo (1820-1823)*, cit., p. 156.

[69] Borges Carneiro, na sessão de 20 de outubro de 1821. Algo nisto nos lembra a voz de Saint-Just.

[70] Por outro lado, como os trabalhos de discussão da Constituição propriamente dita eram bastante lentos, a assembleia votou, sob proposta de Fernandes Tomás, a aprovação prévia das Bases da Constituição, a fim de que o rei regressado pudesse jurar os esteios fundantes da nova ordem. O que viria realmente a suceder. As bases poderiam parecer a alguns quase uma tradução dos artigos da Constituição Espanhola, mas veremos que tudo é mais matizado.

[71] Contra uma tal analogia, Joaquim de CARVALHO – *A Obra Legislativa das Cortes*, cit.

a Inquisição por unanimidade (decreto de 7 de abril de 1821), introduziu diversas reformas administrativas, decretou várias amnistias e perdões (decretos de 15, 17 e 22 de março de 1821), aboliu alguns privilégios monopolistas em diversos produtos (a 31 de março e a 5, 24 e 29 de maio e a 9 de junho), instituiu a liberdade do ensino (a 3 de julho de 1821), etc.

Todavia, o decreto de 10 de abril de 1821 seria o equivalente mítico das decisões da longa e célebre noite de 4 de agosto em França. Assinando a sentença de morte de vários direitos do Antigo Regime.

Não era a abolição completa do regime "senhorial" (mais miticamente dito "feudal", na época). Mouzinho da Silveira deveria ainda legiferar muito... para não conseguir pôr-lhe ainda fim. Mas era um declamatório e significativo começo.

O utopismo era, mesmo assim, muito audacioso. Teve grandes problemas e até confrontações entre os antigos titulares dos direitos e os seus sujeitos passivos.

Não eram apenas os senhores a ser expropriados. O clero[72] sentia que a religião de diversos deputados não era mais do que um vago deísmo, e temia a liberdade de imprensa em matéria de fé; a magistratura sentia o poder a escapar-se-lhe; o funcionalismo, maltratado e ameaçado de limitações de efetivos, não podia ser afeto à nova ordem; a Universidade (e especialmente o Reitor), tinha sido ofendida. E o rei, o rei era decorativo no sistema da constituição em génese[73]. Aliás, uma decoração a todo o momento dispensável.

[72] O patriarca de Lisboa recusou-se a prestar juramento, e foi exiliado para Baiona.

[73] Um incidente constitucional marcou a entrada do rei no palácio das Cortes, a 4 de julho. Lembra um pouco as primeiras tentativas de tutela de Luís XVI sobre os deputados. D. João sabia que Luís XVI se viria a tornar mítico no cadafalso. Jurou a meia-voz, mas o seu discurso foi lido por Silvestre Pinheiro Ferreira. Este, apresentou a teoria da monarquia dualista, baseada no equilíbrio entre a soberania real e a nacional (da assembleia). Na prática, o rei dizia polidamente aos deputados que aguardassem as ordens dos ministros... Ou, pelo menos, tal foi a interpretação das Cortes. A reação da câmara foi muito negativa, porque o discurso era contrário às próprias Bases da Constituição. Foi o rei obrigado a ceder, mais uma vez, e o ministro Silvestre Pinheiro Ferreira acabou por ser demitido. V. Joaquim de Carvalho – *A Obra Legislativa das Cortes*, cit., p. 107. Cf. José Esteves Pereira – *Silvestre Pinheiro Ferreira. O seu pensamento político*, Coimbra, Universidade de Coimbra, Faculdade de Letras, Seminário de Cultura Portuguesa, 1974, p. 43 ss.. Contudo, Silvestre Pinheiro Ferreira terá uma interessante carreira política, de filósofo e de pensador do direito público. V.

Os mitos tradicionais tinham, certamente, sido aparentemente respeitados. Mas o Homem (ou a sociedade) não vive apenas dos mitos. A realidade sofria profundas transformações. Demasiado profundas, talvez.

2. A constituição de 1822: Análise das fontes

> "A Constituição de 1822, baseada sobre a constituição espanhola
> de 1812, que por seu lado se inspirara
> na constituição francesa de 1791 [...]"
> MARQUÊS DO LAVRADIO[74]

2.1. O constitucionalismo espanhol (de Cádis) e suas fontes

> "[A Constituição de Cadis foi uma constituição] democrática
> na sua essência, mas democrática à francesa,
> e absolutamente inaplicável nos lugares e tempo onde foi feita...
> [Como] Fruto de todas as tendências desorganizadoras do século XVIII,
> fermentou, reduzindo-se a leis, o espírito da Enciclopédia
> e do Contrato Social."
> MENENDÉZ Y PELAYO[75]

2.1.1. O conflito das interpretações sobre as influências

Há várias posições sobre as influências deste período.

Uns, veem somente o pano de fundo. Dizem então que toda a influência estrangeira na nossa constituição foi francesa.

Outros, não conhecem senão o pormenor, e explicam que a influência inglesa teve um enormíssimo papel: Bentham é mesmo referido nas

Nomeadamente: Nady Moreira Domingues da SILVA – *O Sistema Filosófico de Silvestre Pinheiro Ferreira*; Lisboa, ICALP, 1990; Maria Beatriz Nizza da SILVA – *Silvestre Pinheiro Ferreira: Ideologia e Teoria*, Lisboa, Sá da Costa, 1975. Uma seleção dos seus textos – Pinharanda GOMES (introdução e seleção) – *Silvestre Pinheiro Ferreira*, Lisboa, Guimarães, 1977; António Braz TEIXEIRA – *Sentido e Valor do Direito*, Lisboa, Imprensa Nacional – Casa da Moeda, 1990, p. 42 ss. (há novas edições); Paulo FERREIRA DA CUNHA – *Pensamento Jurídico Luso-Brasileiro*, Lisboa, Imprensa Nacional-Casa da Moeda, 2006.

[74] Marquês de LAVRADIO, *apud* João AMEAL – *História de Portugal*, p. 567.

[75] MENENDEZ Y PELAYO, *apud* João AMEAL – *História de Portugal*, p. 554.

Cortes constituintes portuguesas[76], e as suas obras foram traduzidas no mesmo ano da Constituição por ordem das Cortes[77].

Mas há também um terceiro grupo de pesquisadores que se debruçam fundamentalmente sobre os textos exatos produzidos pelas Cortes, quer os dos debates, quer os das bases e da Constituição em si mesma. E concluem que a influência foi espanhola[78].

2.1.2. O mito da Constituição de Cádis

2.1.2.1. Mitificação e influência

A Constituição de Cádis, de 1812, era, ela mesma, o símbolo de uma ordem restaurada. Em 1821, data da reunião das Cortes extraordinárias portuguesas, este texto constitucional encontrava-se pela segunda vez posto em vigor. Uma constituição que é calcada aos pés por um monarca, e depois lhe é imposta de novo, deveria, sem dúvida, excitar os ânimos revolucionários. Tal deve ter dado, evidentemente, uma importante contribuição para o prestígio entre nós da Constituição de Cádis, também assim mitificada.

Já se viu a importância atribuída a esse texto em Portugal. Era citada como uma Bíblia. A sua mitificação como o *texto mais liberal do mundo* em vigor contribuiu para fazer nascer um outro mito que se debate (como habitualmente em Portugal depois das Luzes) entre a influência e a originalidade (ou o complexo de inferioridade e o de superioridade[79]). De facto, quando se impõe aos deputados das Cortes extraordinárias a criação de uma constituição *não menos liberal que a de Espanha*, isso significa, na verdade, fazer uma constituição *ainda mais liberal que a espanhola*.

[76] *Diário das Cortes*, 11-4-1822. Cf. Manuela Lobo da Costa Simões, "Notas" a José Pecchio – *Cartas de Lisboa 1822*, trad. port., Lisboa, Livros Horizonte, 1990, p. 56, n. 1 e p. 57, n 2.

[77] J. Bentham – *Tradução das Obras do sábio jurisconsulto... vertidas do inglês na Língua Portuguesa por mando do Soberano Congresso das Cortes Gerais, Extraordinárias e Constituintes da mesma Nação*, 2 vols., Lisboa, 1822.

[78] Numa visão abrangente, José Joaquim Gomes Canotilho – *Direito Constitucional*, 4ª ed., Coimbra, Almedina, pp. 209-210, faz corresponder as influências às tendências políticas portuguesas. Assim, a cada "originalidade" poderia corresponder uma influência. Os moderados inspiraram-se na Inglaterra; o setor mais radical tinha sido influenciado pela convenção francesa; e os "gradualistas" inspiraram-se na Constituição de Cádis.

[79] Cf. Eduardo Lourenço – *O Labirinto da Saudade. Psicanálise Mítica do Destino Português*, Lisboa, Dom Quixote, 1978, *passim*.

Aqui, sente-se o duplo complexo português: "fazei como os outros, mas ainda melhor que os outros, ultrapassai-os".

Há uma preocupação por esta especial originalidade que não nega as fontes, mas que as quer ultrapassar.

Ora o português não imita senão o que ele próprio já mitificou. É o mito do constitucionalismo espanhol que o atrai, é esse que ele aspira a ultrapassar.

2.1.2.2. O espetro constitucional e as influências em Portugal

Embora verdadeiros partidos (organizados como os que conhecemos hoje) não existissem ainda nessa época, como se sabe, as diversas tendências políticas que então se desenhavam nas assembleias têm uma certa importância para o esclarecimento deste assunto.

A maior parte dos historiadores deste período declaravam a influência francesa na constituição de 1822.

Timidamente, alguns assinalavam a influência inglesa. Depois, sem negar as demais influências, sobretudo a francesa, sublinhava-se o legado espanhol.

Gomes Canotilho sintetizando, de uma maneira bastante interessante, esta complexidade intertextual, faz corresponder as influências aos partidos. Assim, cada grupo *ad hoc* tinha as suas fontes estrangeiras. Este último contributo faltava à doutrina. É provável que assim tenha sido. Mas não esqueçamos a dialética das influências, e as mudanças de posição. Após o período inicial, parece que os argumentos se misturaram ou cruzaram.

2.1.2.3. O espetro constitucional e as influências em Espanha

Na constituinte de Cádis, também se verificaram diversas tendências, da originalidade e da influência.

Três grupos se definem, como aliás se observa em Portugal, com os nossos deputados às Cortes de 1821[80].

[80] No entanto, em Portugal, *grosso modo*, o que é assinalado é a posição política (dividem-se assim os deputados entre direita, centro e esquerda). A divisão pode, todavia, ser feita segundo a filiação doutrinal, digamos, as influências recebidas e a formação "ideológica" que possuíam. Há, certamente, relações entre o compromisso político e as posições dos deputados e a sua formação e influências, mas não se verifica em todos os casos uma ligação absoluta. O estudo de Joaquin Varela Suanzes-Carpegna – *La Teoria del Estado en los Orige-*

Se em Portugal os deputados do Brasil são de algum modo postos num gueto, como reação à preponderância do *Portugal americano,* nos tempos mais recentes, sobre uma "metrópole colonizada", já em Espanha os deputados sul-americanos estiveram muito ativos e representavam uma posição bastante interessante e coerente. Eis o primeiro grupo.

O segundo era constituído pelos deputados monárquicos, mais tradicionalistas. Também os tivemos em Portugal.

O terceiro – o nosso grupo radical? – Era o dos deputados metropolitanos liberais[81].

Estes três grupos tinham as suas fontes e os seus respetivos projetos.

Comecemos pelos liberais metropolitanos, o que parece ser o modelo mais exportado (e mais bem recebido como herança do constitucionalismo de Cádis em Portugal).

Os liberais metropolitanos tiveram uma formação em três tempos que correspondem a três tipos de fontes. Eram, sem dúvida, sobretudo juristas (como, aliás, os seus colegas de outras tendências). Tinham frequentado a Universidade, ou, pelo menos, encontravam-se dotados de algum conhecimento e ilustração. Tinham sido formados tendo por base as "Luzes", mas ostentavam ainda consideráveis resíduos escolásticos. Eis mais duas vertentes de inspiração. Por um lado, é a força da corrente das "Luzes" despóticas; por outro, ainda a reminiscência de Aristóteles, S. Tomás, e a sua releitura por Suarez, e a segunda escolástica em geral.

Mas como vai esta (aparentemente estranha) mistura formar os liberais?[82]

nes del Constitucionalismo Hispanico (Las Cortes de Cádiz), Madrid, Centro de Estudios Constitucionales, 1983, é um exemplo de uma análise doutrinal. Adotamos a sua categorização para o caso espanhol. V. o exposto sobre as classificações dos deputados, *Ibidem,* pp. 5-12.

[81] Sobre estes três grupos, em geral, Joaquín Varela Suanzes-Carpegna – *La Teoria del Estado,* máx. p. 10-57.

[82] O ecletismo dos homens do constitucionalismo português é realçado assim por Vitorino Nemésio – *Exilados...,* cit., pp. 125-126: "Embora as 'luzes' não fossem o principal farol dessa gente, os seus clarões conviviam com a chama do catolicismo liberal numa iluminação confusa e polícroma, [...] Garrett, para justificar a revolução de 20, prometia argumentos de Rousseau, Mably, Volney e Condorcet". No entanto, continua Nemésio, mesmo que Herculano tenha lido Mably, considerava que a revolução portuguesa tinha fundamentos próprios.

Na verdade, o escolasticismo dos liberais é pré-liberal, e limita-se a algumas referências e fundamentos. Não é consequente. Constitui já uma inspiração distante, ou declinante pelo menos.

Nestes liberais portugueses, o despotismo das "Luzes" vai aperceber-se somente por algumas referências (que serão, aliás, mais jusracionalistas que propriamente despóticas), retóricas ("Luzes", razão, natureza... são tópicos, ou mitos... muito bem recebidos) e nos projetos culturais, de desenvolvimento (no sentido indefinido – pois economicamente há outras posições), etc.

A influência inglesa, a mais importante então, parece ter sido a de John Locke. É verdade que em Espanha como em Portugal, se fala de Benthamismo, mas era ainda fraca a sua penetração efetiva (embora um pouco presente) em 1812.

É verdade que os jusracionalistas alemães, em Espanha como em Portugal, tinham sido lidos e aceites. Mas sobretudo como lastro dogmático; não inflamavam as ideias. E ainda menos os corações.

É também verdade que os liberais espanhóis, assim como os portugueses, vincavam o seu historicismo, a sua fidelidade à tradição, às leis antigas e fundamentais dos seus reinos (que numa larga medida se misturavam no passado mítico e histórico – e isso foi visto e defendido pelo nosso Ribeiro dos Santos), tomando a defesa do novo sob a etiqueta do velho. Eles invocavam o Mito *tout court*, a narrativa primordial de fundo.

Mas era, na verdade, uma invocação mítica, com momentos de autoilusão e momentos de argumento de propaganda para não chocar demasiado o público. A originalidade espanhola é assim mítica, e tanto mais que o afirmado pelos liberais como sendo historicamente tradicional não era senão o que, na ala contrária, pensavam os realistas.

É a influência francesa de todas a mais essencial. Eis a terceira vertente. Era, aliás, a mais recente influência, a moda donde se esperava o remédio para todos os problemas.

É o pensamento constitucionalista doutrinal, de Sieyès e de Rousseau, assim como de Montesquieu, que a todos servia para fundamentar as suas posições.

É também o texto de 1791 que vai inspirar diretamente os liberais, e, através deles, a assembleia e, consequentemente, o texto final. Não esqueçamos: os liberais ganharam e a Constituição de Cádis é essencialmente a consagração das suas ideias. Ainda quando havia outras em jogo.

De uma maneira geral, pode dizer-se que, quer os americanos, quer os realistas (uns e outros divididos entre mais conservadores ou mais progressistas), tinham recebido a mesma formação de base dos liberais: da escolástica, e das "Luzes". Eventualmente até mesmo (por adesão – mais rara, mais efetiva em alguns casos, sobretudo entre os americanos – ou reação) o exemplo francês revolucionário.

A influência da formação escolástica era mais forte entre os americanos – ainda hoje o é[83] (é sempre o caso das periferias – as modas chegam mais tarde). Longe da mãe pátria e com um nascimento político na história moderna, o historicismo medieval, todavia, não lhes dizia muito. Associavam o velho e o novo na sua linguagem: Suarez sob formulação lockeana ou rousseauista[84]. O constitucionalismo inglês não teve, aliás, bom acolhimento entre eles.

Os monárquicos não eram absolutistas, mas, na verdade, uns tradicionalistas, e os outros – como Jovellanos – moderados reformistas. Os tradicionalistas repeliam todas as modas francesas (inclusivamente as modas *tout court*) e, fundamentados em argumentos históricos, lutavam pela originalidade espanhola. Havia, contudo, alguns mais reformistas, mais moderados.

Da França, todos (ou quase) aprovavam Montesquieu (curiosamente, até muito mais que seus colegas liberais) e criticavam Mably, Rousseau e Sieyès.

E a Inglaterra (eventualmente vista também pelos olhos de Montesquieu) tinha uma boa cotação: lia-se, além de Locke, especialmente Sidney e Blackstone.

2.1.2.4. As lições de Cádis. O mito de Cádis e o mito da Constituição de 1822

O estudo comparado dos debates (e dos textos constitucionais; mas sobretudo dos debates, das posições dos deputados e da sua formação

[83] Os americanos encontravam-se também munidos de uma importante cultura clássica. Na América, estava presente o mito da primeira colonização – pelos sobreviventes da guerra de Troia! *Stupete gentes*! Cf. Henry Steele COMMAGER – *The American Enlightenment and the Ancient World: a study in paradox* in "Festschrift Karl Loewenstein", Tübingen, J.C.B. Mohr (Paul Siebeck), 1971, max. pp. 91-92; p. 94.

[84] Joaquín Varela SUANZES-CARPEGNA – *La Teoria del Estado...*, cit., p. 29.

doutrinal) da constituição de Cádis de 1812 e da de 1822 leva-nos a verificar uma grande semelhança de situações.

Não é somente a proximidade dos textos, é a repetição dos debates.

Salvo os americanos espanhóis (e, em Portugal, a questão dos brasileiros poderia ainda ser vista sob uma outra luz...), os grupos são pouco mais ou menos os mesmos, idênticas eram as suas contradições, os seus livros, as suas aspirações.

Dá que pensar é na questão da "originalidade". Quando se vê que os espanhóis clamam uma originalidade nacional com argumentos tão semelhantes aos nossos, onde está a originalidade portuguesa no domínio do governo da coisa pública? E a espanhola, evidentemente...

A questão é complexa. Poder-se-ia dizer que se não trata de uma originalidade portuguesa, mas peninsular, ibérica.

Mas não há senão uma maneira de o saber: será que esta reivindicação nacional-histórica não teve, em outros países, contornos semelhantes?

Basta ler Montesquieu. A França revolucionária também reivindicou o mito dos Gauleses contra os Capetos...

O historicismo nacionalista é, pois, muito conhecido.

Mas a questão subsiste: cada país tem o seu sistema próprio, específico, ou não se trata senão de um sistema medieval comum que se quer melhor que o novo (de resto também muito internacional), revolucionário ou liberal?

Faltam-nos ainda dados. Mas todas as faces desta questão parecem-nos ter algo de verdadeiro. É preciso rever as *constituições materiais* antigas (tão esparsas e incertas, hoje), as *leis fundamentais* dos antigos reinos europeus, e compará-las. Poderá haver uma natural similitude de soluções, uma similitude tão grande que a originalidade nacional ou regional corre o risco de se desvanecer. A não ser como tópico, e bandeira.

Mas é importante que se precise bem de que constituição se está a falar. Conclui-se pelo paradoxo da originalidade.

Fernandes Tomás, no seu discurso contra Borges Carneiro quer, mesmo assim, uma constituição *portuguesa*. Os espanhóis têm uma constituição *espanhola*. Mas fizeram uma constituição que é uma cópia adaptada da constituição francesa... Portugal copiá-la-á, por seu turno, através do vizinho exemplar espanhol.

2.1.2.5. Renovar uma utopia francesa sob uma bandeira mítica espanhola

Assim, os que pensavam que as ideias extraídas da constituição espanhola estavam bem ordenadas e eram mais aceitáveis, em relação às "ideias francesas, as do inimigo[85]", enganavam-se.

O inimigo é um mito algumas vezes subtil que, como diz o velho brocardo e a fábula de La Fontaine, "entra pela janela quando se faz sair pela porta".

Mas, na verdade, se é provável que alguns atores sociais estavam convencidos da originalidade da Constituição de Cádis em relação à constituição francesa, uma outra hipótese se põe para muitos outros.

A despeito das manifestações populares em Lisboa, os deputados, sobretudo os mais radicais, sabiam que estavam isolados. A França tinha perdido muito do seu prestígio, quer com a morte de Luís XVI, quer com as invasões. O povo miúdo permanecia essencialmente conservador. Então, seria manifestamente inadequado, muito pouco prudente, dar-lhe uma constituição tendo expressamente como modelo a francesa.

É verdade que esse modelo nada tinha diretamente a ver com o regicídio e com Napoleão. Mas sempre era um perigo a evitar – mandava a prudência.

Então, pode pensar-se que se forjou uma ideologia de substituição. Falou-se de uma Espanha mítica para se falar, afinal, da França concreta. Da própria França tão execrada por alguns. Talvez por muitos...

Embora a Espanha fosse um inimigo tradicional, viu-se que as leis fundamentais eram quase como as nossas. Ou antes vice-versa... A Espanha, estava muito próxima, era mais fácil de aceitar. Estariam mais esquecidos os conflitos. Embora, em termos puramente mítico-psicológicos, pudesse também haver resistências, tem de confessar-se.

Partindo desta hipótese geral, dir-se-á que a França da Constituição de 1791 subsistia como utopia abortada do que se reclamava como objetivo. E a Constituição de Espanha funcionava assim como mito: estan-

[85] Albert Silbert – "As Invasões Francesas e as Origens do Liberalismo em Portugal", *Revista de História das Ideias*, Coimbra, 1978, *apud* António Pedro Vicente – *Le Portugal durant la Révolution française – attitudes contradictoires*, *in* AA. VV., "La Révolution Française vue par les Portugais", Paris, Centre Culturel Portugais, Fundação Calouste Gulbenkian, p. 88 ss., máx. p. 99.

darte de luta, certamente, e também narrativa das origens comuns para um historicismo constitucionalista que tinha argumentos e até textos comuns – porque havia tido uma história connosco comum, antes da fundação de Portugal.

Há, contudo, nestas opções, ainda alguns pontos que parecem por esclarecer.

2.2. Presença estrangeira e originalidade na Constituição de 1822

2.2.1. Originalidade ou influência e sacralidade dos textos constitucionais num debate entre Borges Carneiro e Fernandes Tomás

Um dia, numa viva polémica contra Borges Carneiro, a propósito de um ponto que constava da constituição espanhola e que ele não aceitava senão num código judiciário, Fernandes Tomás, provavelmente irritado com tanto servilismo em relação aos nossos vizinhos (lembremos como, anteriormente, tinha despedido os conspiradores espanhóis que lhe haviam proposto o iberismo), pôs os pontos nos "ii": "[...] nem por estar na constituição espanhola essa especificação constitui artigo de fé [...]. A Constituição espanhola não é um evangelho. Eu sou português e estou aqui para fazer uma Constituição portuguesa e não espanhola".[86]

A assistência que frequentava as galerias obrigava, é certo, a estas tiradas sonoras. Mas há muito mais que oratória neste discurso. É o resíduo (o reduto, mesmo) da originalidade nacional que Fernandes Tomás quer salvar contra a pura e simples tradução dos textos estrangeiros.

É o grito da originalidade contra a influência puramente passiva.

De um outro lado, sob o plano mítico, esse texto pretende fazer uma escolha mais crítica das fontes sagradas. Não é a receção pura e simples do Antigo Testamento que é a constituição espanhola, mas, sem lhe negar importância, há uma nova escritura a fazer, para o *hic et nunc*.

Fernandes Tomás, para enfraquecer o carácter mítico do texto sagrado espanhol, vai até fazer as comparações mais perigosas na mitologia política, quer dizer, as comparações explícitas com o sistema religioso instituído.

E a proximidade das atitudes de deificação salta aos olhos: constituição e evangelho, textos sagrados.

[86] *Apud* Joaquim de Carvalho – *A Obra Legislativa das Cortes*, pp. 101-102.

Fernandes Tomás é um desmitificador. Mas, mais importante do que isso: deu-se conta da mitificação política em curso.

2.2.2. O legado constitucional de 1640

Está fora de dúvida que em matéria de democratismo e de soberania dos corpos representativos, Portugal tinha uma tradição ainda mais antiga que a destes modelos, principalmente o modelo imediato que todos pareciam seguir de bom grado, o espanhol de Cádis. Era a formulação (teórica, pelo menos) da Restauração.

Algumas vezes se reivindica expressamente este legado.

No entanto, ou porque tinha falhado na prática, ou porque não era tão velho como o mito da idade do ouro na sua formulação vaga, ou pelo carácter tradicional das Cortes nesta fórmula política, ou, finalmente, pelo impacto concorrente dos modelos modernos e estrangeiros, esta reivindicação de originalidade portuguesa não foi invocada senão como argumento subsidiário.

Tratava-se verdadeiramente de pensar, agora, em *constitucionalismo moderno*. E mesmo este ensaio precursor que foi a Restauração, com as suas invocações legitimadoras, ainda não o era. Deveria assim manter-se no somatório das tradições democráticas dos portugueses, desde a alvorada da nacionalidade. Era ainda, como dissemos, constitucionalismo natural, histórico, tradicional, etc.

2.2.3. Mito e Utopia: Originalidade e influência

A originalidade constitucional portuguesa aparece, *in extremis*, como justificação histórica da revolução e da constituição, e algumas vezes em luta contra o excessivo servilismo ao exemplo estrangeiro. A originalidade é qualquer coisa do passado, que se deve recuperar depois de um período de decadência.

Pelo contrário, a influência estrangeira conduz os portugueses aos caminhos do futuro, porque o estrangeiro (diz-se, ainda hoje, repetidamente – mas nem sempre é verdade...) está mais esclarecido e desenvolvido que Portugal. Seguir o exemplo estrangeiro significaria acompanhar o seu progresso. Do progresso surgiria uma idade de ouro futura para os portugueses, a sua felicidade... Uma utopia. É um tópico sempre repetido...

2.2.4. Influência espanhola e influência francesa[87]

> "Se por desgraça a revolução que os rebeldes querem fazer ganha, e o espírito de mudança se adianta em Espanha, isso não nos pode ser aqui indiferente, antes pelo contrário nos toca muito de perto."
>
> BERESFORD, carta a D. João VI[88]

A tese da importância fundamental da influência espanhola sobre o constitucionalismo português não é uma tese unilateral, mas, pelo contrário, uma posição modelada[89]. Ela não nega a influência francesa, mas

[87] Há também a tese da influência inglesa. Mas esta tese só tem por base essencialmente dois factos: os constitucionais moderados – por exemplo, Palmela e seu grupo; e a correspondência de Bentham com a Constituinte. Quanto aos moderados, a questão é difícil. Tudo o que é moderado parece ser concebido como inglês. O que é uma interpretação abusiva. No entanto, um constitucionalismo moderno escrito baseado numa constituição histórica é sempre um problema. Há, sem dúvida, um partido inglês. Mas mesmo a Inglaterra sabe que a sua situação não é um modelo e, ao longo do tempo, vai-se pronunciando contra ou a favor de um ou outro projeto de constituição escrita. No que se refere a Bentham, e se bem que a questão não esteja ainda profundamente estudada (os trabalhos concluídos e em preparação de José de Sousa Brito trar-lhe-ão certamente mais luz), os argumentos a favor da sua influência não nos convencem. É certo que a assembleia portuguesa foi favorecida pelo interesse do renomado filósofo. É evidente que a utilização dos seus argumentos poderia ser uma arma mais. Mas não acreditamos que a sua influência tenha sido decisiva. Uma prova da polissemia dos seus escritos é o uso do nome de Bentham por uns e por outros. A sua crítica dos direitos humanos como ficção, por exemplo, ajudaria os adversários das ideias de 20-22. A influência de Bentham seria a ultrapassagem da constituição espanhola, a câmara única, a eleição direta dos deputados, a mutabilidade constitucional, etc. Não parece que um só desses princípios, efetivamente presentes na Constituição de 22, seja especificamente benthamiano, e não possa deduzir-se a partir de um aprofundamento do legado francês. Bentham aconselhou também os portugueses em coisas que eles não seguiram – e mesmo algumas que lhes repugnavam profundamente (por exemplo, na sua adesão a uma espécie de união ibérica). Para a discussão do problema, cf. Maria Helena Carvalho dos SANTOS – *A Maior felicidade do maior número. Bentham e a* Constituição *de 1822*, *in* Miriam Halpern PEREIRA *et alii* – *O Liberalismo na Península Ibérica na primeira metade do século XIX*, I, p. 91 ss.

[88] *Apud* Conde de LAVRADIO – *Memórias...*, vol. I, *apud* António Pedro MANIQUE – *Portugal e as Potências Europeias (1807-1847)*, Lisboa, Livros Horizonte, p. 51.

[89] No entanto, há uma posição menos matizada, a de Marcello CAETANO – *História Breve das Constituições Portuguesas*. O Autor afirma nomeadamente: "Os revolucionários tinham presente, desde a primeira hora, como modelo a seguir, a Constituição espanhola de 1812

dir-se-ia que prefere olhar o fenómeno de coincidência entre os constitucionalismos ibéricos e neles se centrar – o que, como sabemos já, tem todo o sentido histórico e jurídico. A exposição que sobre o tema se pode colher na obra de Jorge Miranda é muito clara e completa. É também uma das mais objetivas. Seguiremos agora a sua argumentação[90].

O Autor sublinha o paralelismo entre a história política e constitucional da Espanha e de Portugal, já verificável antes do século XIX, mas, de facto, sobretudo notória desde os princípios de *Oitocentos*[91].

Traça-se assim uma espécie de pequena história paralela desta evolução. Portugal teria começado por ser influenciado pela Espanha, sendo a nossa primeira constituição baseada na de Cádis; mas acabaria por ser o nosso País a influenciar a Espanha, porque, após uma longa série de acontecimentos portugueses realizados por inspiração espanhola, a revolução de 1974 "é um dos factores determinantes da 'reforma política' ou transição constitucional espanhola de 1976-1978"[92].

O Autor indica algumas coincidências que nos obrigam a refletir.

O nosso texto de 1822 baseia-se no de Cádis. Em 1823 (depois de apenas sete meses de vida), este é abolido, após o restabelecimento de Fernando VII como rei absoluto. Nos dois países, a guerra de sucessão tem por base ideológica o conflito liberalismo/absolutismo. A nossa Carta Constitucional de 1826 terá o seu gémeo no Estatuto Real de 1834, e a constituição, que pretende ser a síntese do primeiro consti-

[...] (p. 16); uma primeira análise mostra a semelhança entre o sistema então (na Constituição de 1812) adotado e o da Constituição de Cádis: a comparação das disposições confirma que a última foi a fonte principal da lei portuguesa" (p. 19). Esta visão parece ser partilhada por outros autores, nomeadamente Oliveira MARQUES – *História de Portugal*, II, p. 63. Um autor contemporâneo dos acontecimentos é também radical: "Porque se admiram eles que esta Nação tenha seguido o exemplo de Espanha, proclamando uma Constituição? Portugal sempre imitou a Espanha [...]. Os mesmos sacrifícios mereceram pois a Portugal a mesma recompensa". José PECCHIO – *Cartas de Lisboa, 1822*, trad. port., introd. e notas de Manuela Lobo da Costa Simões, Lisboa, Livros Horizonte, 1990, p. 27. Estamos evidentemente em desacordo com esta tese radical da influência espanhola.

[90] Jorge MIRANDA – *Manual de Direito Constitucional*, t. I. *Preliminares. A experiência Constitucional*, pp. 229; p. 240 ss.

[91] No mesmo sentido, *v.g.*, António Pedro MANIQUE – *Portugal e as Potências Europeias (1807 1847)*, p. 81; Joel SERRÃO – *Setembrismo*, in *Dicionário de História de Portugal*, ed. Porto, Figueirinhas, 1981, vol. III, pp. 851 ss.

[92] Jorge MIRANDA – *Manual de Direito Constitucional*, I, p. 229 (*in fine*).

tucionalismo com o cartismo, nascerá em 1837 em Espanha, e um ano depois (e tendo o texto do país vizinho entre as suas fontes), em Portugal... Os períodos de estabilidade e de instabilidade institucionais (respetivamente durante a segunda metade de século XIX e princípio do século XX) são simultâneos, assim como os períodos de ditadura (nos anos 20-30); há, assim, similitudes entre os regimes de Franco e de Salazar. E não poucas coincidências na restauração da democracia nos anos 70 do século XX e respetivas constituições. E poder-se-iam acrescentar a esta visão as similitudes constitucionais anteriores (aliás afloradas).

De qualquer forma, depois desta aproximação de fundo, o Autor desenvolve o seu pensamento, devidamente matizado. Afirma que "A Constituição de 1822 tem por fonte direta e principal a Constituição espanhola de 1812, a de Cádis"[93].

Mas referirá também que as constituições francesas de 1791 e 1795 igualmente contribuíram para o texto português, embora através da lei fundamental espanhola, ou de uma maneira subsidiária[94].

Vê-se, por este exemplo, que as mais objetivas posições historiográficas pró-influência espanhola não negam a influência francesa.

Um uniforme sistema mítico percorria toda a Europa Ocidental, fruto da grande revolução ocidental. É por isso natural que as influências possam mesmo cruzar-se e seja difícil determinar-lhes a exata paternidade ou a mais rigorosa originalidade.

As Cortes de Cádis – embora tenham soluções orgânicas ou organizadoras algumas vezes diferentes das francesas (como será o caso do nosso texto de 1822 perante o de Cádis) – têm o mesmo sistema mítico. E isso é o mais importante.

A Constituição de Cádis é um texto afrancesado. Será precisamente por este argumento que será abolida. Era paradoxal que uma constituição, feita pelas Cortes enquanto o ocupante francês dominava ainda

[93] *Idem, Ibidem*, I, p. 241.

[94] Num artigo de enciclopédia, o mesmo autor sintetiza: "A Constituição de 1822 provém diretamente da Constituição espanhola de 1812 e, em menor medida, das Constituições francesas de 1791 e 1795". Cf. Jorge Miranda – *Constituições Portuguesas*, in "Polis", Lisboa, Verbo, 1983, I, col. 1174.

quase todo o território do país[95], e num ambiente muito francês, fosse conveniente, fosse sequer tolerável, no período ulterior à invasão.

Mas aqui reside a chave da influência espanhola sobre os primórdios do constitucionalismo português. Aliás, há um caso paralelo com o sucedido na Suíça.

Os constituintes portugueses, como os suíços, tinham na memória a imagem do francês napoleónico e invasor. Ou, pelo menos, sabiam que, numa fase pouco ulterior à experiência de contactos mais ou menos armados com a França, poderia haver reações negativas à adoção de um modelo que podia apresentar-se aos olhos de muitos como o do inimigo... Então, para fazer esquecer os seus preconceitos, os constitucionalistas decidiram fazer um desvio.

Na Suíça, o álibi surgiu através de uma obra teórica de um alemão, Ludwig Snell, no qual o constitucionalismo helvético poderia passar por fundar miticamente as suas fontes. É o *mito do legislador estrangeiro*, mais uma vez. O que é oculto a todos, é que as ideias deste alemão dador de boas leis são "traduzidas" do francês. Ele não revela as suas fontes, sem dúvida. Nunca a sua obra fala dos franceses, que, contudo, estão por toda a parte[96].

Em Portugal, a interposição do exemplo espanhol funcionou, no período constitucionalista, como cortina de fumo, para ocultar a verdadeira influência francesa.

E pode mesmo ir-se mais longe. Quando o mandato imperativo dos deputados das Cortes constituintes dizia – numa frase que se tornou um *slogan* ou um *topos* – que a assembleia deveria fazer uma constituição "ainda mais liberal que a da Espanha", não seria isso uma referência dissimulada ao não-dito, ao tabu francês? A França sempre houvera sido mais liberal que a Espanha. A Constituição pretendida não era, afinal, uma constituição francesa? Suprema subtileza do eufemismo através de uma perífrase.

Há também elementos nacionais nas soluções da nossa constituição. Jorge Miranda elaborou um rol de diferenças. Resulta, da análise

[95] Jordi SOLÉ TURA/Eliseo AJA – *Constituciones y períodos constituyentes en España (1808-1936)*, 14ª ed., Madrid, Siglo veintiuno ed., 1988, p. 14.

[96] Cf. Jean-François AUBERT – *La Constitution de 1791 et la Suisse*, in AA. VV. – *1791. La Première Constitution Française*, máx. p. 415.

desse catálogo (e pela comparação direta dos dois textos), que nenhuma é verdadeiramente essencial em termos míticos. Da mesma maneira, nenhuma das diferenças entre os textos ibéricos e o texto fundador francês é, nos mesmos aspetos, muito profunda.

Uma explicação para a teoria da influência espanhola poderá ser a seguinte: sabe-se bem o impacto da revolução liberal que precedeu em Espanha a reunião das Cortes e a elaboração da Constituição de Cádis. Sabe-se também que medo esta revolução inspirou a Beresford e ao partido inglês[97]. Conhecem-se as tentativas de união ibérica (mesmo junto de Fernandes Tomás), e como a Inglaterra se lhe opôs[98].

Mas sobretudo há dados em prol da influência espanhola. A afirmação de "fazer uma constituição ainda mais liberal que a espanhola"[99] poderia, à primeira vista, denunciar esta influência. Um argumento de peso é a ideia, que data de novembro de 1820, de pôr em vigor em Portugal, ainda que provisoriamente, o texto integral da Constituição de Cádis[100]. E ela foi a lei eleitoral para a constituinte portuguesa, e esteve em vigor um dia no Brasil[101], como constituição integralmente aceite.

Tudo isto revelaria uma influência do texto espanhol bastante considerável. Ver-se-á, no entanto, ainda mais concretamente, que se tratava – como em muitos casos de importância total – não de uma questão de adesão e verdadeira influência, mas de uma manobra técnica, prática[102],

[97] Mas aqui há já um argumento (embora não muito forte) em favor do francesismo do constitucionalismo espanhol.

[98] O governo inglês insiste que não tem interesse n'"a união das duas monarquias na Península" Cf. *Ofício do Conde de Palmela a Tomás António de Villa-Nova Portugal*, de 11 de maio de 1820, in *Despachos e Correspondência do Duque de Palmela*, Lisboa, I. N., 1851, t. 1, *apud* António Pedro Manique – *Portugal e as Potências Europeias*, p. 55.

[99] Há uma versão da palavra de ordem que reforça ainda o pró-hispanismo. O *slogan* seria "fazer uma constituição tanto ou mais liberal do que a de Espanha". Cf. António Viana – *A Revolução de 1820 e o Congresso de Verona*, Lisboa, 1901, pp. 84-86; Sousa Monteiro – *História de Portugal*, VI, p. 185.

[100] Cf. Marcello Caetano – *História Breve das Constituições Portuguesas*, p. 16.

[101] Na excitação revolucionária brasileira, a Bahia adotou mesmo (a 10 de janeiro de 1821) provisoriamente, a constituição espanhola (Cf. Marcello Caetano – *Direito Constitucional, I. Direito Comparado. Teoria Geral do Estado e da Constituição. As Constituições do Brasil*, Rio de Janeiro, Forense, 1977, p. 481). A 21 de abril, um decreto ordena a observação da constituição espanhola, até à elaboração da portuguesa. Foi revogado no dia seguinte.

[102] Para além da função de álibi, bem entendido.

para atingir um fim específico: a introdução do liberalismo em Portugal (ou no Brasil). Não haveria nenhuma devoção particular ao texto espanhol. Era algo de instrumental.

Finalmente, não esqueçamos que os constituintes, que deviam apresentar-se como patriotas, não poderiam, sem renunciar aos seus princípios, declarar a sua influência francesa. Não era somente a evocação das invasões francesas, nem uma opinião pública em geral desfavorável aos excessos do Terror, ao qual se reconduzia facilmente, no plano do imaginário ou da representação, o conjunto da Revolução Francesa e do seu constitucionalismo. Havia também uma outra causa, uma causa próxima, e curiosamente ligada à Inglaterra, o *novo invasor*.

Paradoxalmente, as Cortes portuguesas deveriam rejeitar a influência francesa para não obedecer às imposições do seu velho aliado. Como? O facto é que a Inglaterra estava disposta a intervir entre Portugal e a Santa Aliança (que jurava extirpar o constitucionalismo em Nápoles e em toda a Península Ibérica), com uma condição: que os portugueses elaborassem uma Constituição *à francesa*[103]. Bem entendido, uma constituição baseada sobre a Carta Constitucional de Luís XVIII.

É evidente que entre o texto de 1791 e a Carta da Restauração francesa há uma grande, uma enorme distância. Mas, em matéria de palavras de ordem, todo o constitucionalismo francês tornar-se-ia assim prejulgado por esta verdadeira imposição inglesa. Então, para ser constitucionalista, verdadeiro e radical, seria preciso ser pró-espanhol.

2.2.5. Influência ou originalidade no texto constitucional de 1822. Uma comparação da Constituição Espanhola de 1812 e a Constituição Portuguesa de 1822, à luz do texto fundador francês de 1791

As questões sistemáticas ou de arrumação das constituições em apreço não nos parecem de uma grande importância quanto à questão fundamental, a dos grandes mitos ideológicos.

O sistema espanhol parece mesmo muito mais próximo do francês quanto ao lugar dos direitos. Se o modelo francês escolheu fazer antes de tudo uma Declaração de Direitos e pô-la à cabeça da sua constituição, os portugueses procederam de uma maneira semelhante, porque começaram por redigir as bases da constituição, que constituem uma verda-

[103] Cf. António Pedro Manique – *Portugal e as Potências Europeias*, p. 55.

deira declaração de direitos em sentido lato, e depois elaboraram o texto constitucional. Do mesmo modo, o texto português da constituição inclui um título específico para os direitos. É também o primeiro, como no texto francês. Contudo, a Constituição de Cádis não nos parece conter verdadeiramente uma parte autónoma para os direitos ou os deveres. E, nesta, eles estão mais do que dispersos[104], quase dissolvidos em outras matérias. Dir-se-ia que se encontram algumas vezes subentendidos, por vezes ausentes. Porque, em matéria de direitos – segundo, aliás, as fórmulas constitucionalistas – é forçoso dizê-las e escrevê-las muito claramente para que existam indubitavelmente. Garrett explicitou bem esta necessidade de fixação por escrito.

Assim ganha ainda mais sentido a ideia já formulada sobre o sentido de "fazer uma constituição ainda mais liberal que a espanhola".

Neste mesmo sentido, a Constituição portuguesa ultrapassou a espanhola no liberalismo (ou o radicalismo ou o democratismo..., segundo as terminologias) em quaisquer outros aspetos. Por exemplo:

No respeitante ao sufrágio, ele é indireto em Espanha e direto em Portugal (respetivamente artigos 35º e 37º e seguintes). De uma certa maneira, o sistema português parece ainda mais democrático que o francês (Título 3º, Capítulo 1º). O que poderia constituir uma influência da "constituição fantasma"[105] (na verdade inaplicada) de 1793[106].

Quanto à titularidade do poder executivo, parece também que, numa certa medida, o texto português ultrapassa quer o espanhol, quer o francês[107]. De facto, o executivo pertence exclusivamente ao rei em França e em Espanha, e ao rei e aos secretários de Estado em Portugal (respe-

[104] Como parece ser o pensamento de Jorge MIRANDA – *Manual de Direito Constitucional*, vol. I, pp. 241-242.

[105] Jacques ELLUL – *Histoire des Institutions*, vol. V, *Le XIXe siècle*, 6ª ed., Paris, P.U.F., 1969, p. 94 ss.

[106] Cf. Lopes PRAÇA – *Colecção de leis e subsídios para o estudo do direito constitucional português*, vol. II, pp. XVI-XVIII.

[107] "A Constituição de 1822 era uma constituição republicana que consentia na hereditariedade como forma de designar o Chefe de Estado. Portugal era, por aparente paradoxo, uma república hereditária". F. P. de Almeida LANGHANS – *Estudos de Direito*, Coimbra, Acta Universitatis Conimbrigensis, 1957, p. 319. O curioso é que, segundo Ribeiro dos Santos, Portugal era tradicionalmente uma espécie de monarquia eletiva. Almeida LANGHANS – *Op. cit.* p. 346: "*Os juramentos* e o *levantamento* ou aclamação podem ser considerados como uma espécie de rito destinado a relembrar, a ambas as partes, o pacto inicial no qual o povo

tivamente, artigos 1º, do capítulo IV, do Título III, 16º do texto de Cádis e 30º da Constituição de 1822). Evidentemente, como os secretários de Estado exercem o poder "debaixo da autoridade do mesmo Rei", e são livremente nomeados e demitidos por ele[108], os efeitos práticos da afirmação não serão grandes. Fica, quando muito, o efeito mítico...

O problema do veto, tão discutido em França[109], foi decidido finalmente no sentido do veto suspensivo no texto de 1791, consagrando os artigos da secção III, do capítulo III, do Título III, a possibilidade de suspensão por duas vezes. Tal foi retomado pelo texto espanhol (artigo 148º). Mais uma vez, os portugueses quiseram ir mais longe, e não concederam ao seu rei senão a possibilidade de um único veto (artigo 110º). E excluíram também do poder de sanção real a constituição e as suas alterações futuras, toda a produção legislativa e normativa das Cortes constituintes, e ainda dezasseis outras questões concretas que constituem uma verdadeira reserva de lei da Assembleia (artigo 112º). Estas dezasseis questões (artigo 103º) dão o verdadeiro e total poder às Cortes nos domínios da sucessão da Coroa, da regência, etc. (I-V), da guerra (VI-VIII), das finanças e quaisquer outros problemas de administração (IX-XIV). O catálogo termina com o poder de verificar a responsabilidade dos secretários de Estado e dos outros empregados públicos (XV) e a competência exclusiva para regular os assuntos internos das próprias Cortes.

A representação das colónias foi tratada mais largamente nas constituições ibéricas do que na francesa (Cf. artigo 1º, da secção 1ª, do Capítulo 1º, do Título III, *in fine*). Mas, uma vez mais, o texto português ultrapassa o espanhol. No Conselho de Estado espanhol, haveria pelo menos uma dúzia de conselheiros nascidos além-mar (art. 232º). No

se obriga para com o príncipe a troco do governo que lhe é necessário, mas que tem de ser justo (*pactum subjectionis*)".

108 "Artigo 123, II – Especialmente competem ao rei as atribuições seguintes: II – Nomear e demitir livremente os Secretários de Estado".

109 Lembramo-nos, do ponto de vista mítico-ritual, por exemplo, da Carmagnole "Mme. e M. Veto". V. MIRABEAU – *Discursos sobre o direito de veto (o primeiro, de Setembro de 1789), in* FURET/HALEVI – *Orateurs de la Révolution française. I. Les Constituants*, Paris, Gallimard, La Pléiade, 1989, vol. I, p. 674 ss.. Cf. sobre os mitos do rei e afins, Paulo FERREIRA DA CUNHA – *Teoria da Constituição*. I. *Mitos, Memórias, Conceitos*, p. 234 ss.; *Idem – Mito e Constitucionalismo*, p. 198, n. 426.

português, seis da Europa, seis das províncias ultramarinas, e um 13º, escolhido à sorte (art. 162º).

De uma maneira geral, a constituição portuguesa parece mais próxima da francesa, e quer mesmo aprofundar o seu legado democrático. No entanto, parece que toma medidas pragmáticas para ultrapassar as dificuldades encontradas pelo texto de 1791. Em certos casos, a constituição portuguesa, para preservar o essencial, afasta-se manifestamente do legado francês e espanhol.

Por exemplo: a associação muito estreita da Igreja à nova ordem na Constituição Portuguesa[110] é a prova da influência francesa, das dificuldades provocadas pela constituição civil do clero e pelas suas consequências. Haveria aqui uma influência por reação, por rejeição de uma experiência que provocou muitas clivagens em França. Este "clericalismo" manifesta-se também nas limitações à liberdade de imprensa[111]. O artigo 8º da Constituição portuguesa estabelece não somente um Tribunal Especial para "proteger a liberdade de imprensa", como confere aos bispos a tarefa da censura dos escritos sobre o dogma e a moral. O governo fornece a força do braço secular para a punição dos culpados.

Entretanto, os artigos 131º, 24º e 371º da Constituição de Cádis são muito vagos e não fazem mais do que afirmar o princípio da liberdade de imprensa, sem lhe impor restrições[112].

[110] Também presente na iconografia constitucional: há em algumas gravuras revolucionárias uma igreja ao fundo, como única decoração. Cf. a alegoria ao juramento da Constituição pelo exército *in* Carlos Babo – *As Luctas Liberaes,* Encyclopedia pela Imagem, Porto, Livraria Chardon, Lello e Irmão Lda., s/d., p. 17. E há outras estampas mais eloquentes ainda no desejo de associar a cruz e a revolução. Não só em Portugal como noutros países.

[111] Recordemos que, em França, o artigo 11º da Declaração, sobre a liberdade de comunicação das ideias, quase não teve senão a oposição do clero. Afora a Igreja, somente uma pequena minoria se opôs. Cf. *La Déclaration des droits de l'homme et du citoyen,* apresentada por Stéphane Rials, Paris, Hachette, 1988, pp. 333-334.

[112] Embora as restrições à liberdade de expressão sejam, em Portugal, consequência de um certo "clericalismo" desse primeiro constitucionalismo, a verdade também é que não havia, à época, liberdade religiosa em Espanha. O artigo 12º. da Constituição de Cádis é perentório: "A religião da Nação espanhola é e será perpetuamente a religião católica, apostólica, romana, a única verdadeira. A Nação a protege por leis sábias e justas e proíbe o exercício de qualquer outra". O texto português correspondente, o art. 25º, é mais tolerante: "A Religião da Nação Portuguesa é a Católica Apostólica Romana. Permite-se, contudo, aos estrangeiros o exercício particular de respectivos cultos".

O artigo 11º da Declaração francesa remete para a lei a punição dos abusos de liberdade de expressão em geral. O Título Primeiro da Constituição exclui toda a censura. É interessante sublinhar que, na constituição francesa, esta liberdade de imprensa é imediatamente seguida da liberdade religiosa. A transição entre uma e outra não se faz senão por meio de uma vírgula. Tal parece-nos provar a indissolubilidade das duas questões, como o exemplo português também manifesta.

Finalmente, a declaração expressa, no texto constitucional, da forma de governo, quer na constituição espanhola, quer na portuguesa, parece-nos determinada pela diversidade das experiências e dos modelos teóricos entretanto nascidos. A Constituição de 1791 só tinha uma precisão (tautológica, aliás, em relação ao sistema que ela manifestamente instituía) sobre o governo (quer dizer, sobre o executivo): "O Governo é monárquico: o Poder executivo é delegado no rei [...]" (Art. 4º, do Título III).

Pelo contrário, a constituição espanhola fala da forma de governo como de regime político ou sistema de governo (as terminologias não são homogéneas), e considera-se como uma "monarquia moderada hereditária" (artigo 14º). A constituição portuguesa, no seu artigo 29º, assim como já as Bases, no seu artigo 18º, consideram o governo de Portugal (no mesmo sentido de regime político) como uma monarquia constitucional.

Em suma: é sempre, parece-nos, a ideia de ir mais além no liberalismo que a Espanha e, se possível, ultrapassar mesmo a concretização do ideal em França[113], que é, verdadeiramente, o exemplo, embora não designado. Algumas vezes, por compromissos[114], outras vezes por

[113] Uma coisa é o legado espiritual da França, a Utopia Francesa, que nem em França foi jamais realizada, e uma outra coisa, bem diferente, são os acontecimentos e as concretizações do ideal no solo gaulês. E parece que os constituintes portugueses tiveram uma ideia muito clara da diferença. Eles sabiam muito bem que o exemplo (a Utopia) francesa já não podia nomear-se e apresentar-se como exemplo, por causa de um mito negativo, de uma lenda negra que tinha sido criada em volta das vicissitudes e dos abusos da Revolução Francesa. Eles também queriam a utopia sem os avatares do mito negativo. É provavelmente em nome da pureza da utopia que os portugueses querem ultrapassar a realidade dos franceses, em alguns aspetos, e em outros deverão pensar que aprenderam com os erros do processo revolucionário francês. Assim, nestes aspetos, tornam-se moderados e "revisionistas".

[114] Era o caso da questão da Igreja e da liberdade de expressão.

expressões mais surpreendentes[115], outras vezes ainda por instituições ou métodos mais radicais[116].

2.2.6. A influência de outros textos constitucionais franceses, para além do de 1791. A tese da influência francesa segundo Lopes Praça

Viu-se que a influência fundamental, decisiva, o verdadeiro texto fundador e inspirador de todo o edifício constitucional português de 1822, foi a primeira constituição francesa escrita e codificada, a de 1791. Todavia, podem encontrar-se outras fontes constitucionais francesas no texto português.

O primeiro Título foi inspirado em larga medida no texto de 1791. Mas é verdade que disposições semelhantes figuram na constituição de 1795, principalmente na declaração que a precede. E em outros textos também.

No entanto, não seguimos Lopes Praça quando dissolve a influência francesa numa multiplicidade de influências de diversas constituições. Duvidamos que a Constituição do ano I (1793), no que ela tem de específico, possa ter influenciado muito o texto português. E mesmo a influência dos textos ulteriores seria relativamente fraca. Verificámos que a maior parte das fórmulas dos direitos utilizadas são as de 1791, e não as de 1795.

É preciso salientar a importância da contribuição de Lopes Praça, como uma voz algo esquecida e isolada no coro da teoria da influência francesa[117]. Mas, em nossa opinião, a importância da influência francesa pode ser muito forte, ainda que esta influência não manifeste a presença de todas as constituições francesas do século XVIII[118].

[115] Como "monarquia constitucional", em vez da "monarquia moderada" dos espanhóis. Ou o exemplo da titularidade do poder executivo, que se estende (verbalmente) aos secretários de Estado.

[116] Ver o exemplo do veto real, do sufrágio direto, etc.

[117] Lopes Praça – *Colecção de leis e subsídios*, cit.

[118] Há legados de 1791 retomados por outras constituições francesas. Neste caso, a influência é da Constituição de 1791. Porque o seu texto era muito conhecido. Somente se ela houvesse sido rara e se a sua transmissão tivesse sido realizada por uma via indireta (uma constituição ulterior), o problema poderia pôr-se. O que não é o caso. Pode ver-se a preocupação de Lopes Praça em reconhecer ao texto de 1822 a influência de várias constituições, quando, sacrificando mesmo parcialmente a tese da influência espanhola, afirma: "O poder

Se é verdade que a influência principal é o original de 1791, é também verdade que o nosso texto coincide em algumas passagens com outros textos franceses.

Mas o mais importante contributo, entre estes textos de segundo nível de influência, é o da Constituição de 1795, ou do ano III.

Por exemplo, a ausência do direito de resistência no texto de 1822 segue-se à inexistência do mesmo direito no catálogo da Declaração que antecede o articulado da Constituição Francesa de 1795.

Também é verdade que a presença, no texto de 1795, de uma segunda parte da Declaração respeitante aos deveres do cidadão, corresponde, no texto português, ao artigo 19º.

2.2.7. A Constituição de 1822 e sua influência francesa: balanço

Em resumo, se a presença efémera da Constituição de 1793 é uma reassunção para uma mais vasta democracia (manifestada, *v.g.*, no sufrágio direto), a presença da Constituição de 1795 parece funcionar ou como duplicado da de 1791 (e assim ela não é verdadeira, porque não é específica), ou como um conjunto de soluções concretas saídas da experiência anterior, que a Constituição de 1822 recebe.

É interessante verificar que se trata de moderação no caso das influências do texto de 1795, e de casos de radicalização no das influências do de 1793. Aliás, de harmonia com o sentido geral de cada uma daquelas constituições.

Isto parece provar que o texto-padrão para a nossa Constituição de 1822 foi o de 1791, corrigido ou adaptado, segundo a necessidade, por medidas de abertura ou restrição, através dos contributos das constituições francesas subsequentes.

legislativo foi confiado às Cortes com a sanção do rei (artigo 30º); como na constituição francesa de 1793 e na de Cádis, não pode vingar uma segunda câmara". Ora, sabe-se bem que a ideia do monocameralismo é própria da Constituição de 1791, embora esteja presente em outros textos. O artigo primeiro, do capítulo I, do título III, dizia já – "A Assembleia Nacional [...] é composta por uma Câmara".

3. Mitocrítica do constitucionalismo português

3.1. As Fontes francesas: a Declaração dos Direitos do Homem e do Cidadão de 26 de agosto de 1789 e a Constituição de 3 de setembro de 1791

> "[...] a irredutível complexidade deste punhado de artigos geralmente adamantinos mas dos quais a simplicidade aparente mascara muitas vezes uma armadilha [...]"
>
> STÉPHANE RIALS[119]

3.1.1. A Declaração enquanto narrativa e texto sagrado[120]

> "[...] este texto a muitos títulos fundador da França moderna"
>
> STÉPHANE RIALS[121]

A Declaração pretendia criar um mundo novo[122]; não somente uma França nova. E, por várias razões, atinge os seus alvos. Este universalismo é uma manifestação do mito (muito utopisante, aliás – mas de um utopismo positivo, de "princípio esperança") da unidade do corpo social e político, fundado na mais geral unidade e igualdade de todos os Homens.[123]

A criação em causa opera-se através do *modus* bíblico, do Verbo. A palavra cria. *Fiat Lux*... E a luz fez-se. Da mesma maneira, as constituintes proclamaram os direitos, e os direitos aí estão. Na realidade, eles não são vistos como criação voluntarista, mas como declaração do que já

[119] Stéphane RIALS – "Avant-propos", in *La Déclaration des droits...*, p. 13.

[120] Cf. os textos de Jellinek, Boutmy, Doumergue e Posada, recolhidos *in* Jesus G. AMUCHASTEGUI – *Origenes de la Declaración de Derechos del Hombre y del ciudadano*, Madrid, Editora Nacional, 1984.

[121] Stéphane RIALS – "Avant-Propos", p. 14.

[122] Georges GUSDORF – *La France, pays des droits de l'homme...*, in "Droits. Revue française de théorie juridique", nº 8, 1988, p. 23 e ss.; *La Déclaration des droits de l'homme et du citoyen*, apresentada por Stéphane RIALS, Paris, Hachette, 1988, p. 350 ss.

[123] Cf., para o mito da unidade, Raoul GIRARDET – *Mythes et Mythologies Politiques*, Paris, Seuil, 1986, p. 139 ss.; liga-se muito ao mito do homem novo, na verdade o único capaz de alcançar tal unidade plena e essencial, utopicamente. Cf. *Ibidem*, p. 141, ss.

existia. São direitos naturais. E assim devem ser vistos. São descobertos, e não inventados.

Deste modo, a Declaração não se torna apenas o Verbo criador, mas também o verbo declarador (tudo naturalmente, pois se trata de uma Declaração...). E esse verbo declarador é também uma história (*estória*), uma narrativa fundadora (mítica) da nova Cidade e do novo Mundo. Fundador porque funda efetivamente. E fundador porque se refere à fundação, a uma outra fundação, a dos princípios, a da idade do ouro[124].

O Preâmbulo da Declaração é muito explícito sobre as razões dos trâmites da elaboração deste texto. É uma sacralização pela escrita[125]. São novas Tábuas da Lei (o texto será, aliás, reproduzido nesta fórmula plástica, e coroado pelo olho no triângulo ou delta do Ser Supremo) que fixam, para o uso e a utilidade gerais[126], os direitos que tinham sido ignorados, esquecidos ou desprezados.

3.1.2. Os mitos do Preâmbulo da Declaração

Os representantes do povo, que falam na primeira pessoa do seu trabalho e dos seus objetivos, são, na nossa opinião, os protagonistas míticos de todo o texto. Eles apresentam-se como os salvadores – ou, pelo menos, como pontífices, os mediadores[127].

"A ignorância, o esquecimento ou o menosprezo pelos direitos do homem", males assim expressos, em progressão, como causa da corrupção dos governos, reenviam para uma idade do oiro efetiva (esquecida, ou desprezada) ou sonhada (ignorada – porque não se pode negar ou contrariar, ou mesmo esquecer, o que se não conhece). A resolução de

[124] Sobre o mito da idade do oiro, cf. André Reszler – *Mythes politiques modernes*, Paris, P.U.F., 1981, p. 97 ss.

[125] Cf. Jack Goody – *The logic of writing and the organisation of society*, trad. port. de Teresa Louro Pérez, *A lógica da escrita e a organização da sociedade*, Lisboa, Edições 70, 1987, máx. p. 149 ss.

[126] "... a fim de que esta declaração, constantemente apresentada a todos os membros do corpo social, lhes lembre sem cessar os seus direitos e os seus deveres".

[127] Jean Ehrard vê-os como mediadores e não como autoinstituídos salvadores, conforme a sua intervenção no debate que se seguiu à nossa comunicação no Colóquio da Universidade de Borgonha sobre a Primeira Constituição Francesa, em 1991. Cf. AA.VV. – *1791. La Première Constitution Française*, Paris, Economica, 1993, p. 129 ss.

expor os direitos naturais, como permanente auxiliar da memória dos povos e guia dos poderes legislativo e executivo, releva do mito do texto escrito sagrado.

Os mitemas de simplicidade e comodidade do texto amalgamam-se aí: "(...) a cada instante comparados (...). E sobretudo: " (...) sobre princípios simples e incontestáveis (...)".

O grande mito do século, a Felicidade, coroa a parte não formulária[128] do Preâmbulo.

3.1.3. Os mitos nos artigos da Declaração. A importância da Lei[129]

É fácil detetar elementos de mitificação em quase todos os conceitos utilizados neste texto. Pode ter-se um certo pudor em classificá-los a todos como mitos. Mas o seu alcance mítico global existe, sem dúvida.

Assim, poder-se-ia eventualmente dizer que algumas ideias, e alguns conceitos, podem ter um uso mítico. E isso não lhes retira também outras características. Por exemplo: no seu primeiro artigo, a Declaração fala no carácter natural e inalienável dos direitos, acentuando que os homens "nascem e vivem livres e iguais em direitos". Remete assim para a liberdade e igualdade, que farão *slogan*, e serão mitificadas. Mas que são muito mais que mitos: são valores políticos superiores[130] – como aliás viria a ser, muito mais tarde, expressamente reconhecido pela atual constituição espanhola (entre outros valores, de que ressalta a Justiça)[131].

[128] Como é natural, o texto acaba por uma fórmula de transição e reforço jurídico dos artigos seguintes. Contudo, esta fórmula é importante do ponto de vista mítico, porque faz alusão ao Ser Supremo, sob os auspícios do qual os direitos teriam sido reconhecidos e declarados.

[129] Cf., para a génese desta importância, Michel Bastit – *Naissance de la Loi Moderne*, Paris, P.U.F., 1990. Sobre a cristalização do modelo francês, Marie-Luce Pavia – *La loi en 1791*, in AA. VV. – *1791. La Première Constitution Française*, Paris, Economica, 1993, p. 329 ss.

[130] Cf. Paulo Ferreira da Cunha – *O Século de Antígona*, Coimbra, Almedina, 2003, máx. p. 107 ss. e p. 167 ss.. Idem – *Direito Constitucional Geral*, 4ª ed., Curitiba, Intersaberes, 2022, p. 147 ss.

[131] Logo no seu art. 1º. Cf., por todos, Milagros Otero Parga – *Valores Constitucionales. Introducción a la Filosofía del Derecho: axiologia jurídica*, Santiago de Compostela, Universidade de Santiago de Compostela, 1999; Gregorio Peces Barba – *Seguridad Jurídica y Solidaridad como Valores de la Constitución Española*, in *Funciones y Fines del Derecho. Estudios en Honor del Profesor Mariano Hurtado Bautista*, Múrcia, Universidad de Murica, 1992; Idem – *Los Valores*

No entanto, parece-nos que não estamos ainda aqui diante dos verdadeiros mitos da liberdade e da igualdade. Uma e outra são aqui chamadas a testemunhar outra coisa, aliás também mitificada – o que se chama a *igualdade perante a Lei*.

A Lei é um dos mais importantes elementos míticos desse texto.

De facto, ela é o mito dos mitos e o conceito dos conceitos, a norma das normas. Porque, retomando Carl Schmitt, ela *decide do estado* (ou dos estados, dos casos) de *exceção*[132]. Mesmo os direitos naturais mitificados – a liberdade, a propriedade, a segurança e a resistência à opressão (art. 2º) – são-lhe subordinados na prática.

Porque a lei determina os limites desses direitos (art. 4º)[133], em geral, e determina também especificamente os casos de abuso de liberdade – é a situação do abuso da liberdade de expressão (art. 11º e 10º).

A omnipotência e omnipresença da lei podem ser avaliadas pelo art. 5º da Declaração. Começa por limitar a extensão da aplicabilidade legal ["A lei não tem o direito de proibir senão as acções nocivas à sociedade"] para chegar ao poder por ação e por omissão[134]: "Tudo o que não é proibido pela lei não pode ser impedido, e ninguém pode ser forçado a fazer o que ela não ordena".

A lei é a expressão da vontade geral (art. 6º), e o *numerus clausus* em matéria penal está aí fixado (art. 7º). Mesmo o direito de propriedade, explicitamente considerado pela declaração como "inviolável e sagrado" (art. 17º), pode ser posto em causa por uma verificação legal da "necessidade pública".

Acerca da Lei omnipotente, e expressão da vontade geral, gravitam os mitos da soberania (que "reside essencialmente na nação"), da igualdade dos cidadãos, e tudo isso conduz ao grande mito da Unidade.

Superiores, 1ª reimp., Madrid, Tecnos, 1986; Javier SANTAMARÍA – *Los Valores Superiores en la Jurisprudencia del Tribunal Constitucional: libertad, igualdad, justicia y pluralismo político*, Madrid, Dykinson/Universidad de Burgos, 1997

[132] Carl SCHMITT – *Théologie Politique*, trad. fr., Paris, Gallimard, 1988, p. 15. Decerto interpretamos muito extensivamente o propósito do Autor.

[133] Sabe-se bem que, em princípio, os limites não podem pôr em questão o núcleo essencial de um direito. Mas também se conhece a realidade histórica de limitação e mesmo aniquilamento de direitos por via legal, e até regulamentar, administrativa, etc.

[134] E este poder omissivo engendra a "motorização legislativa" ou "inflação legislativa". Porque o legislador não quer ser tomado por negligente ou omisso...

O artigo 16º explicita alguns mitemas importantes do mito da Constituição: a garantia dos direitos, e a separação dos poderes[135].

3.1.4. O esquema mítico geral da Constituição de 3-14 de setembro de 1791[136]

O mecanismo mítico das constituições torna-se repetitivo. O esquema é sempre o mesmo. A um conjunto de mitos negativos, que podem agrupar-se sob a designação geral do *mito do Inimigo*, opõem-se alguns outros conjuntos de mitos positivos. Um velho mito que assegura a possibilidade da felicidade no futuro, porque ela já teria existido, numa *idade de ouro* passada. Como fórmulas míticas de transição, é preciso que a *Unidade* do povo e o *Salvador* intervenham para garantir a passagem à Utopia, o *mito de uma futura cidade ideal* a construir.

Tudo pode ser reduzido, *mutatis mutandis*, ao simplismo desta mecânica argumentativa. Neste, como noutros textos – e, em grande medida, independentemente da ideologia dos mesmos.

3.1.5. Os mitos no texto da Constituição de 1791

Assim, o Preâmbulo da Constituição contém referências ao Inimigo, às suas manifestações e atributos. A nobreza, o pariato, o regime feudal, tudo isso constitui o Inimigo.

De igual modo, a assembleia nacional, Salvador do momento, com a sua varinha mágica legal-constitucional, aboliu irrevogavelmente tudo isso.

O Título 1º explicita um dos mitos essenciais do constitucionalismo moderno: o dos direitos.

No Título 2º, a unidade territorial e as normas da nacionalidade são sinal da Unidade maior e mítica da nação.

No Título 3º, a Unidade será retomada sob o aspeto da soberania "una, indivisível, inalienável e imprescritível".

[135] Limitamo-nos ao alcance mítico da Declaração. Ela tem muitas outras leituras. Os artigos sobre os impostos, as questões penais, a liberdade de expressão, etc., são elementos jus-políticos efetivos e podem ser considerados como princípios gerais do direito. Sem dúvida são, nos nossos dias, vetores míticos – têm uma "aura" mítica. Mas isso é diferente. Há mitos e mitos. A celebridade é muitas vezes mitificada. Pelo contrário, não se pode abusar da palavra *mito* e tomá-lo como sinónimo de vedeta...

[136] Mais desenvolvidamente, cf. o nosso *Constitution, Mythes et Utopie*, cit.

O mesmo Título 3º (a partir do art. 1º, nº 3) começa a explicação do segundo mito constitucional moderno, a separação dos poderes. Ela é concebida de maneira rígida, tão mitificada como sendo a separação à maneira de Montesquieu...

O terceiro mito constitucionalista – a sacralidade do texto constitucional – será tratado no último título, o 7º. Afirmando o poder de mudar a Constituição, torna efetivamente a sua revisão muito difícil.

As disposições da estrutura política revelam os outros mitos já aparecidos – a soberania, sufrágio, etc.

Mas insistamos sempre: são princípios essenciais do Constitucionalismo moderno, e a sua mitificação só é benéfica, porquanto contribui para serem mais interiorizados. O mito é uma linguagem de que a Razão não pode prescindir. E acaba por ser ingénuo criticar-se à Razão que mitifique: na verdade, não mitificando é que andaria mal, se isso fosse realmente possível. Porque, mesmo no auge da abstração, na utopia cega às raízes (não no utopismo redentor e *princípio esperança* – sempre se deve fazer essa distinção[137]) se está de novo a cair no mito: *o mito da cidade ideal*[138].

3.2. As fontes espanholas: a Constituição de Cádis

3.2.1. Um texto mais conservador que o francês

Se a Declaração dos Direitos do Homem falava do Ser Supremo como de uma espécie de testemunha da sua ação, Deus, um Deus católico (pelo menos na aparência), vai aparecer repetidamente nas fórmulas introdutórias da Constituição de Cádis de 1812.

É Fernando VII que aparece como rei das Espanhas "pela graça de Deus", ainda que também pela "Constituição da Monarquia espanhola"[139].

[137] Cf. Paulo FERREIRA DA CUNHA – *Constituição, Direito e Utopia. Do Jurídico-Constitucional nas Utopias Políticas*, Coimbra, 'Studia Iuridica', Faculdade de Direito, Universidade de Coimbra/Coimbra Editora, 1996, máx. p. 447 ss.

[138] Roger MUCCHIELLI – *Le Mythe de la cité idéale*, Brionne, Gérard Monfort, 1960 (reimp. Paris, P.U.F., 1980).

[139] O título oficial do rei, decretado pelo artigo 169º da Constituição, é o de "Majestad Católica".

São as Cortes espanholas que decretam a Constituição "Em nome de Deus Todo-Poderoso, Pai, Filho e Espírito Santo, autor e supremo legislador da sociedade"[140].

O carácter mais conservador desta constituição vê-se pela permanência das antigas fórmulas. "Deus" (com a enunciação da Trindade) e não "Ser Supremo", "Rei da Espanhas" (no plural) e não "dos espanhóis" (como sugeria o exemplo francês de 1791 – Título 3º, capítulo 2º, secção 1ª, art. 2º), são alguns dos possíveis exemplos, com muito peso simbólico, aliás.

3.2.2. A Utopia espanhola, a idade de oiro e o inimigo. Comparação com a constituição francesa de 1791

A utopia para que a sociedade espanhola tende é a da felicidade, naturalmente, como por toda a parte, nesta época. Mas a especificidade espanhola dá a esta felicidade outras cores. Em Espanha, a felicidade mítica é, sem dúvida, a prosperidade e o bem, mas também a *glória da nação*[141].

O mito da idade do ouro, nos termos habituais, está aí presente, misturado com o das leis fundamentais:

> "As Cortes gerais e extraordinárias, bem convencidas, após o profundo exame e madura deliberação, que as antigas leis fundamentais desta Monarquia, acompanhadas das providências e precauções oportunas, asseguram de maneira estável a sua completa observância, poderão indubitavelmente preencher o grande objetivo de promover a glória [...][142].

Mas salientamos a diferença entre o texto do Preâmbulo espanhol e o da Declaração francesa. Estão como que em diálogo. E o primeiro é simétrico do segundo.

140 Aqui, trata-se realmente da função de pontífice que se atribui à constituinte. As palavras em castelhano parecem ainda mais impressionantes: "En el nombre de Dios todopoderoso, Padre, Hijo y Espiritu Santo, autor e supremo legislador de la sociedad [...]".

141 Texto castelhano: "[...] el gran objectivo de promover la gloria, la prosperidad y el bien de toda la Nación [...]".

142 Texto castelhano: "Las Cortes generales y extraordinarias de la Nacion espanõla, bien convencidas, después del más detenido examen y madura deliberación, de que las antiguas leyes fundamentales de esta Monarquia, acompanãdas de las oportunas providencias y precauciones, que aseguren de un modo estable y permanente su entero cumplimiento, podrán llenar debidamente el gran objeto de promover la gloria [...]".

A Declaração culpabiliza a ignorância, o esquecimento e o desprezo dos Direitos (imaginados como reconhecidos outrora, durante uma idade do oiro passada) pelas desgraças do presente, pela corrupção dos governos.

Pelo contrário, mas partindo dos mesmos pressupostos, o texto espanhol indica o remédio para as desgraças do presente e aponta a via de um futuro utópico, recorrendo às antigas leis fundamentais da monarquia, que seriam restabelecidas e garantidas pelos artigos da constituição.

O texto francês começa por salientar sobretudo o inimigo (e fá-lo-á também, e muito pormenorizadamente, no Preâmbulo da própria Constituição). O texto espanhol embeleza especialmente a idade do ouro e a constituição, que segue o seu exemplo, como via para a utopia – "para o bom governo e a reta administração do Estado"[143].

3.2.3. Vicissitudes dos mitos da Lei, da Nação e da Soberania

O perigo de uma lei todo-poderosa já tinha sido previsto pelos constituintes franceses. Era difícil aperceber tal perigo, porque o método francês de declarar os direitos reforçava exatamente a ideia da importância de boas leis, diferentemente do método americano, onde a lei (aliás segundo um velho mito inglês...) teria como pressuposto a sua prévia aplicação jurisdicional[144]. Mesmo assim (já se tinha visto), Condorcet, por exemplo, queria que a Declaração fosse um "baluarte dos cidadãos contra as leis injustas que os seus representantes poderiam ser tentados a fazer"[145], o que é uma antecipação avisada.

[143] Texto castelhano: "[...] decretan la siguiente Constitución política *para el buen gobierno y recta administración del Estado*". (sublinhado nosso).

[144] E até mais: "O que o francês se propõe, é fazer uma exposição de princípios para a educação de todos os homens; o que o americano se propõe, é apresentar uma lista dos casos onde a lei será atacável perante o Tribunal Supremo do seu Estado", Boutmy, *apud* S. Rials – *La Déclaration...*, cit., p. 370. A deificação da Lei está também muito presente no texto da Constituição de 1791. Basta citar o art. 3º, da secção 1ª, do capítulo 2º, do título 3º: "Deixa de haver em França autoridade superior à da lei; o rei não reina senão para ela, e não é senão em nome da lei que pode exigir obediência.". Há assim uma substituição do mito do rei pelo mito da lei. O cadafalso estava preparado...

[145] *Apud ibidem*, p. 373.

A ideia foi timidamente acolhida pela Declaração, no princípio do seu artigo 5º. Porque essa passagem reduz a potencialidade da lei proibitiva às ações nocivas de caráter social.

O Título 1º da Constituição de 1791 vai um pouco mais longe: "O Poder legislativo não poderá fazer quaisquer leis que causem prejuizo e obstaculizem o exercício dos direitos naturais e civis consignados no presente título, e garantidos pela Constituição".

Assim mesmo, parece que a incisiva formulação espanhola aprofundou a este respeito os limites da lei (e não o contrário). Se tal for verdade, então poder-se-ia ver nisso alguma reminiscência da velha técnica protetora das liberdades ibero-americanas, que se receia muitas vezes do geral e do abstrato na normatividade – impondo, por isso, liberdades e garantias diretamente sobre coisas concretas, e com exigibilidade processual facilitada[146].

De facto, depois de ter definido muito concretamente a Espanha como a reunião dos espanhóis dos dois hemisférios (art. 1º), de ter afirmado a liberdade e a independência da nação e – muito significativamente – negado a patrimonialidade do reino (art. 2º), a Constituição de Cádis retoma a fórmula francesa da soberania (art. 3º). Mas extrai uma consequência que tem uma fórmula tradicionalista: do facto de que a soberania pertence à Nação segue-se que ela tem exclusivamente o direito de fazer as suas leis fundamentais. E chegamos à nossa questão: assim, o poder legislativo (e mesmo constituinte) não é livre. Porque "Art. 4º A Nação é obrigada a conservar e a proteger as sábias e justas leis, a liberdade civil, a propriedade e os outros direitos legítimos de todos os indivíduos que a compõem"[147].

Parece que as palavras em questão – Lei, Nação, Soberania, etc. – continuam como bandeiras de luta e flores de discursos, mas que

[146] Uma outra manifestação da persistência do método tradicional, mesmo num texto constitucionalista moderno, seria a ausência de um catálogo, declaração ou título da constituição com o enunciado dos direitos. O sistema em questão prefere a concretização à declaração... É também por isso que o texto espanhol é muito longo e abundante em precisões processuais ou procedimentais *(lato sensu)*.

[147] Texto castelhano: "Art. 4º. La Nación está obligada a conservar y proteger por leyes sabias y justas la libertad civil, la propriedad y los demás derechos legítimos de todos los individuos que la componen".

começa a haver uma melhor consciência dos perigos que eles encerram. Assim, um lento processo de desmitificação já germinava.

3.2.4. Os mitos constitucionalistas de sempre numa desmitificação por concretização

A originalidade da Constituição de Cádis reside, afinal, numa componente muito tradicionalista e nacional. Ela retoma o legado espanhol ao qual repugnariam as proclamações, esse legado que sobrecarrega o texto de artigos concretos (para alguns sem dignidade constitucional – *v.g.*, leis eleitorais).

A ideia de concretização conduz à proclamação, ao fim da constituição, de alguns artigos que pressupõem ou indicam a imediata possibilidade de invocação do texto constitucional. Assim, o artigo 373º: "Todo o espanhol tem o direito de se dirigir às Cortes ou ao Rei para reclamar a observância da Constituição"[148].

Quanto aos aspetos míticos, ela não pode inovar. A Constituição de Cádis limita-se à repetição dos mitos presentes já no texto de 1791, a não ser quando sublinha as leis fundamentais da monarquia (que não são, todavia, condenadas na tradição francesa...), ou fala da Divindade.

Já mencionámos a soberania. Ela mantém viva a sua capacidade mítica. No entanto, a concretização minuciosa das condições do sufrágio e da tomada de decisões é potencialmente desmitificadora. A mesma coisa se passa com os direitos naturais, disseminados no texto.

Por uma estranha coincidência, o artigo 13º da Constituição fala do mito da felicidade, que é o objetivo do governo. O mito do texto escrito está presente nos juramentos da Constituição (art. 374º) e na dificuldade da sua revisão (art. 375º e ss.).

O mito da separação dos poderes persiste, mas também parece perder um pouco da sua força, por entre a floresta de disposições muito concretas[149].

[148] Texto castelhano: "Todo espanõl tiene derecho a representar a las Cortes o al Rey para reclamar la observancia de la Constitución".

[149] Importa, para o nosso presente propósito, a possível atenuação mítica operada pela via da concretização. Outra coisa são as soluções concretas em si mesmas...

3.3. As influências e os Mitos na Constituição de 1822. Análise literal

> *"On répéta, mot par [sic] mot, traduits en portugais, les discours les plus saillants du 'Choix des Rapports', ou les pages plus excentriques de Rousseau et de Benthan; ce que l'on faisait avec la probité littéraire la plus scrupuleuse à l'égard des idées, en n'omettant que le nom des auteurs. Le peuple était ébahi de se trouver si grand, si libre, si riche en droit théorique".*
>
> ALEXANDRE HERCULANO[150]

3.3.1. As Influências

3.3.1.1. A origem mítica

A análise de textos mais ou menos antigos[151] conduz-nos à ideia da importância, da preponderância mesmo, do prefácio constitucional, quer dizer, dos textos de Preâmbulos, e sobretudo dos textos de Bases, as Declarações, as proclamações, etc. É aí, nesses *paratextos*, que se encontra a maior concentração de material mítico, quando o legislador constituinte não se sente ainda limitado pelas fronteiras (e peias) da linguagem jurídica, geral e abstrata...[152]

Foram estes textos que essencialmente nos ocuparam, enquanto origem sistemática da matéria mítica.

De uma maneira geral, quando existem[153], os paratextos constitucionais constituem o discurso de legitimação do que se seguirá, quer dizer, a narrativa das origens, um mito de fundação (ou de refundação, de renovação). E frequentemente revelam os principais mitos que o texto retomará.

[150] Alexandre Herculano, citado por Mouzinho e por Vitorino NEMÉSIO – *Exilados...*, p. 126 (texto original em francês). Cf. *supra* a tradução de Oliveira Martins.

[151] Por exemplo, a análise do texto da atual Constituição Portuguesa, antes e depois dos seus primeiros momentos de revisão. Cf. Paulo FERREIRA DA CUNHA – *Mito e Ideologias. Em torno do Preâmbulo da Constituição* in "Vértice", 2ª série, Lisboa, 1988, nº 7, p. 25 s., in ex in *Pensar o Direito,* vol. I, p. 341 ss.

[152] Cf. Idem – *Mito e Constitucionalismo,* p. 66 s., máx. pp. 84-85.

[153] Na Constituição de Cádis, o texto do preâmbulo é muito breve. Mas, mesmo assim, ele acusa a presença de vários mitos. Aliás, muito mais fáceis de encontrar do que na densa e complexa mecânica institucional do texto dos artigos.

3.3.1.2. A origem mítica e as influências

As soluções concretas de governo – já o vimos – diferem de constituição para constituição. Os órgãos, a forma de eleição, etc., são jogados conforme os interesses dos grupos pretendentes ao poder em presença em cada sociedade concreta. Haverá assim um resíduo de velhos hábitos e até de velhas instituições. A manutenção do rei é um destes casos. Por causa, também, de um mito muito comum. Mas há outros casos.

No entanto, o que permanece, o que é muito semelhante, é o sistema geral, o conjunto de pressupostos gerais que ditarão as soluções. Numa palavra, o que determina verdadeiramente a influência, é o mito. Para além da diferença de concretização, é a soberania, é o sufrágio, é a separação dos poderes, é a sacralidade do texto constitucional, são os direitos que constituem os mitos-soluções gerais[154]. E os mitos de legitimação permanecem sempre os mesmos: a idade do oiro perdida para sempre pela ignorância, o esquecimento ou desprezo dos direitos; a antiga constituição, as leis fundamentais, etc. – tudo isto deve ser restaurado pela utopia futura da felicidade, graças a um salvador constituinte, e pela unidade popular contra o inimigo – o feudalismo, o absolutismo, etc.

Mesmo a utilização de fórmulas, cujo valor alguns desprezam, não passa afinal do uso de fórmulas de mitos, de fórmulas mágicas, de rituais.

Poderão ver-se vários casos de receção literal de fórmulas. Evidentemente, com a receção da fórmula, pode acontecer que a ideia não seja simultaneamente recebida: o signo não transporta sempre o seu sentido. Mas isso era tão verdade para a França como para a Espanha. O subjetivismo de cada deputado, a sua formação, ou a sua ignorância, confe-

[154] Na medida em que estes mitos têm uma aplicação prática, e algumas vezes mecanizada (*v.g.* o sufrágio, o funcionamento regular das instituições, etc.) eles constituem verdadeiros rituais. Tais rituais encontram uma repercussão jurídica mais fácil que os mitos de legitimação (que muitas vezes são palavras de ordem). Somente após o sucesso das constituições programáticas e económicas, sociais e culturais, muitos aspetos da utopia se tornam juridicizadas. Esse não é ainda o caso das tímidas medidas *ultra- ou trans políticas* das constituições liberais de que agora falamos. Mas é evidente que a tendência teria que ser para a consagração constitucional desses direitos ditos de novas gerações (ou dimensões): 2ª, 3ª, 4ª... Sem isso, ficaria sem letra (menos ainda que letra morta) uma boa parte das aspirações consequentes e legítimas da Liberdade, da Igualdade e da Fraternidade. E pode distinguir-se entre constituições que utopicamente cristalizam tais direitos sociais e as que os acolhem harmonicamente no seio de leis fundamentais pluralistas e democráticas.

riam já colorações diferentes ao mesmo texto[155]. É bastante frequente nos textos "proclamatórios" que cada um tenda a ver neles o que neles pretende encontrar[156].

É o caso dos rituais e dos símbolos, vizinhos e solidários do mito. Em suma – não se copia verdadeiramente uma constituição para saber o número de deputados a estabelecer num parlamento, ou para fazer a divisão administrativa concreta do país. Isso pode ser invocado como argumento de direito comparado quanto ao princípio – são precisos muitos ou poucos deputados, ou esta ou aquela relação entre a população, a riqueza ou o território, etc. e os eleitos; é preciso ver o exemplo do bom funcionamento da divisão e da subdivisão num país semelhante, etc..

Mas não quanto ao pormenor. Não se verifica um tal servilismo senão quando se importam as leis, pura e simplesmente. O que, em países mais desenvolvidos, é muito excecional.

O que se passa, sim, é a adesão aos grandes ideais, aos princípios, aos mitos dos outros. E esta adesão, quando é verdadeira, perde a categoria de cópia, para se tornar uma nova incarnação das mesmas ideias. É o caso da figura exemplar de Pierre Menard, "autor" do *Quijote* na ficção de Jorge Luís Borges[157]. Os constituintes portugueses e espanhóis não foram certamente culpados de plágio das ideias francesas. Assimilaram-nas de uma tal maneira, que se apropriaram delas, e as fizeram suas. É um processo de assimilação e de apropriação cujo *animus* de possessão *vale por título.*

A influência transforma-se em nova criação. Outras vezes, é a admissão, da parte do influenciado, da simultânea obediência a princípios superiores (o tempo cronológico importa aqui pouco; trata-se de uma contemporaneidade de espírito, de comunhão, obtida realmente a *posteriori*).

3.3.1.3. As Bases da Constituição

Podemos dizer que as bases da constituição são uma prova da nossa tese relativa à influência francesa direta sobre o texto português, embora dis-

[155] S. Rials – *La Déclaration...*, p. 337.

[156] António Reis – *O suave Milagre da Constituição,* in "Opção", ano I, nº 7, Lisboa, 1976.

[157] Jorge Luis Borges – *Pierre Menard, autor do Quixote*, in *Ficcões* [trad. port. de Carlos Nejar, revisão de Maria Ondina, de *Ficciones*, Buenos Aires, Emecé Editores, 1969], Lisboa, Livros do Brasil, s.d., p. 45 ss..

simulada sob uma influência espanhola. De facto, a maior parte dos seus artigos míticos e de doutrina são adaptações ou paráfrases, ou explicitações dos textos fundadores franceses.

A influência espanhola é um álibi. Um outro álibi – aliás muito fácil de deslindar pela simples comparação dos três textos constitucionais em questão – é o invocado pelo presidente da comissão que elaborou as bases da constituição. Indica como fonte do seu texto não as confusas teorias dos publicistas modernos (fala até de "labirinto"), mas o antigo direito português, e os bons e antigos usos e costumes. A única coisa nova seria a separação dos poderes, para prevenir o despotismo, precisamente o responsável pelo desuso das antigas e boas leis[158].

Vai-se ver que, se é verdade que há um legado espanhol e um legado da tradição (ou, como quererão alguns, mais poeticamente, pelo menos: *da alma*) portuguesa, o essencial é pedido emprestado ao espírito (e à letra) do constitucionalismo francês.

Importa assim uma breve análise de cada número do texto das Bases.

O nº 1 das Bases pode ligar-se diretamente ao artigo 2º da Declaração francesa. Empresta-lhe esta a liberdade, a segurança e a propriedade (muda-se apenas a ordem dos dois últimos termos) e ignora-se agora a resistência à opressão. No entanto, a Constituição de Cádis não tem disposição alguma preliminar e suficientemente destacada que sublinhe esses direitos naturais (para os franceses) e, para nós, simplesmente das "coisas" que devem ser mantidas pela Constituição[159]. É um caso de importação direta.

O nº 2 começa por uma tradução (com uma aparente perífrase) do 1º período do art. 4º, da Declaração. O texto português não afirma: "A liberdade consiste em poder fazer tudo o que não prejudique outrem". O seu texto sublinha antes que a liberdade consiste na faculdade que cada um tem de fazer tudo o que a lei não proíbe.

É, de facto, uma aparente perífrase. Porque, realmente, a superabundância de palavras supérfluas na primeira parte do texto (relativo à liberdade) é compensada por uma bastante notável síntese da sua parte final.

[158] Cf. *Diário das Cortes*, I, p. 79 ss.. E ainda Marcello CAETANO – *História Breve das Constituições Portuguesas*, p. 126 ss.

[159] "1º – A Constituição da Nação Portuguesa deve manter a liberdade, a segurança e propriedade de todo o Cidadão."

O artigo 4º da Declaração tinha tido necessidade de dois períodos mais para dizer que à lei incumbia determinar os limites dos direitos naturais[160]. Em conclusão, o texto português diz a mesma coisa que o francês, com uma perífrase de estilo e sem perífrase de legitimação. Vai até às raízes das intenções francesas, e acrescenta: "A conservação desta liberdade depende da escrupulosa observância das leis"[161]. Vê-se aqui, de novo, a tendência portuguesa de ser ainda *mais papista que o Papa*.

Mais uma vez, o texto da Constituição de Cádis nada tem de semelhante a estas disposições. O seu artigo 4º é muito vago. Já o vimos.

O número 3 é um caso de complemento do texto anterior. Faltava à perfeição do edifício francês a definição legal (declaratória) da segurança, pois já existia a da liberdade (art. 4º da Declaração). O texto português vai completá-la. Fá-lo em termos bastante evidentes, de resto: "A segurança pessoal consiste na protecção que o Governo deve dar a todos para poderem conservar os seus direitos pessoais".

Uma vez mais não há exemplo espanhol a este respeito.

Os números 4 a 6, sobre matérias penais, são claramente tributários do art. 7º da Declaração Francesa, e dos arts. 10º e seguintes, do capítulo V, do Título III da Constituição de 1791. Mesmo o período de 24 horas (nº 5) aí está presente (art. 11º). Mas um tal período figura também na Constituição espanhola (art. 290º).

O texto português possui, contudo, algumas singularidades.

Faz, por exemplo, depender a prisão da culpa do agente. No que é muito moderno, na mais rigorosa e fiel linha do humanitarismo penal. Ainda hoje a defesa desse princípio do *nullum crimen sine culpa* é uma linha de demarcação entre a liberdade e o despotismo.

O requisito francês é a legalidade da prisão: nos casos e sob as formas prescritas pela lei – o que é abstrato e menos garantístico para o cidadão (art. 7º da Declaração). O mesmo formalismo (se bem que mais porme-

[160] A mesma ideia se conclui do texto do Título 1º da Constituição: "[...] mas como a liberdade não consiste senão em se poder fazer tudo o que se não nega nem aos direitos dos outros, nem à segurança pública, a lei pode estabelecer penas contra os actos que, atacando ou a segurança social ou os direitos de outrem, seriam nocivos à sociedade [...]".

[161] Texto português completo: "2º – A liberdade consiste na faculdade que compete a cada um de fazer tudo o que a lei não proíbe. A conservação desta liberdade depende da exacta observância das leis".

norizado) se encontra no texto da Constituição[162]. O texto espanhol contém várias garantias disseminadas.

O texto que mais se aproxima dos outros será eventualmente o do art. 287º. É igualmente formalista: o preso deve ter a informação sumária do facto pelo qual, segundo a lei, merece a prisão, e uma notificação escrita do juiz no momento da prisão.

O texto português estabelece um limite substancial, não formal. Além disso, se os textos francês e espanhol se preocupam muito com a eventual resistência do preso, e a consideram como delituosa[163], o português, que não tinha mesmo incluído a resistência à opressão como direito natural, não parece atribuir-lhe uma grande importância. A ausência desta culpabilização pela resistência ganha a sua plena significação quando se compara com a punibilidade dos responsáveis por uma prisão arbitrária (nº 6 das Bases).

O nº 7 corresponde ao art. 17º da Declaração francesa. Algumas vezes, muda a ordem das palavras: em Portugal, a propriedade é um direito sagrado e inviolável. Provavelmente inviolável porque sagrado. Em França, era um direito inviolável e sagrado. Talvez sagrado porque inviolável? Ou trata-se de um simples jogo de palavras? Indiferente a ordem dos fatores?

Em resumo, o texto é pouco mais ou menos igual. O texto português, que incluiu a omnipotência da lei, remete despudoradamente para ela. É possível que também se fundamente no célebre texto do art. 54º do Código de Napoleão[164], que se liga ao texto da Declaração e da Constituição de 1791, lacunar sobre este ponto.

O texto português não nos dá a exceção que limitaria este direito, como o texto francês. Apresenta o caso fisiológico, não o patológico. Sendo assim, diz: "A propriedade é um direito sagrado e inviolável

[162] Art. 10º, do Cap.V, do Tít. III: "[...] ninguém pode ser posto em prisão ou detido, sem um mandato dos oficiais de polícia, duma ordem de captura dum tribunal, dum decreto de acusação do Corpo legislativo [...] ou dum julgamento de condenação a prisão ou detenção correccional."

[163] Art. 7º da Declaração; art. 288º da Constituição de Cádis.

[164] "A propriedade é o direito de usufruir e dispor das coisas da maneira mais absoluta, desde que se não faça um uso proibido pelas leis ou pelos regulamentos". Sobre este texto, cf. François Vallançon – *Domaine et Propriété (Glose sur Saint Thomas d'Aquin, Somme Theologique IIa, IIæ, Qu. 66, art. 1 e 2)*, Paris, Univ. Paris II, policóp., 1985, p. 3 ss.

que tem todo o cidadão de dispor à sua vontade de todos os seus bens, segundo a lei".

O documento espanhol não nos parece conter qualquer disposição sequer parecida.

O primeiro período do número 8 é uma tradução literal do princípio do artigo 11º da Declaração: "A livre comunicação dos pensamentos e das opiniões é um dos direitos mais preciosos do homem." Dizia o texto francês. O português reza assim: "A livre comunicação dos pensamentos ["e das opiniões" não consta] é um dos mais preciosos direitos do homem".

Somente uma inversão e uma ausência, de um valor bastante duvidoso.

O texto segue o francês, mas realça que a liberdade de expressão é garantida sem qualquer censura prévia. Está influenciado pelo texto do título 1º da Constituição de 1791.

No entanto, os números 9 e 10 estabelecem garantias jurisdicionais (9) e restrições em matéria moral e religiosa (10).

Uma vez mais é aos textos franceses, e não ao espanhol, que as Bases vão buscar a sua inspiração.

A igualdade perante a Lei, do nº 11, tem provavelmente como bases longínquas o artigo 1º da Declaração e o Preâmbulo da Constituição de 1791 no que se refere à igualdade perante a lei. No respeitante aos privilégios de jurisdição, o fundamento será o capítulo V, do Título III, do texto de 1791.

Mas aqui – e chamamos a atenção para que se trata de uma questão processual, e não declaratória ou declamatória – ressalta o diálogo direto com o texto espanhol.

Dir-se-ia mesmo que o texto português tenta proceder a uma síntese entre os princípios de jurisdição única (que será o espírito essencial das disposições francesas[165]), e os da multiplicidade das jurisdições (consagrados sem dúvida alguma pelos artigos 249º e 250º da Constituição Espanhola, em coexistência com o princípio geral – art. 248º). Mas

[165] Já o Título 1º da Constituição dizia: "3º Que os mesmos delitos serão punidos com penas iguais, sem qualquer distinção das pessoas". E dizia também o art. 4º, do Capítulo V do Título III: "Os cidadãos não podem ser desviados dos juízes que a lei lhes destina, por alguma comissão, nem por outras atribuições e invocações senão as determinadas pela lei".

as Bases não mencionam as jurisdições especiais, e sobre essa matéria remetem para as leis ordinárias.

É a primeira vez que vemos uma hipótese de influência espanhola. E não muito claramente.

O nº 12 começa pela reprodução aperfeiçoada do princípio do art. 8º. Segundo o texto francês, só as penas estabelecidas pela lei deveriam ser estritamente necessárias. O texto português acrescenta a esta prescrição a lição do art. 5º da Declaração francesa no referente à necessidade das leis. Interessa-se sobretudo pela matéria penal, mas aproveita a ocasião para fazer doutrina geral: "Nenhuma lei, e muito menos a penal, será estabelecida sem absoluta necessidade". Será, de algum modo, retomar (consciente ou inconscientemente), uma velha prescrição de Santo Isidoro de Sevilha, nas *Etimologias*, sobre a Lei em geral: toda a lei tem de ser (além de justa, honesta, adequada à natureza, votada ao bem comum), realmente necessária nas suas diferentes vertentes (oportuna, possível, útil, etc.)[166].

O texto português estabelece também a proporcionalidade da pena ao delito, o seu caráter pessoal (na pessoa do delinquente) e elimina as penas cruéis e infamantes.

Supomos que esta preocupação de garantia em matéria penal é bem portuguesa. Sem deixar de constituir igualmente um aprofundamento do legado da filosofia penal estrangeira, de Beccaria a Voltaire e a Montesquieu... Mas não esquecemos a receção desta filosofia penal por Mello Freire. E, antes disso, a doutrina portuguesa penalística anterior mesmo ao livro imortal de Beccaria[167], designadamente com Manuel José de Paiva[168]... No momento da elaboração destas Bases, havia já uma tradição nacional de garantia penal, ao nível da doutrina, bem entendido.

[166] Santo Isidoro de Sevilha *Etimologias*, V, XXI.

[167] Beccaria, Cesare – *Dei delitti e delle pene* (1764/1774), trad. port. de José de Faria Costa, rev. por Primola Vingiano, com dois ensaios introd. de José de Faria Costa e Giorgio Marinucci, 5ª ed., Lisboa, Fundação Calouste Gulbenkian, 2017.

[168] Cf., *v.g.*, Manuel José de Paiva (Pseud. Silvestre Silverio da Silveira Silva), *Governo do Mundo em Seco, palavras embrulhadas em papéis, ou escritorio da razam, exposto no progresso de hum Dialogo, em que são interlocutores hum Letrado, o seu Escrevente, e as mais pessoas que se propuzerem*, Oficina de Francisco Luiz Ameno, Impressor da Congregação Cameraria da S. Igreja de Lisboa, Lisboa, 1748.

Todavia, o capítulo "Da administração da justiça no criminal" da Constituição de Cádis contém muitas garantias e elementos protetores. O art. 297º é disso exemplo: "A disposição das celas será tal que elas sirvam para guardar e não para molestar os prisioneiros: assim o funcionário competente tê-los-á bem vigiados e separados dos que o juiz ordena manter incomunicáveis; mas jamais serão postos nas prisões subterrâneas e insalubres"[169].

Entretanto, se o texto português aboliu expressamente as penas cruéis e infamantes, parece que o mesmo se não passou com a constituição espanhola. Porque esse tipo de penas é evocado (de passagem) no art. 24º: "A qualidade de cidadão espanhol perde-se: [...] 3ª – Em virtude da sentença que impõe penas aflitivas ou infamantes, se não há reabilitação."[170]

Eis um caso de uma certa (absolutamente nada total) coincidência com o sistema espanhol. Mas acentuamo-lo ainda uma vez mais: são casos típicos de garantias que podem caber na ideia de uma tradição "ibérica". Pode não haver influência, mas confluência.

A igualdade no acesso aos cargos públicos é garantida pelo nº 13, em termos semelhantes aos do fim do art. 6º da Declaração e o 1º do Título 1º da Constituição de 1791.

O direito de petição é garantido no nº 14, como explicação da passagem do Título 1º do texto de 1791. Não se trata somente de petição, mas também de reclamação, queixas, etc.

O segredo postal é garantido pelo nº 15. Há no mundo ibero-americano uma forte tradição de inviolabilidade da correspondência (que alguns fazem recuar já a providências de Afonso X, o Sábio). Essa pode ser a fonte direta desta disposição, que parece não encontrar paralelo algum visível nos textos espanhol e francês. O que provaria a filiação francesa do primeiro, e não a sua ligação com o seu legado anterior, mais direto.

169 Texto castelhano: "Art. 297º. Se dispondrán las cárceles de manera que sirvan para asegurar y no para molestar a los presos: así el alcalde tendrá a éstos en buena custodia y separados los que el juez mande tener sin comunicación; pero nunca en calabozos subterráneos ni malsanos".

170 Texto castelhano: "Art. 24º. La calidad de ciudadano espanol se pierde [...]. 3º Por sentencia en que se impongan penas aflictivas o infamantes, si no se obtiene rehabilitación".

Terminada a secção dos direitos individuais do cidadão, segue-se a secção que regula "A Nação portuguesa, a sua religião, governo e dinastia".

Aqui, a imitação de Espanha é um pouco mais clara.

O nº 16 é a aplicação a Portugal do art. 1º do texto de Cádis: A nação portuguesa é definida como a união dos portugueses de dois hemisférios.

O nº 17 retoma a disposição sobre a religião do art. 12º do texto espanhol. Mas é mais sucinto: "A sua Religião [da Nação Portuguesa] é a Católica Apostólica Romana". Assim laconicamente, e sem nenhuma proibição de outros cultos, como faz o texto espanhol.

O nº 18 define a forma de governo. Como acontece em alguns casos, o texto parece ter uma dupla fonte: se toma a fórmula espanhola de estrutura (o texto original seria o art. 14º de Cádis), que muda a *monarquia moderada* em *constitucional* (o que o aproxima do legado francês), passa a inspirar-se na Constituição de 1791 (artigos 3º a 5º, máxime 4 do Título III) quando, a esta monarquia constitucional hereditária, acrescenta a referência aos três poderes. Uma particularidade portuguesa: a alusão também às leis fundamentais, as quais regulam esses mesmos três poderes.

Então, a síntese ficará assim:

> "artigo 29º – O Governo da Nação portuguesa é a Monarquia constitucional hereditária, com leis fundamentais, que regulam o exercício dos três poderes políticos".

Uma importante particularidade constitucional portuguesa é o texto do nº 19, sobre a casa reinante, a dinastia de Bragança. Aliás, uma boa parte das antigas leis fundamentais do reino – mesmo as apócrifas das Cortes de Lamego, que se tornaram verdadeiras pela receção legal-constitucional de 1641[171] – nada mais fazia do que assegurar a nacionalidade portuguesa do rei.

Após esta pequena originalidade, portuguesa ou ibérica[172], o texto retoma as suas fontes francesas.

[171] Henrique Barrilaro RUAS – *A Liberdade e o Rei*, Lisboa, ed. Autor, 1971.

[172] O texto espanhol refere o nome do monarca no preâmbulo, e inclui também um capítulo sobre a sucessão (artigos 174-184). O texto francês tem também artigos sobre a realeza,

"A soberania reside essencialmente na Nação", assim começa o nº 20, retomando o princípio do artigo 3º da Declaração francesa. Mas é verdade que o resto do artigo o reaproxima da fórmula do artigo 2º da Constituição de Cádis:

> "[...] esta é livre e independente, e não pode ser património de ninguém"[173].

É uma mistura de duas forças ou vetores. A ideia da não patrimonialidade do reino está presente já (é certo que em outros termos) na Constituição Francesa, por exemplo no título do rei – rei dos franceses (artigo 2º, do Capítulo II, do Título III).

O poder constituinte pertence à Nação, e só a ela, através dos seus representantes. Tal é a prescrição essencial do nº 21. A fonte principal são os artigos 1º e 10º, do Título III da Constituição Francesa. O nº 22 delimita a revisão constitucional, como todos os textos constitucionalistas modernos *proprio sensu*. São raríssimas as constituições plenamente flexíveis nesta fase, ou sob este paradigma, como se sabe.

O nº 23 determina a separação dos poderes. O texto é bastante geral para que se veja bem qual tipo de separação de poderes em concreto se pretende designar (e há diversas modalidades, na teoria e na prática[174]). De qualquer modo, é ainda uma vez mais interessante verificar que não há artigo programático sobre a separação dos poderes na Constituição de Cádis, mas, em compensação, aí figuram três artigos (15º,16º,17º), definindo cada um a titularidade de cada poder[175].

Contudo, o texto português fundamenta-se na tradição da Declaração (artigo 16º). Começa pelo enunciado do princípio, e passa depois

a regência, etc. (Título III, capítulo II). Mas o mais concreto de todos é o texto espanhol: nomeia o rei Fernando várias vezes. Isso é já um sinal.

173 O texto espanhol diz: "24º – La Nación española es libre y independiente y no es ni puede ser patrimonio de ninguna familia ni persona".

174 Cf., por todos (e são multidão), Franco BASSI – *Il Principio della separazione dei poteri (evoluzione problematica)*, (2ª parte), in "Rivista Trimestrale di Diritto Pubblico", anno XV, 1965, p. 17 ss.; Nuno PIÇARRA – *A Separação dos Poderes como Doutrina e Princípio Constitucional*, Coimbra, Coimbra Editora, 1989. E o nosso *Pensar o Direito*, vol. I, cit., p. 233 ss., sintetizado e atualizado em Idem – *Política Mínima*, nova edição (3ª), com Prefácio de Adriano Moreira, Lisboa, Quid Juris, 2014, p. 165 ss.

175 No entanto, é preciso dizer que a técnica de exposição do Título III, artigos 3 a 5, é quase a mesma. Mas a declaração que antecedia o texto marcava bem a diferença.

(agora como nos textos constitucionais francês e espanhol) às competências.

No nº 24, encontramos a definição da lei, de uma maneira menos mitificada que a do artigo 6º da Declaração. Em Portugal, Rousseau foi demasiado mal recebido em vários círculos para que a sua *vontade geral* (de que não tem o monopólio, embora dela haja sido o principal "beneficiário" quanto a renome e "créditos" autorais) fosse entendida como o outro nome, ou o nome disfarçado da Lei.

Assim, entre nós, a Lei não é uma vontade geral abstrata e mítica, que se não confundiria com a vontade de todos ou da maioria:

> "24º - A Lei é a vontade dos Cidadãos declarada pelos seus representantes juntos em Cortes [...]".

E o texto português explicita bem que a vontade assim obtida é formada por discussão seguida de votação, unânime ou maioritária. Os números seguintes explicitam o funcionamento do legislativo. A partir do nº 30, falar-se-á sucessivamente do Rei e do Conselho de Estado. Para nós, as soluções em concreto não terão grande importância. O mesmo ocorre com os pontos finais, que são semelhantes aos franceses, mas também aos espanhóis, que sofreram a sua influência: a contribuição proporcional às faculdades dos contribuintes, as disposições sobre a força militar, os estabelecimentos de caridade e de instrução. Tudo isso está nos outros textos, e a concisão do texto português não deixa ver claramente qual terá sido a fonte principal.

Em conclusão, embora algumas influências de estrutura espanholas[176] estejam presentes, e embora o texto português queira algumas vezes fazer a síntese da Constituição de 1791 com o texto de Cádis, a maior parte das influências míticas - senão a totalidade - são francesas. E as soluções concretas são portuguesas, embora estejam presentes os exemplos estrangeiros anteriores.

[176] No mesmo sentido, António Pedro Ribeiro dos Santos - *A Imagem do Poder no Constitucionalismo Português*, Lisboa, ISCSP, 1990, p. 122, afirma: "A Constituição Portuguesa de 1822 adopta [...] como seu modelo estrutural a Constituição Espanhola de 1812, elaborada em Cádis, e composta dum preâmbulo e seis títulos". É a clarificação atual do legado espanhol: a aparência, a sistematização.

3.3.1.4. O Preâmbulo

O Preâmbulo da Constituição Portuguesa é uma excelente síntese de todo o problema das influências[177] constitucionalistas.

Uma primeira leitura aproxima-o do preâmbulo espanhol. Uma segunda leitura revela-nos que, na realidade, ele procura conciliar o legado de 1791 e o legado de Cádis, retomando fórmulas recebidas de um e de outro.

Mas uma terceira leitura faz-nos ver que o legado espanhol não é verdadeiramente espanhol. É já uma adaptação (ou uma tradução) do legado francês.

Assim, mesmo quando bebe da fonte espanhola, é com a água francesa que o constitucionalismo português sacia a sua sede.

Precisemos: A Constituição de 1822 começa pela invocação da Santíssima e Indivisível Trindade. O texto é mesmo elaborado pelas Cortes em nome da Santíssima Trindade.

A mais próxima fonte é, sem dúvida, o texto do Preâmbulo da Constituição de Cádis, que igualmente o faz em nome de Deus Todo-Poderoso, nas suas três Pessoas explicitamente nomeadas.

Isto seria influência espanhola. Mas há mais...

Primeiramente, verifica-se que o texto português não é tão pormenorizado como o espanhol. Em lugar de Deus e de Suas três Pessoas, a Constituição Portuguesa sintetiza: a Trindade. E sem perder nada de piedoso: "Santíssima Trindade" (embora as palavras não sejam sinónimos de devoção).

Em segundo lugar, a invocação da divindade, de uma divindade, foi, certamente, adaptada pela Espanha às crenças nacionais. Mas é de origem francesa. A Declaração dos Direitos do Homem não é declarada em nome de Deus, mas é-o "em presença e sob os auspícios do Ser Supremo"[178].

Trata-se então de uma adaptação aos costumes nacionais. As Cortes consideram que:

[177] Mas talvez não constitua um bom exemplo da originalidade portuguesa neste debate.

[178] Em França, parece que se tratava de perífrases para laicizar a Divindade, ou, pelo menos, para não chocar os não cristãos. Por exemplo, o projeto falava do "legislador supremo do Universo", Cf. Jacques GODECHOT – "Introduction" a *Les Constitutions de la France depuis 1789*, Paris, Garnier-Flammarion, 1979, p. 24.

"[...] somente pelo restabelecimento destas leis, ampliada e reformadas, pode conseguir-se a prosperidade da mesma Nação [...]".

Este texto é praticamente uma adaptação (muito tímida) do da constituição espanhola.

No entanto, há matizes portugueses.

Trata-se, entre nós, tão-somente da prosperidade da Nação. Nada de idêntico à sua "glória, prosperidade e bem" como diz o texto de Cádis. A escolha é significativa da mais modesta pose portuguesa. Menos utópica também. Às "providências e precauções" ["providencias y precauciones"] da Constituição de Cádis substitui-se, em Portugal, o aumento e a reforma das leis fundamentais. Aqui, parece que os portugueses foram mais concretos. Não há regra sem exceção. Mas nunca os portugueses terão sido mais longos. Mantiveram - não obstante a concretização pontual - a sua maior concisão.

Mas o que é mais marcante, é que há uma passagem desse texto que é completamente influenciada pelo legado francês. E encontra-se mesmo situada antes do texto que imita o texto espanhol. É o início, justamente depois da invocação da Trindade: "[...] As Cortes Gerais Extraordinárias e Constituintes da Nação Portuguesa, intimamente convencidas de que as desgraças públicas, que tanto a têm oprimido e ainda oprimem, tiveram sua origem no desprezo dos direitos do cidadão, e no esquecimento das leis fundamentais da Monarquia [...]".

É uma formulação muito próxima da do Preâmbulo da Declaração francesa.

Há assim uma evidente influência francesa. E não esqueçamos que a formulação espanhola não é outra coisa senão a afirmação (pela positiva) do que os textos franceses diziam já pela negativa. O texto português torna-se assim uma síntese, um pouco tautológica, mas que chega a conciliar a visão da causa das desgraças e a da sua solução. Diz mesmo mais: que o restabelecimento das leis fundamentais, reformadas e aumentadas, será não somente a maneira de obter a prosperidade nacional, mas também a garantia de não cair uma vez mais "no abismo".

Uma diferença profunda reside no objetivo ou fim da constituição. O estatismo endógeno da Espanha castelhana fala do "bom governo e a reta administração do Estado". O individualismo (por vezes, solidário) português[179] afirma que os seus deputados "... decretam a seguinte Constituição política, *a fim de assegurar os direitos de cada um, e o bem geral de todos os Portugueses*"[180].

Em conclusão: a originalidade portuguesa manifesta-se por formulações mais próximas das crenças ou da *alma* ou *espírito* (ou *estilo*) *nacional*, por uma maior concisão que os textos espanhóis, pelo esforço de sintetizar os legados estrangeiros. Mas, com tantos exemplos, afigura-se-nos estar demonstrado que os portugueses leram diretamente os textos franceses, e tomaram apenas algumas fórmulas ou soluções dos espanhóis. Algumas vezes, eventualmente, como manobra de distração de uma verdadeira e profunda influência francesa. Como temos vindo a sublinhar.

3.3.1.5. Os artigos da Constituição são simples desenvolvimentos das Bases

De uma maneira geral, os artigos da Constituição não fazem mais do que aprofundar as posições já apresentadas na Bases.

Seria tautológico fazer novamente uma correspondência de artigos. É patente que o art. 1º da Constituição retoma o nº 1 das Bases, e o mesmo se passa com os arts. 2º e 3º.

Por vezes, a linguagem aperfeiçoa-se ou a sistematização muda. Alguns artigos são reagrupados. Por exemplo: o art. 4º da Constituição completa a ideia de culpabilidade do respetivo número de Bases: trata-se da culpa formada. Mas o novo art. 4º contém também a matéria do nº 6 das Bases.

Simples desenvolvimento das Bases, os artigos da Constituição não apresentam nenhuma novidade significativa no domínio das influências de alcance mítico. Há, certamente, concretas soluções "de governo" que podem ser pedidas às suas fontes. Mas isso não importa para o nosso objetivo presente.

[179] Cf. Teixeira de Pascoaes – *Arte de Ser Português*, ed. de Lisboa, Assírio & Alvim, 1991, máx. pp. 100-102.

[180] Sublinhado nosso.

3.3.2. Os mitos

3.3.2.1. Justificação metodológica

No plano mítico, o texto da Constituição de 1822 face ao texto das Bases é uma repetição. Isto impõe uma escolha, para não fazer uma duplicação de análises.

É verdade que as Bases são o fundamento no plano mítico, e constituem um resumo prévio assaz significativo de toda a Constituição. Assim, poder-se-ia pensar que a análise dos seus mitos poderia bastar à ilustração dos mitos da Constituição de 1822.

No entanto, duas razões nos impõem um procedimento contrário.

Em primeiro lugar, trata-se de analisar a Constituição no que tem de mais profundo, logo, no seu plano mítico, e não de meramente fazer o seu resumo.

Depois, a análise das Bases, embora apenas no plano das influências, já por nós foi levada a cabo. Optámos por recusar, assim, o sintetismo excessivo de analisar apenas as Bases, e a tautologia de fazer uma dupla análise, das Bases e da Constituição. Analisaremos somente a Constituição, que desenvolve as Bases, e que é verdadeiramente o texto definitivo. Quanto às Bases, o seu conteúdo é conhecido pela análise das fontes. Será bastante fácil transpor a análise mítica da Constituição para o seu texto, mais curto e ainda mais mítico.

3.3.2.2. O Preâmbulo como narrativa mítica típica

O caráter de síntese do Preâmbulo da Constituição de 1822, utilizando elementos clássicos do legado francês e espanhol, dá-lhe um lugar importante como narrativa legitimadora, discurso mítico por excelência quanto à fundação ou refundação da cidade.

A justificação da Constituição é feita num estilo necessariamente grandiloquente, e numa situação bastante dramatizada. Não é somente invocar a Santíssima Trindade. É também falar em Seu nome. E é a narração da situação – anterior e presente – a qual justifica uma intervenção refundadora, esse ritual de sacrifício de renovação que é a elaboração de um novo corpo constitucional, desta feita com a sacralidade do escrito.

A situação é de catástrofe pública. Não se diz de que maneira. Mas adivinha-se pela mitanálise das circunstâncias. É de facto o absolutismo, o despotismo, enfim, o desprezo e o olvido (já mitificados) dos direitos do cidadão e das leis fundamentais. Quer dizer, a ausência, no presente (e desde há algum tempo, relativamente longo já) da observância do direito natural e do direito histórico.

Esta situação de catástrofe pública justifica a intervenção. Ela representa o Inimigo. Os seus autores e seus defensores são o Inimigo.

O *statu quo ante*, prévio ao "esquecimento" e ao "desprezo", corresponde à idade do ouro. As leis fundamentais participam do seu caráter mítico, assim como os direitos do cidadão. A virtude heroica dos filhos da Pátria é o Salvador, segundo os termos do texto. Mas pode perguntar-se se o Salvador não seriam antes as Cortes, aquelas que falam em nome da Trindade...

A Utopia, a "Idade do ouro" futura é, contudo, bastante modesta. Duvida-se mesmo que se trate de autêntica utopia. É verdade que já é muito assegurar os direitos de cada um e o bem geral de todos. Mas querer a prosperidade da Nação é, mesmo assim, um desejo moderado para quem pode tudo prometer, ou a tudo aspirar.

A presença das constelações míticas de Raoul Girardet é total e sem grandes surpresas. A abertura simultânea para o passado feliz, o passado recente e o presente dominado pelo Inimigo, e ainda para o futuro utópico, cobre plenamente todos os clássicos aspetos míticos.

3.3.2.3. O maior mito é o da constituição em si mesma. Aspetos da sacralização do constitucionalismo e do texto constitucional

> "E todos, Rei, Família Real, Ministros, autoridades, se apressaram a jurar acatamento a uma Constituição que ainda se não sabia o que fosse. 'A constituição' aparece nas ideias da época como uma espécie de entidade mítica, de quem irradiariam sabedoria, felicidade e prosperidade gerais".
>
> Marcello Caetano[181]

O caráter sagrado do constitucionalismo, de toda a via constitucional, a começar pelo importante ritual eleitoral, é impressionante. Todos os eixos em presença são míticos e sagrados. Consequentemente, a consti-

[181] Marcello Caetano – *Direito Constitucional*, I, p. 482.

tuição em si mesma – porque não é somente o texto impresso, mas a sua prática, as suas prescrições – é sagrada.[182]

a) O tempo

Tenta-se recuperar o tempo sacral da Igreja Católica pelo tempo sacralizado da Constituição. As eleições começam com o repique dos sinos da Igreja[183], o relógio social habitual na época. A eleição realiza-se no dia mais sagrado, o domingo[184].

Há a tentativa de fixação de um calendário constitucional. Não é o calendário revolucionário francês, nem ainda a interessante proposta cívica (e muito abrangente, sublinhe-se) de Augusto Comte[185]. Mas é uma ritualização importante. Há atos que devem ser "imperativamente" realizados em momentos determinados. A 15 de novembro, a 20 de novembro, no 1º de Dezembro, há atos rituais a cumprir obrigatoriamente. Ou antes, ou depois destas datas[186]. É porque há coincidência, até mesmo choque com o calendário litúrgico, ou escolheram-se as datas livres?

b) O espaço

O espaço é sagrado ou sacralizado. A reunião eleitoral realiza-se nas igrejas[187], beneficiando da sacralidade anterior – como se faz sempre, de resto: a religião do conquistador aproveita o local de culto do vencido.

Os votos, num cofre com três chaves (ainda o número mítico, e eventualmente o símbolo da unificação dos três poderes... reunidos no sufrá-

[182] Do outro lado da barricada, acentuava-se uma contra sacralidade constitucional. A Constituição era considerada como "infernal". Cf. *O Punhal dos Corcundas*, XXIX, p. 413, *apud* Telmo dos Santos VERDELHO *As palavras e as ideias na Revolução Liberal de 1820*, Lisboa, Instituto Nacional de Investigação Científica, 1981, p. 227. José Agostinho de Macedo fala também, ironicamente, de confissões e penitências constitucionais, in *Tripa Virada*, p. 224.

[183] Artigo 49º.

[184] Artigo 63º.

[185] Cf., *v.g.*, Paulo FERREIRA DA CUNHA *Filosofia do Direito e do Estado. História & Teorias*, Coimbra, Almedina, 2020, p. 391 ss.

[186] Artigos 75º-80º.

[187] Artigo 52º.

gio) são guardados na igreja, se não puderem ser contados durante o dia[188]. A noite, tenebroso símbolo, poderia ameaçar a contagem...

O espaço é sagrado. Certamente, é o espaço de um templo. E por causa da sacralidade eleitoral, é impossível lá entrarem armas durante o ritual.

c) A ação

O mito é também um ato ritual[189]. As fórmulas são sempre as mesmas, e a ação é de natureza formulária. É o abracadabra. São as palavras mágicas. Não admira que o legalismo triunfe neste ambiente. É preciso dizer, recitar o que está prescrito. É já o princípio de todo o positivismo jurídico, na sua versão legalista. Numa magia, num ritual – quem diria! As fórmulas dos juramentos (e outras, porque há muitas[190]) são uniformizadas e prescritas pela constituição, palavra por palavra. É a magia do texto sagrado. Agora, não é o conjunto do texto constitucional (que é também sagrado – o que se manifesta até na dificuldade da revisão, como sabemos) a estar em causa; trata-se de conceber o texto global como reunião de pequenas receitas mágicas, das fórmulas que, uma vez recitadas, garantissem o poder, garantissem a aquisição dos poderes. E tais rituais também tornam esse poder prisioneiro do sistema mágico, da Constituição em si mesma.

Então, não há mais forças de um poder autónomo, mas apenas dos servidores, aos quais se oferece o poder como contrapartida da sua servidão. E também não devem esses servidores ter uma vontade própria, incontrolável, mas serão as vozes e vias do cumprimento da utopia constitucional, as rodas de um sistema. Donde as fórmulas. E assim se entende a divisão dos poderes. Cada servidor (ou grupo de servidores) da divindade não tem senão uma parte do poder. Só a divindade abstrata o possui todo por inteiro. O equilíbrio é uma necessidade. Obedecer para ser obedecido. Servir para ser servido[191]. Pensa-se irre-

[188] Artigo 59º.

[189] Katherine Spencer – *Mythology and Values*, Filadélfia, American Folklore Society, 1957.

[190] Artigos 110º e 113º; arts. 78º, 126º, 135º, etc.

[191] Além de que tudo parece ter o seu preço. Até – ao que parece – o próprio amor à Pátria. A preocupação com a justa remuneração dos serviços prestados à Pátria é um dos *topoi* da época (Art. 15º). Mas já havia estado muito presente no projeto de Novo Código de Mello Freire. Porém, a Pátria é uma abstração modernizada – está-se em pleno Romantismo –,

primivelmente nos deputados, ministros, como em pequenos feiticeiros que se servem potências ocultas maiores, às quais, por seu turno, prestam serviço, ou a quem venderam a alma. Mas evidentemente que esta imagem é um exagero, ditada pelo mito fáustico, que não deixa de andar ainda nos ares hoje em dia... Se toda a política é uma forma de magia, não deixa de ser notório que o acréscimo de crença nos seus poderes taumatúrgicos terá nascido nos tempos modernos e revolucionários... E, embora com altos e baixos de tensão, de modo algum deixou de estar na ordem do dia. Que magia (certamente "negra") não conjuram, então, os demagogos...

A ação mítica convoca o concurso de rituais católicos. As missas estão por todo o lado[192]. Há mesmo a obrigação, imposta a todos os membros da "Junta" preparatória das Cortes, de *ir imediatamente à Catedral*, para assistir a uma missa solene, após a eleição do seu presidente e vice-presidente. Após este ato, que impressiona pela urgência ("imediatamente"), o presidente, que acaba de ser eleito, seguido de todos os deputados, jurará, sobre os Evangelhos, primeiramente a fé católica e depois a Constituição.

Pode-se perguntar se tudo isso era necessário, se era simplesmente questão de lisonjear a Igreja e de a consolar do maçonismo, deísmo e outros (reais ou simplesmente de fama) de muitos dos constituintes. Talvez os rituais tenham sido mais fortes, e que o peso da tradição se manifeste. Mas, em todo o caso, a ritualização – seja qual for, é sempre aliada do utopismo. O rito doméstico torna-se habitual, reforça o poder.

A maior parte das missas – salvo o *Te Deum* do art. 70º – são consagradas ao Espírito Santo. A diferença poderia passar despercebida, ou ser atribuída à grande devoção que os portugueses tinham, à época, a esta Pessoa divina, se o Preâmbulo da própria Constituição não tivesse evocado a Trindade. E porquê? Qual poderá ser o seu valor mítico?

A referência à Trindade poderá ser uma forma subtil de valorização do papel do Espírito Santo. Não esquecemos que o Espírito Santo é o

para não dizer mesmo: é já em grande medida a Constituição, ou a matéria de que esta é a forma ou o molde. A personificação da Constituição será feita a um outro nível, quer nos poemas e canções, quer nas representações pictóricas. E o mito é ainda mais subtil. Porque a Pátria manda, e a Constituição, pelo menos na maior parte das representações, não faz senão dar. Pensa-se na liberalidade dadivosa e mágica dos deputados, dos ministros...

192 Arts. 70º (*Te Deum*), 78º, 81º, 53º, etc.

responsável, no Pentecostes, pela iluminação dos discípulos de Jesus. As "Luzes" poderiam apropriar-se desta iluminação? Os discípulos de Jesus eram em geral pouco cultos, e o Espírito Santo, como o soberano das "Luzes", tornou-os sábios. O Espírito Santo, aliás, é a Entidade da terceira idade, do fim dos tempos. O seu reino sucede ao do Pai e ao do Filho, numa utopia muito portuguesa[193], mas com raízes messiânicas, por vezes referidas, mesmo se com alguma inexatidão, a Joaquim de Fiore.

É curioso que esta referência mítica – que é decidida, ou veiculada pelos homens da razão, do progresso, da influência francesa – se liga exatamente à herança templária e aos mitos da Atlântida. E os elementos de suspeita, temo-los nos nossos dias: os únicos lugares de Portugal onde o culto autónomo do Espírito Santo parece morar ainda os encontrámos na cidade de Tomar, outrora centro da atividade templária, e nos Açores, de que uma tradição considera serem os restos do antigo continente perdido, mas em que é certa alguma colonização francesa. Coincidência ou enigma?

De toda a maneira, porquê missas do Espírito Santo? Provavelmente – e muito simplesmente – porque, de todas as três pessoas da Trindade, ele é o mais próximo do Deus dos deístas, do Grande Arquiteto do Universo, numa palavra, de um Deus sem face (o que pode ter uma versão negativa de deus abstrato "dos filósofos", ou positiva de Deus ecuménico, de todos). Quer dizer que, mesmo com toda a religiosidade portuguesa de então, a Constituição de 1822 se liga diretamente à declaração prévia da Constituição Francesa de 1791, que fala do Ser Supremo. O "Espírito Santo", dos constituintes é a sua versão (ou tradução) pseudo católica, ou irénica/eclética.

d) As personagens

Os cidadãos detêm, naturalmente, o papel principal, sejam eles deputados ou não...

Os que não são deputados, obviamente a generalidade dos cidadãos, acabam por ser considerados sem especificidades: são pessoas totalmente normais, porque não têm nem inviolabilidade nem irres-

[193] José Eduardo Franco/António Manuel Ribeiro Rebelo – *Utopia global do Espírito Santo*, Coimbra, Imprensa da Universidade de Coimbra, 2021, 3 vols.

ponsabilidade. Em todo o caso, porém, usufruem de alguns direitos invioláveis[194], e outros, "preciosos"[195].

A peça, no entanto, tem um encenador muito rigoroso. Há os excluídos, absolutamente excluídos e relativamente excluídos.

O mito da prosperidade económica decide da capacidade eleitoral. Este é misturado com a cultura, que pode ser uma circunstância atenuante da pobreza[196].

Nesse ponto, os constituintes não eram utópicos: a propriedade é, na verdade, uma eficaz garantia da liberdade. E sem ela a liberdade é ilusória, quimérica.

Curiosamente, será este tipo de sufrágio que viria a ser mais criticado, mais tarde, pelos adeptos do sufrágio universal, sem dúvida generosos, mais generosos, e mais consequentes com os ideais de *liberdade, igualdade e fraternidade*, mas decerto menos capazes de verem as deformações que a plutocracia ou o domínio da informação, ou os poderes fácticos (entre outras) introduzem em todas as eleições. Para não falar de problemas hodiernos, mais sofisticados...

Toda a formulação ritual eleitoral é uma proteção contra o caciquismo económico, mas também religioso[197]. Note-se que clérigo regular – tido por reacionário[198] – não pode sequer votar.

No entanto, o caciquismo político não é encarado diretamente. Somente o é para o clero e os magistrados[199]. Quando um candidato for eleito por duas circunscrições, de preferência é considerado como eleito pelo distrito da sua residência, ou da sua naturalidade[200].

"Todos os animais são iguais, mas há alguns que são mais iguais que outros"[201]. É o mito-ilusão da igualdade, sempre contornada pelo omni-

[194] Arts. 6º e 18º (propriedade e correspondência).

[195] Art. 7º (comunicação do pensamento).

[196] Arts. 33º a 35º.

[197] O padre e o bispo não podem ser eleitos nas suas dioceses – art. 35º, II e III.

[198] Nas guerras civis, há sempre monges à frente dos exércitos. Eles foram constituindo as tropas de elite dos exércitos messiânicos e milenaristas de sempre... Cf. Art. 33º.

[199] Art. 35º, IV. E de alguma maneira, os chefes militares – todos suspeitos de reacionarismo (art. 35º,V).

[200] Art. 39º.

[201] George ORWELL – *Animal Farm*, trad. port., *O Triunfo dos Porcos*, Lisboa, Perspectivas & Realidades, 1977.

presente inigualitarismo. E a justificação – também mítica – destas restrições, é a face tenebrosa do inimigo, da revolução e do povo.

Estamos longe do lema "nenhuma liberdade para os inimigos da liberdade", de Lenine. Trata-se de precauções contra a subversão do próprio sufrágio. Contradições internas, mas que, se hoje não podemos aceitar, é possível contudo compreender, tanto mais que a História de algum modo se repete, e sabemos que, mesmo nos nossos dias, está longe de conseguir-se que cada voto entrado numa urna eleitoral corresponda a uma vontade perfeitamente esclarecida e livre.

e) O narrador

Os constituintes, os sábios ou os pontífices, de toda a maneira, os sacrificadores no altar da constituição, falam. Ter o dom da palavra, é criar[202]. E dizer. Juridicamente, dizer, é decidir (*ius dicere*). Eles decidem. Logo, eles criam.

A constituição é uma grande força centrípeta em torno dos seus oradores. Os principais conceitos constitucionais tornam-se elementos autobiográficos dos deputados. Eles são os autores e os garantes – os guardiães – da constituição sagrada; e os conceitos mais importantes da constituição tocam-nos profundamente.

É um círculo vicioso. Não se sai do discurso dos deputados.

A Liberdade, antes de mais. Que coisa magnífica, ser livre!... Para além de todo o texto, de todas as amarras. Contudo, a liberdade pode tornar-se um conceito fechado. Concentrado na constituição, e na vontade dos deputados.

As Bases diziam que a liberdade é a faculdade de fazer o que a lei não proíbe. E que a liberdade depende da observância da lei. A constituição vai ainda mais longe. Conserva o segundo propósito. Mas quanto ao primeiro, afirma: "A liberdade consiste em não serem obrigados a fazer o que a lei não manda, nem a deixar de fazer o que ela proíbe [...]".[203]

Então, embora aparentemente a constituição dê mais liberdade aos cidadãos, o que acontece é que toda a ação humana estará doravante entre dois muros: o que a lei ordena, e o que a lei proíbe. Tudo gira em seu redor.

[202] Cf., por todos, Jo, 1: 1-3; Gén.1: 3 ss.

[203] Art. 2º.

E, de quem é a lei? Sabe-se desde sempre: a lei é assunto das Cortes[204]. E o que é a lei? Essa questão é mais complexa...

A lei é ambígua: por um lado, é vista quase sacralizada e ao mesmo tempo equiparável às leis da Física (no próprio *De l'Esprit des lois*[205], aliás); por outro, arrisca-se a um desenraizamento, se se sublinha o seu aspeto puramente formal de criação, desprovido de uma substancialidade material, num *quid* próprio.

Torna-se a lei única fonte do direito (ou quase). Tudo será, ou tudo é – eis uma forma de ucronismo mítico e utópico. A lei simplesmente obra feita pelos deputados desvirtualiza-se, despe-se dos seus grandes objetivos. Trivializa-se ao mesmo tempo que parecia e desejaria engrandecer-se. Ela obriga os cidadãos, sem que eles a aceitem – diz ingenuamente o texto, consciente da sua violência[206].

Havia, é certo, a lembrança das leis antigas – que parecem muito distantes agora. Onde estão as leis antigas? Não se sabe. Pouco terão as novas leis a ver, vistas as coisas na sua totalidade e sentido, com as velhas leis do rei[207].

A assembleia é o legislador mítico, que fundamenta, cria, declara as leis da Cidade, de uma vez por todas.

O utopismo deste ucronismo legislativo é patente. Assim como a ficção da representação: a lei é a vontade dos cidadãos. Mas determinada pela unanimidade ou pluralidade dos votos... dos representantes[208].

Os deputados fazem tudo, são tudo. É natural que o autor da utopia seja deificado.

A verdade é que dificilmente poderia ser de outra forma. Pretendia-se, afinal, instaurar uma ordem nova, e a lei era um instrumento excelente de mudança. Estar a colocar muitas restrições à lei, pela determinação de um conteúdo de dignidade material excecional, ou outro, seria manifestamente uma forma de se entrar numa discussão estéril, e de impedir as reformas necessárias, que se foram fazendo, com inquebrantável fé nas virtualidades demiúrgicas da lei. E é essa fé que ainda

[204] Art. 102º, I e II; 103º, etc.

[205] Montesquieu – *De l'Esprit des lois*, I, I, 1.

[206] Art. 104º, *in fine*.

[207] Martin, Fr[ançois] Olivier – *Les Lois du Roi*, reimp., Paris, Editions Loysel, 1988.

[208] Art. 104º.

hoje anima tanto os políticos que se esquecem que a lei não pode tudo, e que muitas vezes continuam a promulgar pedaços de utopia insuscetíveis de aplicação no mundo real. A nossa conceção instrumental e até banal de lei vem deste tempo, em que ainda havia reverência por uma lei revolucionária em grandes autores, como, desde logo, em Montesquieu, a qual, porém, não podia ter agido de outra forma, na urgência de mudar o mundo.

3.3.2.4. Aspetos míticos dos poderes e da sua separação

Sabe-se bem que o mito dos três poderes está muito presente no texto da constituição. Como já o estava nas Bases.

No entanto, notaremos alguns aspetos mais vincados da mitificação deste importante elemento do conceito moderno de constituição.

Parece-nos que o modo indicativo[209] das regras jurídicas, como descrição de uma realidade fictícia, desejada, e, nesse sentido, um pouco utópica, nem sequer é suficiente para explicar a diferença entre o emprego verbal do futuro nas Bases[210] e do presente no texto constitucional[211].

A explicação está, quanto a nós, mais ligada ao mito. É verdade que, quando um texto legal emprega o presente do indicativo verbal (e fá-lo com frequência), opera a magia de tornar em verdade o que para ele é o desejável. Mas há mais. Esse não é senão um aspeto do problema.

Aqui não está em questão uma vontade do legislador, uma *ratio legislatoris*, uma ordem que indicaria uma construção mental (os três poderes) feita realidade. Estamos na presença de uma inversão mítica de posições. O todo-poderoso legislador aceita, dá como adquirido, como real, a existência dos três poderes. Fala deles naturalmente, como de uma entidade com vida concreta. Ocorre assim com frequência quando um conceito anda muito em voga. Parece até que, em alguns casos, certos pretendem com ele afetar familiaridade para parecerem *à la page*.

[209] Cf. Michel Villey *et alii – Indicatif et imperatif juridiques. Dialogue à trois voix (Michel Villey, Georges Kalinowsky, Jean-Louis Gardies)*, in "Archives de Philosophie du Droit", Paris, Sirey, 1974, p. 33 ss.

[210] Art. 23º.

[211] Art. 30º.

Tal não é o que se passa nos casos habituais, onde o desprendimento do legislador face às suas próprias criações ou ficções é muito mais clara. Pode dizer-se que com esta reificação ou personificação até dos três poderes, o legislador está, perante a sua lei, como o aprendiz de feiticeiro face à feitiçaria que ganha vida própria. Não raro, o aprendiz de feiticeiro será a primeira vítima do sortilégio.

No texto da constituição em relação ao das Bases, o mito do rei é desenvolvido no sentido negativo.

O prestígio da instituição é substituído pelo do poder legislativo, o novo soberano. Recordemos o tratamento desajeitado de "majestade" dado ao presidente da assembleia.

Mito contra mito, então. Sempre.

O juramento do rei[212] é praticamente igual ao dos deputados[213] (e ao do príncipe herdeiro[214]). Este juramento põe toda a gente de joelhos perante a divindade Constituição, obra dos deputados.

O próprio rei está abaixo dos deputados.

Porque a única diferença significativa entre o texto do rei e o dos deputados reside no papel dessas personagens: o rei deve observar (respeitar e fazer respeitar) a constituição, enquanto os deputados se tornaram guardiães da nova deusa, porque a devem *guardar e fazer guardar.*

Um deputado poderia, no limite, "tornar-se rei", mas um rei não pode tornar-se deputado. Expliquemo-nos neste paradoxo: a regência (pelo menos, a presidência do conselho de regência) pode ser atribuída a um deputado[215], mas jamais o rei pode entrar no parlamento, salvo no princípio e no fim dos seus trabalhos, como simples elemento decorativo da festa[216]. Evidente consequência do republicanismo desta Constituição.

Ninguém pensaria em limitar a educação dos filhos dos deputados. No entanto, o cidadão-rei não pode, compreensivelmente, ter o direito

212 Art. 126º.

213 Art. 78º.

214 Art. 135º.

215 Art. 148º. Mesmo a regência provisória tem deputados (art. 149º).

216 Art. 91º Trata-se, realmente, de uma interdição restrita ao rei. Toda a gente, menos ele, pode assistir às sessões. Os secretários de Estado – os únicos *responsáveis* de todo esse grupo de *irresponsáveis* – podem assistir a tudo, salvo às votações (art. 31º das Bases).

de decidir da educação do cidadão príncipe herdeiro[217]. O Rei deve fazer aprovar o plano da educação de seu filho pelas Cortes[218]. Mas tal justifica-se plenamente, porque a instituição monárquica está sob suspeita, neste tempo. E a República (sim, a República no sentido mais lato[219]) não poderia dar-se ao luxo de ter um rei impreparado, ou com uma educação transviada, por exemplo politicamente. O Rei não é um particular a quem privadamente incumba, sem limites, a educação da prole. E mesmo nesse caso há limites implícitos, pelo menos.

Todavia, a importância preeminente dos deputados resume-se numa fórmula do art. 58º, que fala dos *amplos poderes* dos deputados para providenciarem ao *bem geral* da Nação. São então os guardas do Bem comum, semidivindades benfazejas.

Tudo isto se liga a um problema fundamental: quem é o soberano, quem está acima, quem constitui ou declara a, ou quem é *inviolável*?

As únicas pessoas invioláveis são os deputados e o rei[220]. A inviolabilidade é uma espécie de qualidade divina. Evidentemente que há direitos invioláveis; esses são uma espécie de divindades abstratas.

217 Este tipo de raciocínio (comparar o pobre rei apoucado com os todo-poderosos deputados) levantando alegados absurdos (que o não são, afinal) é hoje, *mutatis mutandis*, muito usado na retórica política, e infelizmente muitos embarcam nele. É uma típica forma de demagogia. E em particular o discurso antidemocrático é fértil em antiparlamentarismo (embora já se estenda a todos os poderes do Estado). O antiliberalismo, o terceiro elemento da tríade (nomeadamente do Estado Novo), transmutou-se nos nossos dias em alguns círculos: passou a ser antidemocrático e antiparlamentar, como antes, mas agora de um pseudo liberalismo, a que por vezes até se chama neoliberal, ou até, liberal, *tout court*, jogando, antes de mais, com a ignorância ideológica e histórica do público.

218 Art. 103º, II.

219 Cf. o nosso livro *O Essencial sobre a I República e a Constituição de 1911*, Lisboa, Imprensa Nacional-Casa da Moeda, 2011.

220 Do mesmo modo, a *inviolabilidade* vai a par da *irresponsabilidade*. Pelo menos numa visão, digamos, nominalista, a divindade nunca é responsável. Quer na medida em que se não podem criticar os seus atos, pela sua excecional autoridade, quer na medida em que não tem necessidade de se justificar, porque tudo pode fazer. Lembramo-nos do parlamento britânico, que teria, proverbialmente, como único limite a transformação de um homem em mulher e vice-versa. No entanto, nesta situação constitucional, a *inviolabilidade* e a *irresponsabilidade do* rei não são tão divinizadas, como niilizadoras. Com efeito, o nada tem, como a infinitude do divino, as características da irresponsabilidade e da inviolabilidade. A responsabilidade implica a criação (à imagem do Deus cristão que está sempre subliminar no pensamento, mesmo eventualmente agnóstico e até ateu, mas sobretudo deísta, dos

3.3.2.5. Aspetos míticos dos direitos fundamentais

Sendo a manutenção da liberdade, de segurança e da propriedade, primeiro que tudo, o objeto expresso da constituição, duas observações se impõem.

A primeira é que (exatamente como a liberdade) a segurança e a propriedade, mau grado os seus atributos sagrados, dependem da lei. E esta já sabe de quem depende.

A segunda relaciona-se com um aspeto já tratado: a paradoxal simultaneidade (ucrónica, na verdade) do presente e da utopia. O que o artigo 1º da Constituição diz é curioso, fala de manter a liberdade... *Manter*. Então, os três alvos da constituição estão já atingidos. É preciso apenas mantê-los. Sendo assim, trata-se da ficção[221] que pressupõe a cidade ideal já edificada, como que em redor da sala da assembleia. A utopia já aí está, trata-se apenas de a manter[222].

deputados), enquanto Deus é criação, é vida. Este não é um demiurgo. Por outro lado, a responsabilidade é uma escolha entre o bem e o mal, e a divindade está para além (nominalismo) ou sob esta alternativa. O rei nada pode criar, o rei não pode escolher o bem e o mal. Então, é irresponsável. E, naturalmente inviolável. Certamente que a irresponsabilidade dos deputados se baseia em duas coisas: o caráter representativo do deputado, e a previsão do eventual árbitro que viria a pedir-lhe contas sobre o que ele diz, investido desta qualidade especial, de pontífice, entre o povo e a Razão. Esta irresponsabilidade por ter sido usada para abusos, mas permaneceu uma das grandes barreiras ao arbítrio, em situações de hipócrita coexistência entre instituições livres e poderes com *derivas* despóticas, ou autoritárias.

[221] Sobre a teoria geral das ficções, H. Vaihinger – *The Philosophy of' As if. A System of the Theoretical, Practical and Religious Fictions of Mankind*, trad. ingl., reimp. da 2ª ed., Londres, Routledge and Kegan Paul, 1965.

[222] A constituição é uma consequência de um estado recentemente adquirido pela revolução. Os deputados vivem num mundo ritual onde uma palavra chega para criar a coisa. *Fiat Lux* seria sua palavra de ordem simbólica. O preâmbulo pressupõe já a ultrapassagem da situação crítica. Fala para o futuro: para que se "não torne a cair no abismo". Uma das características da utopia, para alguns, é a sua instituição como realidade desde há pouco tempo. As cidades ideais fictícias reconhecem frequentemente que não existiram desde sempre. Há, entretanto, uma ambiguidade. Os deputados têm mesmo assim consciência de que nem tudo vai bem. E o *élan* revolucionário empurra-os para a frente. Eles sentem o desejo de um texto de mármore, sólido, é verdade, mas também com as raízes no passado. Mas mais do que tudo isso, é preciso sublinhar a relação estabelecida entre o passado e futuro – eles falam do "restabelecimento das leis, ampliadas e reformadas" – no Preâm-

Liberdade, segurança e propriedade são palavras de ordem[223], bandeiras de luta e, nesse sentido, empolgam enquanto elementos míticos. Mas são também fautoras de ilusão.

Porque a Constituinte rapidamente se apercebeu de que a liberdade total, a segurança total, e a propriedade total – não se fala dos abusos, mas apenas do exercício puro desses "direitos" – levariam provavelmente a situações inesperadas e não desejadas.

Então, depois de tudo ter dado, consagra-se prudentemente algo esvaziar de sentido e de conteúdo.

Já a fórmula pseudo-benthamiana do Preâmbulo tem um toque de quimérico.

> "[...] a fim de assegurar os direitos de cada um, e o bem geral de todos os Portugueses"[224].

Na prática constituinte subsequente, os deputados, de facto, serão *benthamianos*, porque eles vão escolher o *maior número*, o *bem geral* – ou, pelo menos, esse será o seu álibi para limitar o que deram nas proclamações mais gerais.

Limitações à liberdade, em geral:

> Art. 2º – "[...] A conservação desta liberdade depende da exacta observância das leis."

No respeitante às liberdades concretas, a ambiguidade aumenta:

Quanto à compatibilidade da liberdade de culto e da liberdade de expressão, levantam-se alguns problemas[225]. O artigo 7º estabelece que a livre comunicação do pensamento é um dos mais preciosos direitos

bulo. E dão ideia que o restabelecimento ainda não está cumprido, mas que se encontra em marcha. Também a própria Justiça é *constans et perpetua voluntas*!

223 Cf. o estudo monumental de Telmo dos Santos VERDELHO – *As Palavras e as Ideias na Revolução Liberal de 1820*, Lisboa, INIC, 1981.

224 A fórmula de Bentham é "A maior felicidade do maior número", o que é diferente. Cf. Maria Helena Carvalho dos SANTOS – *'A maior felicidade do maior número'. Bentham e a Constituição Portuguesa de 1822*, cit., vol. I, p. 91 ss..

225 Conhece-se o princípio da compatibilidade global do texto das constituições, pelo qual as antinomias devem ser resolvidas no quadro da sua concordância prática, e de uma leitura de conjunto. Todavia, o problema é que há exceções, deve sempre haver exceções, mas há também verdadeiras fraudes intraconstitucionais. Princípios descritos como discursos de

do homem. Mas este fica também limitado: proscreve-se o abuso... na forma determinada pela lei. E limita-se a liberdade de culto. Ora, muitas das opiniões religiosas são exprimidas pelo culto. Tudo faz parte de um todo: há também a censura em matéria religiosa. A liberdade de imprensa é igualmente aqui limitada.

A Inquisição foi abolida com brado pela constituinte, mas a constituição vai reinstituí-la, de certo modo, e sem complexos:

> "[...] Quanto porém ao abuso, que se pode fazer desta liberdade em matérias religiosas, fica salva aos bispos a censura dos escritos publicados sobre dogma e moral, e o governo auxiliará os mesmos bispos, para serem punidos os culpados."

E o artigo 25º reforça este limite da liberdade nos aspetos religiosos:

> "Artigo 25º – A Religião da Nação Portuguesa é a Católica, Apostólica Romana. Permite-se, contudo, aos estrangeiros o exercício particular de respectivos cultos."

A jurisdição é uma, como todos os cidadãos são iguais perante a lei. Então, nada de tribunais especiais, ou de comissões especiais.[226]

Ora, não somente este artigo se segue a um outro que criou um tribunal especial, para proteger e limitar a liberdade de imprensa, como esse mesmo artigo continua, salientando que esta disposição não compreende os casos que, segundo uma certa natureza, determinada pela lei, devem ser submetidos a jurisdições à parte. Qual natureza? – perguntamos.

A lei é igual para todos, salvo nos casos em que ela determina o contrário.

Há muitos outros exemplos: a inviolabilidade do domicílio[227], a prisão sem culpa formada[228], etc., são todos belos direitos... que facilmente caem, na sua dimensão absoluta, pela magia toda-poderosa da lei, que potencialmente tudo poderia restringir. Esperando-se que haja para tal

legitimação, como mito, e depois artigos concretos que subvertem a dimensão da narrativa utópica inicial – que é o que resta para a propaganda.

226 Art. 9º.

227 Art. 5º.

228 Art. 4º.

um limite, como hoje se diria, de um "círculo mínimo" e "núcleo duro" da essência dos direitos.

No limite, a lei pode criar o maior despotismo. Um despotismo do novo soberano, as Cortes, um déspota sem cara, irresponsável, e baseado no sufrágio. Ninguém é injusto para consigo mesmo – dizia Rousseau; então, a culpa pertence sempre ao Povo. A história futura iria demonstrar como a simples crença na legalidade dos atos não resolve os problemas. É um passo, sem dúvida, contra o arbítrio. Mas está longe de ser uma solução. Quer a lei, quer as maiorias parlamentares, podem encarnar formas mais ou menos subtis de opressão. Além de, mais simplesmente, poderem apenas errar.

Cai-se assim na contradição.

As Bases da Constituição dizem que os princípios constitucionais são os que se manifestam "[...] mais adequados para assegurar os direitos individuais do cidadão, e estabelecer a organização e limites dos poderes políticos do Estado", instituição que é então identificada com o poder real; agora que o mito do rei se encontra mais fraco, as Cortes substituem-se ao trono e tudo muda.

Para estabelecer a organização do Estado, as Cortes constituintes não pensam em limitar os poderes, nem o poder, mas em limitar os direitos individuais. E pensa-se de novo na magnífica síntese do Marquês de Penalva: *dão-se os direitos a todos, para os retomar de cada um*. Síntese perversa e reacionária... mas com muita verdade, infelizmente, na prática, ou nalgumas das práticas.

E ainda: dão-se todos os direitos em abstrato, para os limitar em concreto. E mesmo mais, na prática: dar-se-ão direitos na lei para os confiscar nos regulamentos. E também se reconhecem direitos nos regulamentos, que se negam na prática.

É já a pirâmide normativa de Kelsen que está em gestação, no plano formal.

Da liberdade muito provém: a segurança não é mais do que a "[...] protecção, que o governo deve dar a todos, para poderem conservar os seus direitos pessoais" (art. 3º).

Então, a segurança é a garantia da liberdade e da propriedade, em geral.

Quanto à liberdade, conhece-se já a história.

A propriedade será também muito limitada – provavelmente a despeito do espírito profundamente proprietarista dos deputados, que além de princípios proprietaristas liberais defendiam por vezes também os seus interesses económicos concretos. Pode dizer-se, mais uma vez, que o aprendiz de feiticeiro tinha desencadeado forças incontroláveis. E nota-se crescentemente a crença dos poderes da lei, instrumento cego de um Estado todo-poderoso – que no liberalismo ainda tem fundamento ético, mas que a prazo pode ficar desprovido, *post-modernamente* dirão alguns, de limites morais, tradicionais, e sem o freio da rotina (e da prudência da experiência) também. Alguns dirão, mais radicalmente, que vai tudo naturalmente, e de maneira irrepreensível, atacar a propriedade. O liberalismo é o pai do socialismo, dizem os tradicionalistas, como se houvessem descoberto a pólvora. Em certa medida estão certos: nada de mais natural. O próprio Adam Smith falava já do programa *liberal* de Liberdade, Igualdade e Justiça... O que nada tem a ver com o socialismo é o anarco-capitalismo conservador, dito neoliberal. O velho liberalismo passará, naturalmente, a formas de socialismo democrático ou liberal.

E uma intuição de interesse público e função social da propriedade se pode ver já num artigo como este:

> "Art. 6º: "[...] Quando por alguma razão de necessidade pública e urgente, for preciso que ele seja privado deste direito, será primeiramente indemnizado, na forma que as leis estabelecerem".

Compreende-se que os direitos sejam limitados. Compreende-se mesmo que uma constituição não pode tudo conter. E que as leis devem preencher os vazios. O problema que alguns sublinham, para salientar as contradições, é que há um discurso mítico de direitos absolutos e subjetivos que depois se desfigura para dar lugar a uma total devolução da decisão materialmente constitucional à lei ordinária. Não se dizem geralmente os critérios da limitação, não se protege o círculo mínimo que faz a essência de um direito[229] – mas tudo isso são preocupações e técnicas contemporâneas, muito ulteriores, que não poderiam estar explícitas no pensamento destes velhos vintistas. Então, o que restaria dos direitos, seria a fé, a repetição ritual que esta fé suporta? Obviamente que a fé e o ritual eram importantes. Mas a contradição entre o

[229] Vieira de Andrade – *Os Direitos Fundamentais na Constituição Portuguesa de 1976*, Coimbra, Almedina, 1983, *v.g.*, p. 233 ss (há novas edições).

geral e o particular não seria sentida com tanta agudeza: havia a regra, e havia a exceção; uma coisa seria o normal, outra coisa o excecional...

E no tocante a fé... *é a fé que salva?* E tudo parte da fé, de uma fé qualquer – ou de uma intuição, ou de uma vontade (se se preferir). No Preâmbulo, os deputados afirmam a sua crença nos mitos, dizendo que estão *convencidos, e intimamente convencidos.*

Já conhecemos as crenças que eles afirmam primeiramente: é o mito da idade do ouro e o mito do inimigo absolutista. Mas o importante é que eles fundamentam a sua ação sobre a sua "convicção íntima". Sobre a sua fé.

Por vezes, parece que nada mais resta senão a fé. Eles têm também fé nas leis. E confiam-se à nova divindade jurídica ou pseudo-jurídica. E os direitos limitam-se ao que a lei prescreve. É o fim prático do direito natural. É o positivismo, que vem pela mão do jusracionalismo. Na verdade, apesar de todas as tentativas de compatibilização, sente-se sempre algum mal-estar em conciliar constitucionalismo e jusnaturalismo. Só de há pouco tem sido mais difundida a razão profunda dessa dificuldade: é que, em grande medida, a Constituição do constitucionalismo moderno é uma laicização do direito natural[230]. Não quer dizer que não se possa arquitetar uma coexistência, que ainda reserve ao direito natural alguma utilidade e especificidade em contexto constitucionalista moderno. Mas, para muitos, são antagónicas categorias, e mutuamente exclusoras, porque navegam nas mesmas águas. E sem o dizerem, sem invocarem explicitamente esta razão, estamos em crer que muitos dos que proclamam a morte ou a impossibilidade do direito natural insensivelmente e sem disso se aperceberem estão a pensar nos postulados do constitucionalismo moderno. Evidentemente que há sempre plácidos autores irénicos e ecléticos que podem acumular simultaneamente o maior número de teorias e filiações, sedimentarmente, por camadas, sem que se preocupem com a sua coerência ou compatibilidade.

Os deputados têm somente moderada a sua fé pela instituição de um órgão – a deputação permanente – o qual tem como funções (à parte as de uma comissão nacional de eleições e de serviços técnicos de apoio à assembleia) uma certa vigilância sobre as leis e a aplicação da constitui-

[230] Cf., *v.g.*, Pietro Giuseppe GRASSO – *El Problema del Constitucionalismo después del Estado Moderno*, Madrid/Barcelona, Marcial Pons, 2005, máx. p. 23 ss.

ção. É um proto "tribunal constitucional" sem título, uma réplica de um conselho de sábios guardiães dos guardiães – *quis custodiet ipsos custodes* – órgão presente algumas vezes nas utopias.

O artigo 118º diz, sobre esta função da deputação: "Vigiar sobre a observância da Constituição e das leis, para instruir as Cortes futuras das infracções que houver notado; havendo do Governo as informações que julgar necessárias para esse fim [...]".

Já se suspeitava: a nova divindade coletiva, as Cortes, crê em si mesma. E somente crê nas leis enquanto emanação da sua sabedoria. Crendo na deputação enquanto delegação da sua autoridade.

3.3.2.6. Aspetos míticos da soberania

Uma coisa é certa (e tão tautológica, como as principais certezas). A soberania pertence ao soberano. O Povo (ou a Nação) é o soberano. Então, está-se perante a soberania popular ou a soberania nacional – que era tradicional opor uma à outra, mas que muitos dizem difícil de determinar como verdadeiras categorias separadas.

Nacional ou popular, a soberania, na prática, é assunto da assembleia, na qual convergem os poderes dessas entidades mitificadas – Povo e Nação.

O mito da Unidade mistura-se com o da soberania. A Unidade é a mais forte justificação de uma soberania amalgamada em teoria, e, na prática, instrumento dos deputados. Porque o artigo 26º restringe aos deputados (os representantes legalmente eleitos da Nação), o exercício desta soberania.

A Unidade é evidentemente desejada como esforço de pacificação social, de integração, e ainda de estigmatização dos trânsfugas, dos que não estão normalizados. É um elemento essencial da utopia, porque é o princípio do unanimismo. Lembremo-nos de que a unanimidade parece ser o modelo preferido das decisões da Assembleia. A pluralidade dos votos não vem senão como solução de recurso, quando a unanimidade – pode ser um resíduo da mítica vontade geral (aliás, não unanimista...) – não é possível[231].

231 Cf. art. 104º. A unanimidade vem antes da pluralidade, e este lugar tem o sentido de que se trata de uma prioridade.

A Unidade é reforçada pela ideia da indivisibilidade e da inalienabilidade territoriais, baseadas na não patrimonialidade do reino[232].

A unidade do país, do reino, no plano institucional, aparece sob a fórmula *"Reino Unido de Portugal, Brasil e Algarves"*[233]. Mas esta não é a única unidade. Há também – principalmente? – a unidade de todos os portugueses. Está presente na definição da Nação mítica, consubstanciação da unidade:

> "A Nação Portuguesa é a união de todos os Portugueses de ambos os hemisférios".

Em conclusão, a Nação baseia-se, sob vários aspetos, na unidade. Como a soberania se baseia na Nação.

Numa perfeita obediência ao princípio do poder constituinte originário e a uma soberania não real (não coroada), as Cortes de 1821-1822 decidiram que o rei não teria realmente soberania alguma. Não teria poderes delegados pela Nação. O artigo 121º diz que a autoridade do rei provém da Nação. Nem sequer pode abdicar sem o consentimento das Cortes[234]. A soberania reside essencialmente – quer dizer, na sua essência – na Nação, conforme o refere o artigo 26º.

No entanto, o rei faz a guerra e a paz, somente comunicando às Cortes os seus motivos[235]. Pode também nomear e destituir os secretários de Estado[236].

Quanto ao resto, o círculo é fechado: a Nação torna-se *deus otiosus*, e toda a atividade demiúrgica passa para os deputados.

Em todo o caso, a unidade e o mito da unidade, num sistema pluralista como o liberal é muito menos uma dimensão utópica que uma dimensão mítica. E naturalmente não adquire as conotações totalitárias (muito ao contrário) que o simples tópico da unidade ganha precisamente onde não há amizade pela liberdade liberal. É em clima coletivista que o mito da unidade é preocupante.

[232] Arts. 27º e 124º.

[233] Art. 20º.

[234] Art. 125º, I.

[235] Art. 123º, XIII.

[236] Art. 123º, II.

3.3.2.7. Simbologia e ritualização

Embora, numa primeira fase, os artistas estejam ainda ligados ao gosto antigo[237], sobretudo da Arcádia, começaram progressivamente a conhecer e a divulgar as novas ideias. Todas as artes contribuíram.

Os elogios à constituição sagrada substituíram parcialmente os exercícios habituais, de uma sacralidade mais convencional, especificamente religiosa. A arquitetura – e o urbanismo – viram aparecer arcos e ruas denominadas da *Constituição*, como, aliás, já acontecia em Espanha[238].

Na pintura, a alegoria – que não era nova – apresenta-nos muitas constituições deificadas, e ainda representações de leis e constituições sagradas. A vulgarização das Tábuas da Lei (duas tábuas justapostas com um semicírculo na parte superior) não é tão normal como em França. Essa forma de representação remete mais imediatamente para a ideia da secularização das tábuas da lei de Moisés[239]. Os portugueses preferiram outros motivos. Por exemplo, livros, papéis, bandeiras e deusas. Mais conscientes da mutabilidade do texto sagrado? Premonição da *folha de papel* de que falaria Lassalle?

Para além das representações pictóricas (onde predominava a luz, numa conotação que é quase denotativa) e monumentos, na base dos quais se punham moedas... – havia peças de teatro, havia poemas... A festa.

Em Portugal, a festa política era essencialmente religiosa. Viu-se o lugar ritual destinado à Igreja pela Constituição. No entanto, nos centros mais revolucionários – como no Porto – houve manifestações mais laicas. A plantação de árvores da liberdade, à maneira francesa, é um exemplo. Mas os casos são isolados.

Devem acrescentar-se os cortejos cívicos – eventualmente a secularização das procissões religiosas e a adaptação das procissões maçónicas –, que tinham ao mesmo tempo funções de propaganda e de solidificação

[237] Maria Cândida Proença – *A Primeira Regeneração. O Conceito e a Experiência Nacional (1820-1823)*, Lisboa, Livros Horizonte, 1990, p. 124.

[238] As praças principais das cidades de Espanha (a célebre *Plaza Mayor* de cada terra) foram rebatizadas como "praças da Constituição". Cf. José Pecchio – *Cartas de Lisboa*, cit., p. 16. Para o fenómeno entre nós, *v.g.*, Telmo dos Santos Verdelho – *As Palavras e as Ideias...*, cit., p. 227.

[239] A assimilação é durável. Uma tradução portuguesa (2ª edição) da *Introduction critique au Droit*, de Michel Miaille, escolheu como capa o *Moisés* de Miguel Ângelo...

do edifício social, porque revelavam algo da nova hierarquia. E, embora a sua fase de apogeu seja o *regabofe* do *liberalismo* corrompido e decadente, sucederam-se os inevitáveis banquetes e bailes mais ou menos solenes.

Era a secularização da festa e a sua banalização ao ponto de a descaracterizar.

Por vezes, os artistas parecem ter um olhar subtilmente crítico sobre o cenário.

Numa alegoria da coleção Victorino Ribeiro, enquanto Gomes Freire, o mártir, inspira Lisboa a jurar a Constituição, há, numa esquina, pessoas que choram, e não parece ser choro de comoção apenas, ou de alegria[240]. E não são aristocratas. A simbolização é dupla. Explorados, ou vítimas de preconceitos?

E o que faz um cão no primeiro plano da alegoria constitucional que serve de capa à obra de Maria Cândida Proença?[241] Simples decoração? Símbolo clássico da fidelidade? Ou um pequeno nada de naturalidade num cenário utópico, fantástico? E porquê, no mesmo desenho, a espada de uma personagem coroada de louros se cruza com uma outra, cuja mão se oculta? É a discórdia dissimulada na feliz unanimidade?

É certo que tudo pode não passar de meras coincidências.

Mas os artistas, em todas as épocas, mesmo os aparentemente mais servis, disseminaram enigmas para uma outra leitura das suas obras. Os criadores de mitificações plásticas (alegorias, símbolos, etc.), são particularmente sábios (e felizes) nas suas mensagens semiocultas.

De uma maneira geral, os símbolos explícitos são pobres, e nada originais. Há sempre personagens aladas, coroadas, matronas caridosas, os anjos, as trombetas, as forças armadas, o povo feliz, os vencidos por terra, com o punhal caído[242]. Uma comparação com as estampas francesas revelaria uma quase total semelhança.

[240] Alegoria da coleção Victorino Ribeiro, reproduzida por Carlos Babo – *As luctas liberaes*, cit., p. 9.

[241] Maria Cândida Proença – *A Primeira Regeneração*, cit.

[242] Para a representação dos vencidos, veja-se a alegoria ao juramento da constituição, coleção de Victorino Ribeiro, reproduzida por Carlos Babo – *As luctas liberaes*, p. 17. Está próxima da alegoria da estampa de Niquet, reproduzida na capa nos números 4 e 6 da *Revista D'Histoire des Facultés de Droit et de la Science Juridique*, Paris, LGDJ, 1987 e 1988.

No entanto, não encontrámos na iconografia portuguesa o equivalente ao juramento do jogo da péla[243], com o furor revolucionário do início da ação dos constituintes propriamente dita, nem com o hieratismo e a sensação de fim de um mundo da aceitação real da constituição[244] (o rei rígido, cruza as pernas, tímido, perante um deputado descontraído, como se estivesse num salão). Característica de um país do sul, as imagens ligadas à Constituição são sobretudo aclamações ao exterior, não tanto nas salas das assembleias.

Entretanto, há uma representação no Parlamento, em Lisboa, que mostra Fernandes Tomás, o herói, discursando na constituinte. Há aí algo parecido com os retratos americanos dos *founding fathers* constitucionais. Este quadro respira a calma. É uma utopia do regime parlamentar. Todos prestam atenção ao orador: atentos, mas descontraídos, como numa reunião intelectual. Uns estão sentados, outros de pé. É um pouco como uma assembleia de anjos. Tudo na melhor ordem.

Mas o quadro não é contemporâneo dos factos. Uma razão acrescida para os mitificar ainda mais. A obra é devida a um artista nascido na Galiza, e que estudou em Paris: Velloso Salgado.

Em todo o caso, demonstra que o mito subsiste. O Palácio da Justiça do Porto[245] tem também alusões míticas sob a forma plástica a estas constituintes. Todos os homens sábios, calmos; desde Sólon, legisladores míticos.

Por vezes, a simbologia literária (sobretudo na poesia, ou preferentemente na prosa rimada) vai ser capaz de fazer quadros bastante coloridos da Constituição.

E não são somente os hinos, que serão cantados e assim inseridos num ritual exteriorizado. Também poemas satíricos, formas literárias variadas. Lembramos o testamento da Constituição, citado parcialmente *supra*, ou um *credo* realista, e outras réplicas de orações católicas adaptadas politicamente, quer ao gosto de D. Miguel, quer ao de D. Pedro[246].

243 Quadro de David, 1791. Há também um desenho à pena no Museu do Palácio de Versailles.

244 Gravura de Languel segundo Moreau, Biblioteca Nacional de Paris.

245 Cf. José Pereira da Graça – *Témis, a Deusa da Justiça*, Coimbra, Almedina, 1987.

246 Abundantes exemplos colhidos por Isabel Nobre Vargues – *A Fé política liberal*, in "Revista de História das Ideias", Coimbra, Instituto de História e Teoria das Ideias, Faculdade de Letras de Coimbra, XI, 1989, pp. 309-348.

Ainda, uma vez mais, esta aproximação ao culto católico não é inocente. Da parte dos liberais mais radicais, parece que a substituição de mitologias se faz lentamente, aproveitando-se do templo já construído para aí introduzir o novo culto. Os mais moderados e os tradicionalistas devem apenas haver pensado no uso de fórmulas conhecidas e aceites. É também muito provável que o elemento humorístico desempenhe aí um certo papel – pelo choque.

Em todo o caso, esses textos políticos que se baseiam nas orações católicas, são textos ritualizados. Jogam com esta característica da oração que é a repetição com vista à comunicação e comunhão com a divindade. Se não é admissível que estes textos tenham sido instrumentos de real "oração" (ou *mantra*) pelos partidários dos dois grupos em guerra, a comunicação com a "divindade" respetiva era certamente facilitada por eles. Trata-se assim de verdadeiras orações, de veículos de comunicação com a transcendência. Mesmo sem ritualização. Estar-se-ia perante uma crença íntima, uma iluminação, qual *Inner Light*, que prescindiria da recitação pública (e até pessoal) da oração.

Capítulo III

1823, 1826... O ETERNO CONTORNO

"Consequentemente é sabido e reconhecido,
que no systema liberal, a peça é a mesma que no systema despótico;
mas o scenário e os actores sam outros."
LUZ SORIANO[247]

1. O mito liberal contra o mito absolutista. História da Carta de 1826
1.1. Aspetos políticos
1.1.1. Agonia e morte da Constituição de 1822

"Quando, passados dois anos, um povo viu perecer o seu comércio, desaparecer o seu numerário, destruir todas as instituições, desnaturar todos os hábitos morais, aniquilar a sua consideração política; quando nada mais tem do que papel e clubes, quando no seio da sua pretendida liberdade, sofre inquisidores, delatores, cárceres e comissões arbitrárias; quando depois de tudo isso, se lhe apresenta uma constituição,

[247] Simão José da Luz SORIANO – *Utopias desmascaradas do sistema liberal em Portugal ou Epitome do que entre nós tem sido este sistema*, Lisboa, Imprensa União Typographica, 1858. O que o autor (que começa por ser republicano e se torna depois monárquico constitucionalista moderado e crítico) pretenderá provar no seu livro que o sistema liberal está corrompido, é uma bandeira vazia de sentido, pleno de promessas e de corrupções. Um mito-mentira.

um livro, dizendo-lhe: 'Eis o que te deve tornar feliz', cada homem tem certamente o direito de examinar sem complacência o que todos têm pago tão caro"
Clermont-Tonnerre[248]

a) Uma agonia desde o nascimento: Inefetividade da Constituição de 1822

A Constituição de 1822, que alguns pensam não passar de um texto importado pela via espanhola, e outros quase a reedição das antigas leis e costumes do reino (quando se tratava, efetivamente, de um texto de forte inspiração francesa, com algumas expressões portuguesas e fórmulas espanholas) malogrou-se.

É uma constituição que quase o não foi. Desta vez, ao contrário do projeto de Mello Freire, por exemplo, o texto foi aprovado, promulgado. Mas o espírito do tempo não perdoa. O verbo vivo de Oliveira Martins expõe de maneira clara o utopismo do texto de 1822:

> "Os cem deputados autores das leis eram os únicos a percebê-las, se é que eles próprios se entendiam. A Nação não resistia; mas olhava para o desbragamento de que se usava com o rei, ouvia os discursos ímpios e revolucionários; e o rei e o clero e a nobreza, se não se atreviam a insurgir-se, limitavam-se sabiamente a fomentar a resistência aplaudindo a inércia do povo. Assim ficaram como dantes, apesar das reformas, os corregedores e juízes-de-fora: não havia modo de os substituir. Assim, aconteceu que ninguém foi às eleições dos conselhos municipais, que ninguém quis ser jurado, que os proprietários continuaram a pagar os dízimos e os foros, e os conventos a receber os votos."[249]

b) Da discussão das Bases da Constituição ao juramento do rei (1821-1822)

A simples sucessão dos acontecimentos[250] mostra-nos que esse texto não teve aplicação prática significativa. Ou, pelo menos, suficientemente durável. O que, aliás, contribui para aumentar o seu mito

[248] Clermont-Tonnerre – *Analyse raisonnée de la Constitution française décrétée par l'Assemblée nationale des années 1789,1790 et 1791*, p. 9.

[249] Oliveira Martins – *História de Portugal*, Lisboa, Europa-América, s/d, vol. II, p. 184.

[250] Uma útil e sucinta cronologia da época é a de Fernando de Castro Brandão – *O Liberalismo e a Reacção. 1820-1834. Uma cronologia*, Odivelas, Heuris, Europress, 1990.

durante as gerações futuras. A Constituição de 1822 funcionará para os futuros liberais adeptos do puro constitucionalismo moderno como a idade do ouro ou a constituição de uma fugaz idade do ouro em construção.

De fevereiro a março de 1821, discutiram-se as Bases da Constituição. Pereira do Carmo pronunciou um célebre discurso que torna a ligar o texto do projeto de Bases às antigas leis da monarquia, *abolidas pelo absolutismo*. O decreto que aprova o texto é de 9 de março. Por dois decretos de 7 de março, o rei transfere a corte e a capital, do Rio de Janeiro para Lisboa (porque era aí o lugar das Cortes), e encarrega seu filho D. Pedro do governo provisório do Brasil. O rei partirá para Lisboa somente a 25 de abril. Chegará a 3 de julho. Tinha jurado a constituição *ex ante*[251], a 24 de fevereiro de 1822; jurará as Bases depois do seu regresso a Portugal. Um projeto de constituição tinha sido apresentado, seguindo as Bases, a 25 de junho. Estava em discussão o momento do retorno do rei. A 23 de setembro de 1822, a constituição é finalmente concluída. É de notar que os deputados brasileiros não tinham podido participar na discussão das Bases e acabariam por perder muito da discussão propriamente constitucional: eleitos de maio a novembro de 1821, os primeiros chegaram a Lisboa somente a 30 de agosto. Isto – com a incompreensão metropolitana dos problemas do Brasil, o ressentimento por Portugal alegadamente se ter tornado "colónia da colónia" – vai ter repercussões constitucionais muito importantes.

Mas os problemas ainda mal começavam.

Inicialmente, tudo parecia correr bem: é aquela calma que prenuncia a tempestade. A 25 de setembro, Fernandes Tomás apresenta a constituição (chamada eufemisticamente "projeto" para não chocar demasiado) ao Rei. A 30, Sua Majestade jura o texto, tornado assim Constituição da Monarquia Portuguesa. Mas, na verdade, não houve qualquer Pacto: D. João VI jura o que lhe deram a jurar. Nada mais.

[251] Este não era um caso inédito. A 24 de agosto de 1820, data da Revolução do Porto, os dois chefes militares, Sepúlveda e Cabreira, começaram a revolução armada com os seus batalhões aos gritos de *Viva a Constituição*. Ninguém sabia qual constituição. Falariam eles das *Cortes de Lamego*? Em Lisboa, os vivas à constituição começaram a 16 de setembro. Cf. Mascarenhas BARRETO – *Memórias*, I vol., Parte II, p. 197 e 208.

c) O problema brasileiro

Mas o Brasil fervia há já algum tempo[252]. A 7 de setembro, o príncipe D. Pedro tinha proclamado a mítica tirada da passagem do Rubicão, misturada com o legado francês ("...ou morte"). Era o dito "grito do Ipiranga", pronunciado junto do rio do mesmo nome – "Independência ou Morte!". D. Pedro gostava destes arroubos. Mas tal não era uma bravata. A Maçonaria, com seus ideais veteroliberais, inspirava-o, e trabalhava intensamente. O príncipe tinha prestado juramento maçónico a 14 de agosto, e tornar-se-á Grão-Mestre da ordem a 4 de outubro.

Portugal reagiu de maneira desastrada face ao Brasil. Provavelmente eram os bem conhecidos complexos mitificados das relações familiares entre Estados[253]: o pai queria reconduzir o filho, emancipado durante uma longa doença sua, à antiga ordem e hierarquia doméstica. Temia a inversão dos papéis, no caso de um filho que, ademais, tinha sido sempre muito maior que o seu "autor". Na verdade, "achador".

Durante a redação da Constituição, humilharam-se os deputados brasileiros[254], e depois, as Cortes anularam as decisões de D. Pedro e nomearam uma nova regência para o Brasil. Tudo isto a 24 de setembro, véspera da apresentação da Constituição ao rei. Era menosprezar a situação do Brasil, e dar um golpe de força, puramente legalista, sem possibilidade alguma de aplicação prática. Eram realmente medidas utópicas, quiméricas. A proscrição de D. Pedro levará mesmo à suspensão das festividades por ocasião do seu aniversário, a 8 de outubro. Medidas simbó-

[252] Sobre a questão brasileira, além do *Diário das Cortes Gerais e Extraordinárias e Constituintes da Nação Portuguesa*, cf. D. Pedro I – *Proclamações, Cartas, Artigos*, Biblioteca do Sesquicentenário; Marcello Caetano – *Direito Constitucional*, cit., I, p. 483 e ss; Julião Soares de Azevedo – *Condições Económicas da Revolução Portuguesa de 1820*, Lisboa, 1944, p.185 ss.; Américo Jacobina Lacombe – *As Cortes de Lisboa e a Constituinte do Rio de Janeiro, in Anais do Congresso de História da Independência do Brasil*, vol. I, p. 301 e ss.; Maria Beatriz Nizza da Silva – *Liberalismo e Separatismo no Brasil (1821-1823)*, in "Cultura – História e Filosofia", vol. V, p. 155 ss.

[253] Cf. Paulo Ferreira da Cunha – *Teoria da Constituição*, vol. I. *Mitos, Memórias, Conceitos*, p. 160 ss.; *Idem – Mito e Constitucionalismo*, p.169 ss.

[254] Tal é também a opinião de D. José de Mascarenhas, contemporâneo dos acontecimentos, que acrescenta, todavia, que os deputados brasileiros tinham chegado a Lisboa com a ideia fixa da independência do Brasil. O deputado Luís Paulino da França, decerto a única exceção, foi assassinado por um dos seus colegas. Cf. D. José de Mascarenhas Barreto – *Memórias do Marquês de Fronteira e Alorna*, cit., t. I, parte II, pp. 290-291.

licas. Muito simplesmente. A 31 de outubro, 1500 soldados portugueses chegam ao Brasil. Ainda símbolos. Não se podia pensar em dominar um continente com tão insignificante exército... Simbolicamente, no mesmo dia, representava-se, pela primeira vez em Lisboa, "O Misantropo", de Molière.

O isolamento de Portugal e dos constituintes ia acentuar-se.

d) Da morte do herói (Fernandes Tomás[255]) e da revitalização das forças anticonstitucionalistas à "Abrilada" (19.XI.1822-30.IV.1824). Os factos e os mitos

Missão cumprida, o grande constituinte e homem de bem Fernandes Tomás morre, pobre, no Porto. Estávamos a 19 de novembro.

A nova é dada pelo Presidente da Assembleia. Ninguém na Câmara decide fazer sequer um elogio fúnebre. Toda a gente se cala. A 25, desaparecida a sua consciência moral (ou para não seguirem o desastroso exemplo financeiro do desprendido herói), os deputados votam o seu próprio salário: 4800 "reis" por dia[256].

No dia 22, a rainha recusara jurar a Constituição[257].

E no primeiro de dezembro, D. Pedro, no Brasil, é sagrado Imperador.

[255] A reputação do herói era mesmo internacional. Pelo menos, assim o queriam fazer crer os liberais portugueses. Cf. a notícia de Manuel CEZAR – "Manoel Fernandes Thomaz apreciado por um jornal inglês", *in O Tripeiro*, p. 262 ss.. Reproduz um artigo cujo título, traduzido por ele próprio, é o seguinte: "Biografia de homens célebres – Manoel Fernandes Thomas e a Revolução Portuguesa", *Monthly Magazine*, nº 372.

[256] Um decreto de 27 de fevereiro de 1823 atribui uma pensão de 100.000 reis à viúva e 500.000 reis anuais a cada um dos seus filhos. Também determina a realização, em memória do herói, de cerimónias fúnebres nacionais.

[257] Entretanto, a Rainha fê-lo de uma maneira talvez corajosa e sem dúvida original. Ainda que hipócrita, sem dúvida. A história é bem contada por Fortunato de ALMEIDA – *História de Portugal*, vol. VI, 1816-1910, Coimbra, ed. do Autor, 1957, p. 55: "E não jurava – dizia – porque 'tinha assentado de nunca jurar em sua vida nem em bem, nem em mal; o que não era nem por soberba nem por ódio às Cortes, mas sim porque assim uma vez o tinha dito, pois uma pessoa de bem não se retratava'. Além disso era muito doente, como todos sabiam, e ainda mais do que se pensava, e era de direito natural a conservação da vida. Estava bem certa de que El-Rei, nem o governo, nao haviam de crer [*sic*] que ela fosse morrer por êsses caminhos, pois estava-se no rigor do inverno".

Depois destes acontecimentos, começam os preparativos para a guerra civil. Um príncipe herdeiro (D. Pedro) que se tornou cidadão estrangeiro, sempre tentou intervir na política portuguesa a fim de a ganhar para a causa do constitucionalismo, ameaçado pela sua mãe (D. Carlota Joaquina) e pelo seu irmão "absolutista", D. Miguel. Um rei (D. João VI) que tenta conciliar e recuperar o Brasil através de uma união pessoal. Um príncipe absolutista (D. Miguel) que pelo jogo político se tornará algum tempo rei constitucionalista. A filha de um rei estrangeiro (D. Maria da Glória), nascida e crescida no Brasil, tornar-se-ia noiva de seu tio absolutista, na intenção de se tornar rainha constitucional, etc.

E para além das intrigas de família, que acontecerá à Constituição? Na família real parece que ninguém a quer.

Na cena internacional, também não.

A intervenção estrangeira em Espanha dará forças aos anticonstitucionalistas portugueses, que já tinham tentado uma insurreição sem sucesso em Trás-os-Montes, em fevereiro de 1823. No entanto, em novembro, em Verona, a Santa Aliança tinha decidido uma intervenção na Espanha. E em abril de 1823, Fernando VII retoma os seus plenos poderes graças à intervenção militar francesa, comandada pelo Duque de Angoulême. Ironia do destino, o rei cativo dos franceses, segundo os constituintes de Cádis, será o rei imposto pelos franceses, e aquele que dissolverá as Cortes e revogará a constituição, "muito afrancesada".

Ora, uma vez restabelecida a monarquia não constitucional em Espanha, a mesma coisa vai passar-se em Portugal: no mês seguinte, D. Miguel comanda a revolta conhecida como a "Vilafrancada" (em homenagem à cidade de Vila Franca de Xira, para onde se dirigiu uma parte das tropas sublevadas).

A "Vilafrancada" (que conhecerá vários episódios, e uma indecisão da vitória) tem como consequência a revogação da Constituição de 1822 e a dissolução das Cortes[258]. Tudo se passa entre 27 de maio e, digamos, 30

[258] Segundo, *v.g.*, Oliveira Martins – *História de Portugal*, cit., vol. II, p. 186, elas dissolveram-se a si próprias, "com um protesto inocente (2 de junho)". E "o rei dissolvia *de jure* o que era já *de facto*". A mesma ideia se colherá, mais matizada, em Manuel Paulo Merêa – *Projecto de Constituição de 1823*, Separata do "Boletim da Faculdade de Direito de Coimbra", Coimbra, vol. XLIII, p. 5. De facto, os deputados interromperam as suas sessões, e previamente protestaram contra uma eventual alteração da constituição. A 3 de junho, é a dissolução das

de junho, data do início da demolição do monumento constitucional da Praça Nova do Porto. Um outro monumento similar será também demolido em Lisboa. Nesse mês, todo o edifício legal e institucional do liberalismo será sistematicamente demolido. O exílio dos liberais irá assim começar.

Cortes pelo monarca. Ao mesmo tempo, a Constituição de 1822 era "repudiada", para usar a imagem matrimonial, usada por Merêa, e aqui tão apropriada.
É o discurso patético do deputado Ferreira de Moura que dá o tom da última sessão das Cortes. O seu dilema era: resistir ou ceder. Ele opta – como a assembleia – por ceder com honra. Para isso, e porque resistir, na sua opinião, era já inútil, instava os seus confrades: "Assinemos, pois, na Acta, esse protesto e declaremos que não nos dissolvemos, antes nos consideramos juntos, ao menos prontos para nos reunirmos quando assim pareça à deputação permanente [...]". A declaração, e protesto, redigidos por uma comissão de três elementos, dos quais um era Borges Carneiro, proclamavam: "Os representantes da Nação portuguesa, ora reunidos em Côrtes extraordinárias, achando-se destituídos de poder executivo, que leve a efeito quaisquer deliberações suas, e desamparados da força armada, declaram estar na impossibilidade de desempenhar actualmente o encargo das suas procurações para os objectos para que foram convocados; e porquanto a continuação das suas sessões poderia conduzir ao perigo de ser a Nação menosprezada nas pessoas de seus representantes, sem esperança de utilidade pública, interrompem as suas sessões até que a deputação permanente, que fica continuando em seu exercício, ou o presidente das Côrtes, julgue conveniente reunir os seus deputados; e protestam em nome dos seus constituintes contra qualquer alteração ou modificação que se faça na constituição do ano 1822. Lisboa, Paço das Côrtes, ao 2 de Junho de 1823." Como já referimos a um outro propósito, Marx, no *Le 18 Brumaire de Louis Bonaparte,* parece ter razão: a história repete-se. Da primeira vez, tem a sonoridade grandiosa da tragédia; da segunda vez, é uma comédia, ou mais ainda uma farsa. Assistimos, com esta proclamação, ao triunfo histórico e mítico das baionetas contra que se insurgiu Mirabeau – os deputados franceses teriam ficado de petrificados, sólidos no cristal da sua posição de resistência; os portugueses partiram. O Duque de Palmela assim comentaria esta restauração da monarquia livre, ou absoluta-tradicional (ele, que era um moderado, um homem do "centro") – "Felicitamo-nos mùtuamente e a toda a Monarquia portuguesa pela milagrosa e completa restauração que acabou de efectuar-se. Pela segunda vez no decurso de três anos a fidelidade portuguesa conseguiu segurar a coroa na cabeça de Sua Majestade, e repeliu a agressão das baionetas francesas e os punhais dos carbonários". *Apud* João Ameal – "Génese da Vilafrancada, in *Perspectivas de História*, s/l, Livraria Sam Carlos, pp. 247-248. Certamente era de outras baionetas que Palmela falava...

As reações internacionais são julgadas diferentemente[259]. Importa sublinhar a condecoração concedida a D. Miguel após esta jornada pelo rei de França: A "Ordre du Saint-Esprit".

Em fevereiro de 1824, o moderado Marquês de Loulé é assassinado. Era o começo da verdadeira guerra.

A 30 de abril seguinte, o príncipe D. Miguel faz um novo "pronunciamento", a fim de aprofundar a contrarrevolução. O texto da sua proclamação explica os objetivos da intervenção: "salvar o Rei, a Real Família, a Nação, sustentar a Santa Religião de nossos maiores; e para tão justos fins, apesar de toda a casta de sacrifícios, estabelecer os meios necessários, já que os adoptados até agora não têm sortido o desejado efeito"[260].

Era a "Abrilada" (em referência ao mês de abril). O rei seu pai, que inicialmente parece de acordo com o golpe, é levado por membros do corpo diplomático para um barco inglês, no Tejo, ficando ambiguamente prisioneiro dos aliados, dos "amigos". São verdadeiramente as forças estrangeiras que fazem malograr o golpe. D. Miguel é exilado. Assim se inicia, para os adeptos legitimistas do regime absoluto, um novo mito de D. Sebastião[261]. Mas haverá tempo para remitificação...

Retomemos o texto de Marcello Caetano[262], e veremos que é um ciclo que então se fecha. A Constituição era, como nos lembra este Autor, qualquer coisa de mágico, mesmo antes de ser elaborada. Todos desejavam a cura dos males pela sua aparição. A incarnação do patriotismo e da probidade do constitucionalismo é Fernandes Tomás. Depois da sua morte, o mito que ele incarna não resiste mais como unanimidade nacional, ou, pelo menos, não é mais capaz de apelar à adesão ou à indiferença. Agora, há inimigos jurados da Constituição (na verdade, emergiram à luz do dia). E muitos deles são até antigos fervorosos constitucionalistas. Poderemos explica-lo pelo espírito da época? Não apenas. Também, e muito, pelo desgaste, pela desilusão. Paiva Raposo,

[259] Cf. João Ameal – *História de Portugal*, cit., p. 575 e, embora para um período um pouco mais tardio da vitória anticonstitucionalista, A. do Carmo Reis – *O Liberalismo em Portugal à Reconquista do Poder*, Vila do Conde, Linear, 1982, p. 32 ss.

[260] Cf. João Ameal – *História de Portugal*, cit., p. 576.

[261] No mesmo sentido, em geral, Oliveira Martins – *História de Portugal*, vol. I, p. 197; João Ameal – "D. Miguel Infante", *Perspectivas da História*, p. 216; António Sardinha – "Évora-Monte", in *Na Feira dos Mitos. Idéias & Factos*, 2ª ed., Lisboa, Gama, 1942, p. 107 ss.

[262] Cf. *supra*.

D. Gil, António da Silveira, e o polígrafo P.e José Agostinho de Macedo[263], eram todos liberais convictos e militantes. Encontravam-se agora entre os mais fiéis partidários do partido do príncipe D. Miguel. Um escrito de um exilado, datado de 1825, confirmava esta mutação das posições políticas:

> "E afinal, o que sucedeu? *Mirabile dictum*! Os maçons mais zelosos, mais aferrados à seita, mais fanáticos [...] *v.g.* o Pamplona, o Bernardo da Silveira, o José de Sousa Sampaio, o Sepúlveda, o Barão de Modelos, o marechal Vasconcelos [...] etc., foram os mais furiosos partidários do absolutismo".[264]

E o autor termina, significativamente, com amargura: "o que deve acabar de convencer-nos que a sociedade é mais aristocrática, que democrática, e que os ultra-realistas nada têm a temer dela".

É uma substituição de mitos[265]. Ou então, é uma mudança de *totem*, para retomar a teoria de Guillermo Cichello[266].

O sebastianismo de 1820-1822 residia na díade rei ausente que voltará (D. João VI) e *constituição redentora* (baseada nas velhas leis) que será feita.

[263] Sobre o controverso autor, e personagem: Maria Ivone Ornellas de ANDRADE – *José Agostinho de Macedo. Um Iluminista Paradoxal*, vol. I, Lisboa, Edições Colibri, 2001; *A Contra-Revolução em Português. José Agostinho de Macedo*, vol. II, Lisboa, Edições Colibri, 2004.

[264] *Revolução Constitucional de 1823 – suas verdadeiras causas e efeitos*, *apud* Joaquim de CARVALHO/Damião PERES – *A contra-revolução*, *in* Damião PERES (dir.) – *História de Portugal*, vol. VI, p. 120.

[265] As pessoas são muito as mesmas. Se fosse necessário mudar os políticos em cada novo golpe, não se encontraria pessoal suficiente. Após a queda de D. Miguel, uma grande parte dos representantes das Cortes de 1828 que lhe pediram para aceitar o reinado absoluto, passou para o partido liberal. Encontrar-se-á a lista dos procuradores na *Documentos para a Historia das Cortes Geraes da Nação Portuguesa*, 2ª ed., Lisboa, Imprensa Nacional, 1889, 8 vols., vol. IV, p. 795 ss.. Cf., no mesmo sentido, J. Veríssimo SERRÃO – *História de Portugal*, Lisboa, Verbo, 1982, vol. VII, p. 409, n. 212.

[266] "Os totems mudaram e isso é tudo", diz o autor, a propósito da diferença aparentemente radical entre o pensamento primitivo e o pensamento moderno. Cf. Carlos Raúl GUILLERMO CICHELLO – *Teoria Totémica del Derecho*, Buenos Aires, Circulo Argentino de Iusfilosofia Intensiva, 1986, máx. p. 41. Mas identicamente tudo se passa em cada mutação do pensamento moderno. A própria ideia de moda pode ser assimilada à da mudança de divindade, de totem.

O "sebastianismo" de 1822-24 oscila entre dois princípios. Os liberais pensam naturalmente em D. Pedro, que está no Brasil; os anti constitucionalistas veem o seu D. Sebastião no príncipe exilado na Europa, D. Miguel.

A guerra civil será a oposição de dois mitos, de dois "D. Sebastião" (que, na verdade, não podem coexistir) e das suas utopias respetivas: a monarquia constitucional moderada, proposta pelo já imperador do Brasil, e o retorno à "velha e em boa" monarquia livre (absoluta), miticamente colocada dos primórdios de Portugal (parecendo, contudo, que só se organizaria muito depois), incarnada por D. Miguel. Na verdade, a monarquia portuguesa inicial funciona como duplo mito: pois, efetivamente, o projeto absolutista miguelista pouco terá tido a ver, na teoria já, e gritantemente na prática despótica, com esse Portugal *das repúblicas*, coordenadas por um monarca benévolo, que é o mito benévolo e quase "democrático" da primeira monarquia portuguesa.

1.1.2. Da crise da Constituição portuguesa de 1822 à Carta Constitucional de 1826. Nótula de história constitucional luso-brasileira

> "A canalha estrangeirada berra alto e bom som pela Cartinha, só pela singularidade de que ela de portuguesa só tem a capa, porque não tem sido possível naturalizá-la em Inglaterra, contentaram-se em que fosse escrita em folha de Bananeira"[267].

a) As tentativas de mudança da Constituição de 1822

a) 1. O projeto de 1823

A proclamação de D. Miguel na "Vilafrancada" fazia já alusão à outorga de uma nova lei fundamental. Seu pai, dado o seu caráter prudente e conciliador e graças aos conselhos do Duque de Palmela[268], renovou a promessa durante as jornadas do 31 de maio[269], e depois, aquando da dissolução das Cortes.

[267] *O Toureiro*, nº 65, Lisboa, 9 de Dezembro de 1836, *apud* J. B. de Macedo – *Estrangeirados. Um conceito a rever*, separata de "Bracara Augusta", Braga, vol. xxviii, fasc. 65-66 (77-78), 1974.

[268] Curiosamente, um dos raros (ou o único) pró-constitucionalista (*tout court*) do seu governo.

[269] O texto de D. João VI é essencialmente o seguinte: "Nesta crise melindrosa cumpre-me, como rei e como pai dos meus súbditos, salvá-los da anarquia e da invasão, conciliando

Mas não eram somente o partido "absolutista" e o partido moderado que estavam interessados na morte da Constituição de 1822. A ideia do utopismo, da inadequação desse texto às realidades, era comum mesmo entre os constitucionalistas puros, os autênticos liberais[270]. Durante uma das últimas sessões das Cortes, alguns deputados tinham ainda uma vez mais reclamado a revisão constitucional.

A 18 de junho, o rei nomeia uma comissão ("Junta"[271]) de 14 membros para elaborar um projeto[272]. O duque era seu presidente.

O decreto de nomeação tem alguns nomes que, mais uma vez, atestam quer a moderação matizada do rei, quer a sábia tática, quer ainda a assimilação da linguagem e da mitologia da "Luzes". Em Vila Franca, o rei dirigia-se, no fim da sua proclamação, aos cidadãos. Agora, declara

os partidos que os tornam inimigos. Para conseguir tam desejado fim é mister modificar a Constituição; se ela tivesse feito a ventura da Nação, eu continuaria a ser o seu primeiro garante; mas quando a maioria de um povo se declara tam aberta e hostilmente contra as suas instituições, estas instituições carecem de reforma. Cidadãos:... em pouco vereis as bases de um novo código, que abonando a segurança pessoal, a propriedade e empregos devidamente adquiridos em qualquer época do actual govêrno, dê todas as garantias que a sociedade exige, una todas as vontades e faça a prosperidade da Nação inteira. Vila Franca de Xira, 31 de Maio de 1823."). *Apud* Joaquim de Carvalho – *A Obra Legislativa das Cortes*, cit., p. 117, n. 1. Este texto tem um grande interesse mítico. Evidentemente, ele faz apelo ao mito da Unidade, a unidade nacional contra a divisão e também contra os inimigos, a anarquia e a invasão. Eram coisas que importavam muito, nessa época. Mas o que chama mais a atenção é a linguagem semi-revolucionária do rei. Ele sacrifica ao ritual da sociedade, do Povo e da sua vontade, até mesmo das suas exigências. O texto o diz. Começa o monarca por falar dos seus súbditos, para terminar com uma proclamação aos "cidadãos". O "Novo Código" continua como mito. Ele é realmente o fantasma de todo o nosso constitucionalismo.

270 No mesmo sentido, António Manuel Hespanha – *O Projecto institucional do tradicionalismo reformista: um projecto de Constituição de Francisco Manuel Trigoso de Aragão Morato (1823)*, *in* Miriam Halpern Pereira *et alii* (coord.) – *O Liberalismo na Península Ibérica na Primeira Metade do século XIX*, Lisboa, Sá da Costa, 1981, vol. I, p. 73.

271 Sobre os trabalhos da "Junta", cf. Ernesto Campos de Andrada (coord.) – *Memórias de Francisco Manuel Trigoso de Aragão Morato*, cit., p. 184 ss.

272 Um decreto do dia seguinte, praticamente esquecido pela historiografia, nomeia uma outra comissão, para fazer uma divisão na obra legislativa das Cortes, qualificadas sintomaticamente de "arbitrárias e despóticas". A separação das águas ressaltava: por um lado, o decretado em vista dos interesses dos indivíduos; por outro, o aprovado no espírito desorganizador e contrário aos "sãos princípios do direito". Cf. o texto *v.g. in Documentos para a História das Cortes Geraes da Nação Portuguesa*, cit., vol. I, p. 781.

solenemente a sua adesão de sempre ao sistema constitucional, aos direitos individuais e à felicidade dos indivíduos[273]. O círculo fecha-se: indivíduos – cidadãos – indivíduos. Mas, no final, indivíduos que merecem a felicidade e que têm direitos. Não se faz uma revolução para nada...

Todavia, embora influenciado ou conciliador quanto a certas fórmulas ou novas ideias, o rei não renunciava a alguns princípios essenciais. D. João VI declara nesse decreto que a Constituição de 1822 tinha sido "fundamentada em teorias vãs, inconciliáveis com os antigos costumes, opiniões e desejos do povo português".

Numa palavra, ela era contrária à constituição histórica e à constituição material de Portugal, tais como o rei as compreendia. E o monarca acrescentava que ela dava ao regime o caráter de república coroada, na sua qualidade de constituição republicana para uma monarquia, como vários teóricos mais tarde verificaram: a constituição era "contraditória com o princípio monárquico que aparentemente consagrava".

José Liberato[274], radical, a título póstumo condenou Palmela por causa dos trabalhos da "Junta". Certamente dois fatores intervêm na posição de Liberato.

O primeiro é a sua consequente ideologia liberal. Acusando a comissão de nada ter feito, inculpava Palmela de ter montado um cenário para uma fachada de liberalismo sem frutos.

Mas o segundo fator tem uma ressonância mítica. Liberato retoma o plano mítico da "comissão improdutiva" (tão glosado entre nós: quando não se quer resolver um problema – diz-se – nomeia-se uma comissão), e sobretudo da comissão para a reforma legal absolutamente incapaz de fazer qualquer projeto que fosse. Fora o mesmo mito legal português que justificara o trabalho de projetista codificador de Mello Freire, na versão épica do seu sobrinho.

[273] D. João VI tem sido muito maltratado por alguma historiografia, e por produções de ficção. Impõe-se uma reposição histórica. Sobretudo sobre a sua ação no Brasil, cf. Paulo Ferreira da Cunha – *As Liberdades Tradicionais e o Governo de D. João VI no Brasil. Ensaio Histórico-Jurídico Preliminar*, in "Quaderni Fiorentini per la Storia del Pensiero Giuridico Moderno", 32, 2003, *in ex. in Pensamento Jurídico Luso-Brasileiro*, cit.. Sobre a sua atitude constitucional, de notar o breve mas eloquente juízo de A. H. de Oliveira Marques – *Breve História de Portugal*, Lisboa, Presença, 1995, p. 447.

[274] Cf. Manuel Paulo Merêa – *Projecto de Constituição...*, cit., n. 1.

A verdade é que Liberato estava enganado. A comissão trabalhou efetivamente e dela possuímos alguns textos (que denominamos, por comodidade, Projeto de 1823[275]).

Estes textos foram esquecidos durante longo tempo e, mais que esquecidos, perdidos. Foi o Professor João Maria Telo de Magalhães Collaço quem os descobriu nos papéis do Professor Ricardo Raimundo Nogueira, antigo professor da Faculdade de Leis, membro da "Junta", e principal autor do projeto. Collaço não teve a felicidade de comentar e publicar os textos. Faleceu pouco depois da sua descoberta. Tal viria a caber ao Professor Paulo Merêa.

Esta situação – texto perdido, esquecido, cuja ausência é criticada para a historiografia liberal mais comprometida – ganhou pouco a pouco uma certa aura de *misterioso*.

Que se terá passado?

Como habitualmente, a comissão, até pelo número dos seus membros, era um reflexo das divisões da sociedade. A divisão no seu seio – ainda como é de hábito – não ajudou a uma tarefa tão difícil, a de conciliar os dois partidos opostos. O presidente Palmela começou por um discurso moderado.

Utilizava circunlóquios para não chocar ninguém, a fim de dar o tom para a elaboração de um texto onde cada um pudesse reconhecer as suas ideias, sem que, por outro lado, o mesmo texto resultasse enfeudado a nenhum partido.

No discurso pronunciado na primeira sessão da comissão, Palmela falava de "direitos essenciais" (e não de "direitos individuais" como até o tinha já feito o rei), das "mais sábias instituições das outras monarquias da Europa" (nada de "representação" ou de "democracia"), da "prosperidade pública" (e nada de "felicidade", como o rei já tinha feito também)[276], etc. Seguia com este procedimento o velho mito tradiciona-

[275] Trabalharemos aqui sobre os textos que Paulo Merêa considera serem o resultado da última revisão, concluída em setembro de 1823, após um complexo processo.

[276] A prosperidade tem qualquer coisa ainda do mito da felicidade, mas também do mito do progresso. Aliás, o texto de Palmela é explícito: trata-se de uma prosperidade pública, através de reformas ("melhoramentos") progressivos... De "melhoramentos" falava já o decreto de 18 de junho. Palmela retoma as fórmulas do rei. Ou vice-versa... (Cf. Paulo Merêa – *Projecto de Constituição de 1823*, cit., p. 8, que considera mesmo que Palmela foi o redator principal deste decreto).

lista das liberdades concretas contra as liberdades abstratas ("teses vãs, teorias abstractas").

Ninguém estava contente. É sabido que o mundo "não vale senão pelos extremos e não continua senão através dos moderados", glosaríamos Paul Valéry (que o não disse exatamente assim, mas foi o que desejou dar a entender). O moderado Palmela nada realizou. A minoria mais conservadora, desde o princípio das sessões, manteve-se fechada sobre a defesa do regresso ao governo absoluto. A maioria mais liberalizante dividia-se, à sua volta, quer sobre questões metodológicas e técnicas, quer sobre a configuração concreta da nova utopia a redigir[277]. Elaboraram-se quatro projetos diferentes. Foi aprovado o de Ricardo Raimundo Nogueira, o que viria a ser encontrado pelo Professor Magalhães Collaço. Mas ainda hoje dá que pensar como pôde um projeto constitucional andar perdido e ser esquecido por tanto tempo. As reviravoltas políticas deixam tão perenes lapsos de memória que podem ocorrer afrontas destas à História. Alguns acontecimentos revolucionários produzem, efetivamente, traumatismos psicológicos que levam a lapsos de memória perenes. Fazendo, por vezes, algum vácuo em memórias que placidamente se manteriam, não fora o choque do evento sublevador.

Na abertura dos trabalhos, Palmela declara expressamente as fontes de inspiração que desejava para o novo documento: A Carta Constitucional francesa e as instituições inglesas. Mesmo em matéria de influências estrangeiras, queria conciliar as duas outras partes: o partido francês e o inglês.

Nesse mesmo mês, uma carta de Palmela retomava as relações com a França, "interrompidas e comprometidas pela cegueira da facção revolucionária que governou Portugal"[278]. E esta mesma carta falava da nova constituição que estava em vias de preparação, nos termos seguintes:

> "Três anos são suficientes para demonstrar aos portugueses o perigo e a falsidade das doutrinas demagógicas; e a carta que sua majestade se propôs conceder aos seus súbditos, como uma justa recompensa das suas virtudes patrióticas, chegará sem dúvida para satisfazer a opinião da parte sensata

[277] Cf. Paulo Merêa – *Projecto de Constituição de 1823*, cit., p. 10.

[278] *Documentos para a História das Cortes Geraes da Nação Portuguesa*, cit., vol. I, p. 784.

da nação, para curar gradualmente as feridas que a revolução deixou, e para manter uma tranquilidade duradoura"[279].

Nesse momento, o inimigo é a revolução, e a Carta – pois que se trata de uma Carta – será o "D. Sebastião" miraculoso.

Palmela não esquece sequer as alusões à tradição nacional, à constituição portuguesa histórica. Teve como interlocutor, radical, Alberto Carlos de Menezes, que apresentou ao rei, no mês de julho, um "Código das leis fundamentais". De facto, no interior como no exterior da comissão, a pressão tradicionalista obrigava sempre a algumas referências às velhas leis nos discursos. Era o antiquíssimo mito da idade do ouro.

O texto de Ricardo Raimundo Nogueira (pode atribuir-se-lhe a paternidade, como principal redator do projeto e do texto final) teve infortúnios semelhantes aos do Código de Mello Freire. Não foi aprovado. E finalmente, depois de horas e horas de debate, a comissão não propôs texto algum.

Numa primeira fase, o texto final de Nogueira, entretanto nomeado conselheiro de Estado, foi enviado a Palmela. O rei e o seu ministro, os únicos moderados num turbilhão de disputas extremistas, viram que o documento, embora prudente e compromissório, era uma verdadeira constituição (salvo no seu método de elaboração). Continha os ingredientes necessários – direitos, separação dos poderes, regime representativo, etc. Como habitualmente, o intelectual Nogueira, como todos os intelectuais solitários, brincava com o fogo. O mundo mental de Nogueira não podia senão criar uma utopia... E ela haveria, necessariamente, que ser também constitucionalista. E afinal nenhum outro projeto seria, na época, tão utópico. Uma utopia com esperanças de realização, mas de igual modo, e sempre, e ainda, uma utopia. Todas as constituições têm, afinal, essa dimensão.

O realismo de Palmela via que o bicameralismo e as vagas declarações de tradicionalismo não eram suficientes para conferir a necessária força normativa ao projeto. Teria sido necessário um forte partido do centro. E tal força não existia. A situação internacional era também desfavorável a qualquer Carta para Portugal. A França aconselhava calma nos traba-

[279] *Ibidem*, p. 785.

lhos da comissão, e sobretudo nada de soberania outorgada (ou reconhecida) ao Povo.

Conclusão: Palmela entregou tardiamente o projeto. Em agosto de 1823, antes mesmo da conclusão do texto, o ministro já pensava numa outra solução: numa Carta constitucional, que seria o desenvolvimento das antigas leis fundamentais. Um pouco como aquela que Luís XVIII de França tinha aconselhado que Fernando VII de Espanha outorgasse. A ideia vai continuar a germinar no espírito de Palmela.

Mas sublinhemos: era quase a mesma coisa que ele tinha desejado no seu discurso de abertura dos trabalhos da comissão. Qual seria a diferença? Provavelmente, Palmela tinha já renunciado ao regime representativo...

Diversas soluções são possíveis. Palmela e Trigoso parecem entender-se um momento para fazerem uma curta constituição, certamente para salvar um pouco de constitucionalismo numa aparência de reabilitação das antigas leis. Trigoso elaborou mesmo um texto preparatório desta nova Carta[280]. Mas renunciou a dá-la, até a Palmela. A situação deteriorava-se. Todos sabiam que a solução estava bloqueada.

a) 2. As Cortes tradicionais

Palmela preocupava-se sempre com a promessa ao rei. Tinha jurado apresentar uma constituição. Como sair-se honrosamente desta obrigação?

Depois de algumas ficções, pensadas ou ditas, a comissão acabará os seus trabalhos por uma votação maioritária (cinco votos contra e a "abstenção" de dois liberais ausentes no estrangeiro), favorável aos tradicionalistas: a melhor maneira de honrar as suas promessas e a sua palavra seria, para o rei, convocar as Cortes à maneira antiga. Com efeito, antes de todas as outras promessas, o rei tinha jurado a constituição histórica e tradicional... Isto não era dito, mas muito pensado, e pressuposto.

A 2 de janeiro de 1824, a "Junta" termina os trabalhos com uma outra constituição que o não chegou a ser.

[280] Francisco Manuel Trigoso de Aragão Morato – *Memoria em que se mostra qual é a forma de governo monarchico mais apropriada às instituições antigas de Portugal, e mais digna de se adoptar nas nossa actuaes circunstancias, 1823*, manuscrito citado por Innocencio Francisco da Silva – *Diccionario Bibliographico Portuguez*, Lisboa, Imprensa Nacional, 1859, vol. II, p. 461, nº 1420.

Mas a gestão do quotidiano não deixava qualquer possibilidade de grandes e decisivas medidas como aquela. Depois da "Abrilada", o rei decide-se finalmente a convocar as Cortes antigas. Para isso, pede a opinião da velha "Junta".

Mas o poder estava na rua, e a questão do Brasil continuava a apelar para todos os esforços do governo. Perdia-se um continente para sempre, não era a hora de se querelar sobre um texto para amanhã. Em janeiro de 1825, Palmela continua a prometer a reunião das Cortes. Sem resultados. Talvez se temesse muito mais a agitação por causa desta medida... Talvez a hesitação, a maior arma dos indecisos, continuasse a decidir.

D. João VI morre, em circunstâncias obscuras, provavelmente em 10 de março de 1826. Afiançam alguns que envenenado.

As Cortes tradicionais não serão convocadas senão por seu filho D. Miguel, muito mais tarde, e depois de acontecimentos muito complexos, que culminarão, numa nova fase, com o seu exílio definitivo, gerando o seu perene mito na banda absolutista, que absorveria, com o tempo, os tradicionalistas – ou pelo menos alguns[281].

[281] O processo é, resumidamente, o seguinte: a 22 de janeiro de 1828, D. Miguel regressa a Lisboa, e, a 26, jurará a Carta. Exatamente um mês depois, presta juramento como regente. A 3 de março, vendo que o seu plano tinha resultado, D. Pedro, do Brasil, confirma (ou torna eficaz) a sua abdicação. Mas o apoio a D. Miguel como rei absolutista era forte, e as confrontações sucediam-se. Alguns Professores da Universidade de Coimbra foram atacados (e alguns de entre eles assassinados) durante a viagem para Lisboa, que empreendiam a fim de saudar D. Miguel. Várias cidades proclamam a monarquia absoluta, ou aclamam D. Miguel, como convite para um golpe (dizia-se de D. Miguel: "O povo suspirava por ele como outrora Israel durante o cativeiro de Babilónia" – interessante mitificação). Cf. Carlos Babo – *As Luctas Liberaes*, cit., p. 41; há manifestações (de grau diferente) em Moura, Mafra, Viana do Castelo, Coimbra, Lisboa (onde o Senado proclama D. Miguel rei absoluto). Depois Setúbal. Os liberais respondem com levantamentos militares no Porto. Nos Açores, há um contragolpe miguelista. O Porto criou mesmo um governo liberal autónomo (a 20 de abril de 1828). A 23 de junho, as Cortes reúnem-se finalmente, sob convocação de D. Miguel. Entretanto, é a guerra civil. A 7 de julho, D. Miguel presta juramento perante os Três Estados do Reino. A aclamação pelas Cortes de D. Miguel como rei de Portugal (à maneira tradicional) data de 11 de julho de 1828. Conservará o trono, durante a guerra civil, até que D. Pedro regressa do Brasil para reconquistar Portugal em 1 de junho de 1834. D. Miguel partirá depois, vencido, para o exílio definitivo. A 24 de maio, os Jesuítas eram uma vez mais expulsos pelos liberais, e as ordens religiosas extintas a 28. A rendição teve lugar entre estas duas datas – 26 de maio em Évora-Monte. A abertura das novas Cortes

b) O Brasil e o constitucionalismo português

b) 1. A situação constitucional do Brasil

No Brasil, após uma separação certamente dolorosa, mas pacífica, a Constituinte tinha aberto solenemente os seus trabalhos a 3 de maio de 1823, os quais iniciara a 17 de abril. Não terá, porém, um grande destino[282].

O Imperador, nos seus discursos, faz alusão a uma espécie de dupla legitimidade do regime, e a um duplo sistema de mitos.

Por um lado, o princípio monárquico. Diferente do de Portugal. Em Portugal, a coroa fora dada por D. João IV a Nossa Senhora e nunca terá havido sagração dos reis, a quem se não atribuíram miticamente quaisquer poderes taumatúrgicos[283]. No Brasil, D. Pedro far-se-ia coroar e sagrar Imperador. Influência francesa (napoleónica, mesmo – D. Pedro tem qualquer coisa do caráter intrépido e romântico de Napoleão)? De toda a maneira, mitos tradicionais, sobretudo o mito do imperador.

Por outro lado, o princípio constitucional. O Imperador confirma a importância da elaboração de uma constituição "sábia, justa, adequada,

constitucionais foi decidida em 15 de agosto. O sebastianismo dos adeptos contemporâneos e póstumos de D. Miguel é um facto, apenas atenuado hoje pela ulterior união dos dois ramos dos Braganças, dos quais descende o atual Pretendente. Como se sabe, o último Rei, D. Manuel II, morreu sem descendência. João Ameal – *D. Miguel Infante*, pp. 224-225, resume: "E é caso para perguntar quando terá sido maior: se na hora crepuscular de Évora-Monte, expulso pela coligação estrangeira, portador infeliz mas honrado da Vocação e da legitimidade de uma História de sete séculos – ou na alvorada de Vila Franca, na hora em que, ao apelo da sua voz intrépida, se pôs em marcha a cavalgada libertadora e restauradora da melhor juventude portuguesa..."). O autor responde-se a si mesmo na *Génese da Vilafrancada*, p. 249, e fá-lo num tom messiânico, sebastianista: "Com a *Vilafrancada* dá o primeiro passo na sua via sacra; mas abre também ao seu nome uma glória que não se apagará mais – e o cerca hoje de luz mais viva que nunca"). E, mais claramente ainda, em *Na vigésima quinta hora*, p. 260, que citaremos *infra*. Tudo mitificações no mais alto grau.

[282] Uma síntese de toda a questão *in* Marcello Caetano – *Direito Constitucional*, cit., vol. I, p. 491 ss., que seguimos.

[283] Cf., por todos, Bloch, Marc – *Les rois thaumaturges. Etude sur le caractère surnaturel attribué à la puissance royale particulièrement en France et en Angleterre*, préface de Jacques Le Goff, reedição corrigida, Paris, Gallimard, 1983 (1ª ed., Paris, Armand-Colin, 1961).

e executável, ditada pela Razão e não pelo capricho, que tenha em vista somente a felicidade geral [...]"[284].

Eis a deusa Razão e o mito da felicidade.

A inexperiência política, a luta das fações, a demagogia... os problemas habituais de uma assembleia, muito preocuparam o Imperador. As tendências centrífugas também: temia pela unidade do Brasil. Era uma visão estratégica de longo alcance. Uma das grandes forças do Brasil, no continente americano, é a sua unidade, rodeado de múltiplos países de língua castelhana que não conseguiram a unidade depois da independência da metrópole Espanha.

Ironia da história, o liberal D. Pedro[285] faz a mesma coisa ao Brasil que seu pai "absolutista" em Portugal: dissolve a constituinte, por um decreto de 12 de novembro, e promete um novo texto[286]. Evidentemente, prometia uma constituição "duplicadamente mais liberal" do que aquela que ainda não tinha sido feita pela Assembleia...

O conselho encarregado do projeto de constituição terminou os seus trabalhos a 11 de dezembro, especialmente graças ao projeto de António Carlos. Mais uma vez, o oceano era uma barreira contra a influência estrangeira, agora o absolutismo espanhol e a Santa Aliança: no Brasil, a constituição funcionava.

O texto foi apreciado pela Câmaras, e as administrações locais pronunciaram-se a favor. Seria jurado a 15 de março de 1824 e publicado a 25 de março. A consulta às câmaras municipais constava do Preâmbulo (discurso de legitimação). Assim, é ainda uma mistura do princípio monárquico com um *fumus* de constitucionalismo (assim, fala dos "[...] Povos deste Império juntos em Câmaras". Trata-se de uma Carta constitucional submetida a um plebiscito de alguns corpos intermediários. Por conseguinte, não é nem uma pura carta constitucional, nem uma pura constituição. Tem um sabor a dualismo pactuado *sui generis*.

[284] D. PEDRO I – *Proclamações...*, p. 157

[285] SOTOMAIOR – *A Realeza de D. Miguel*, citado (sem indicação de página) por Carlos de PASSOS – *O Problema da sucessão de D. João VI*, in Damião PERES (org.) – *História de Portugal*, cit., vol. VII, p. 129, afirma: "D. Pedro era muito liberal, mas queria a liberdade só para si e aborrecia-a nos outros".

[286] D. Pedro criará também uma comissão para elaborar o projeto, como a "Junta" de Palmela em Portugal. Esse "Conselho", composto de dez elementos, foi criado pelo decreto de 13 de novembro.

b) 2. As relações entre Portugal e o Brasil e a influência constitucional brasileira em Portugal

O texto da constituição brasileira de 24 tem uma grande importância para Portugal, porque será a fonte direta – a fonte técnica, o instrumento de trabalho – sobre a qual será feita a Carta constitucional portuguesa de 1826. Evidentemente, o texto brasileiro tem as suas próprias fontes – que são francesas.

Entretanto, D. João VI faria tudo para conservar unidas as duas partes do antigo Reino-Unido. Mesmo no tratado de independência[287], D. Pedro continua a ser considerado "Príncipe Real de Portugal e dos Algarves", em evidente contradição com as leis fundamentais do reino, pelas quais a aceitação de um trono estrangeiro privaria um príncipe português desta qualidade[288]. Mas, na perspetiva de D. João VI (e certamente de muitos outros), muito provavelmente, o Brasil não caberia no "tipo legal" de "estrangeiro" *proprio sensu*, mesmo depois da independência.

O rei de Portugal não conseguiu garantir a transmissão aos seus sucessores do título de Imperador do Brasil (aliás honorífico e já esvaziado de sentido prático pelos brasileiros – antes de mais, porque já aí passara a reinar um outro imperador[289]).

Mas D. João VI queria deixar todas as portas abertas. No seu testamento, omitiu a habitual referência à pessoa concreta do herdeiro do trono. Deixava a escolha às circunstâncias futuras, ou ter-se-á lembrado das leis sucessórias (e parte da constituição material), que aparentemente afastariam do reino D. Pedro? Em todo o caso, a omissão era

[287] Assinado a 29 de agosto, no Rio de Janeiro, e ratificado somente a 15 de novembro, em Lisboa.

[288] Seguindo o velho e mítico princípio das Cortes de Lamego, segundo as quais "Nós não queremos que o nosso reino saia alguma vez das mãos portuguesas" (*Nunquam volumus nostrum regnum ire for de portugalensibus*).

[289] O texto do artigo 1º do tratado, ratificado a 15 de novembro, afirma: "Sua Magestade fidelíssima reconhece o Brasil na categoria de Império independente e separado dos reinos de Portugal e Algarves, e a seu sobre todos muito amado e prezado filho D. Pedro por imperador, cedendo e transferindo de sua livre vontade a soberania do dito império ao mesmo seu filho e legítimos sucessores. Sua Magestade Fidelíssima toma sómente e reserva para a sua pessoa o mesmo título".

sábia, porque não provocaria a irritação direta das diversas partes. E cada um poderia ler o texto como lhe aprouvesse.

Durante a sua doença, a regente fora a Infanta Isabel Maria. Por vontade real, continuaria em funções, até determinação do "legítimo herdeiro e sucessor da coroa". Continuava a ambiguidade.

Num ato de voluntarismo que reduzia as atribuições normais de D. Isabel Maria, e substituindo-se às Cortes (segundo o antigo direito, e talvez também segundo o moderno – embora se tratasse de outras Cortes), o Conselho de Regência acabaria por considerar D. Pedro como "rei natural e legítimo soberano". Pensam uns que não seria mais do que um ato de pura e platónica etiqueta. A acumulação das coroas era impossível, pelo direito antigo, assim como pelo moderno. E depois, a Inglaterra era a garantia da impossibilidade da união. Seria certamente, antes de mais e para a maioria, um convite à rápida e honrosa abdicação em D. Miguel[290].

Mas o surpreendente para muitos ocorreu – D. Pedro aceitou o trono português e decidiu consagrar-se ao destino dos portugueses.

A hipótese da cortesia para com o Imperador do Brasil não é, porém, a única a considerar. Pode pensar-se também que a Regência (independentemente das regras da sucessão, que neste caso se virariam contra o interesse nacional) afinal preferia sinceramente D. Pedro a um D. Miguel pouco preparado para a governação, e quiçá pensasse que mais depressa o primeiro seria capaz de conciliar à direita que o segundo à esquerda. E se pensou que assim seria, não se enganou.

Os formalistas destas matérias têm muitos títulos para excluir D. Pedro do trono português (mas também uns tantos para o não dar a D. Miguel), como se isso importasse aos próprios protagonistas dos eventos, imersos numa situação revolucionária!

D. Pedro, antes mesmo de ter prestado o juramento tradicional (e legal desde 9 de setembro de 1647, por um "Alvará" de D. João IV)[291],

[290] No mesmo sentido, Oliveira Martins – *Portugal Contemporâneo*, vol. I, Lisboa, Guimarães Editores, ed. de 1953, p. 35.

[291] Há uma certa coerência na atitude de D. Pedro. Ele dava uma Carta que violava o juramento (segundo o qual tradicionalmente o rei jurava guardar todos os "privilégios, foros, liberdades, graças e costumes da Nação"). Então, não deveria jurar, pelo menos antes de dar a Carta, para não ser perjuro. Mas é verdade que, formalmente, sem juramento, não era verdadeiramente rei, mesmo excluindo os problemas de incompatibilidade de coroas.

necessário à aquisição da qualidade real, outorgou uma Carta Constitucional a Portugal, a 29 de abril de 1826, seguida de legislação complementar de ordem institucional (amnistia[292], nomeações, etc.). E não se limita a traçar a sua cidade ideal no plano político. Dá-lhe um hino saído do seu génio artístico. É o célebre *Hino da Carta*, que Eça de Queiroz mais tarde virá a satirizar.

Concluída a obra de grande legislador estrangeiro (e, entretanto, rei... nacional), D. Pedro encarna plenamente o mito, e retira-se[293]. Abdica em favor de sua filha, a 2 de maio de 1826, impondo-lhe a condição de se casar com seu tio D. Miguel, e obrigando ambos ao juramento da Carta[294].

O grande problema é que num período revolucionário, como aquele, não se pode pensar que toda a antiga legalidade deva ser escrupulosamente respeitada. Isso não reconhecem, evidentemente, os formalistas.

292 A amnistia tem uma função mítica: ela faz nascer homens novos, sem passado (com culpas lavadas). É também um doce olvido (mito de Letes) na passagem de uma vida para outra. Tal está também presente (por uma outra via) no art. 11º da Carta francesa de 4 de junho de 1814: "Todas as pesquisas de opinião e votos emitidas até à restauração estão interditas. O mesmo esquecimento é imposto aos tribunais e aos cidadãos". O que se pretende é atingir a unidade mítica, apagando a discórdia.

293 Mais tarde, ele voltará à influência ativa nos assuntos portugueses, e mesmo ao solo português, a fim de reconquistar o país (dominado por seu irmão D. Miguel), para sua filha Maria da Glória, depois de ter sido obrigado, pela deterioração das circunstâncias, a abdicar da coroa do Brasil, a 7 de abril de 1831. Foi bem-sucedido, mas morreu pouco depois, a 24 de setembro, desiludido. Durante o exílio, D. Pedro jamais utilizou o título de Rei de Portugal: apenas o de Duque de Bragança, e regente, em nome de sua filha. Contra a opinião de Marcello Caetano – *Direito Constitucional*, cit., vol. I, p. 511, n. 1, há os que pensam que D. Pedro não teria podido tomar legitimamente o título de Rei de Portugal, porque nunca o tinha sido. Marcello Caetano defende a sua tese com o argumento do perjúrio de D. Miguel. Também é uma verdade. Mas, mesmo à luz da Constituição de 1822 (e não à das leis fundamentais do reino), D. Pedro teria perdido os seus direitos por diferentes razões: por exemplo, tinha violado os artigos 125º (saída do país sem permissão das Cortes e ausência prolongada, sancionada pela presunção de abdicação) e 144º (renúncia presumida ao trono pela aceitação de uma coroa estrangeira), etc. Cf. Carlos Passos – *O Problema da Sucessão...*, cit., p. 129 ss.. Acabaríamos certamente por encontrar como impoluto herdeiro da coroa portuguesa apenas não se sabe que personagem subalterna, se à lupa esquadrinhássemos as armadilhas da sucessão... Contudo, o tema é tabu para alguns, ainda hoje.

294 Parece que mesmo a abdicação era provisória, pois D. Pedro teria a intenção de prosseguir, sob a sua autoridade, o sonho da união luso-brasileira que fora o de seu pai. E D. Pedro, que já tinha problemas no Brasil (com os separatistas e mesmo com os republica-

Assim, a 7 de julho de 1826, chega a Portugal, pela mão do inglês Charles Stuart, um novo texto constitucional, a Carta. Parece que para surpresa geral, e a maior perplexidade do Conselho de Regência, responsável indireto pelo imprevisto[295].

b) 3. A Carta Constitucional Portuguesa de 1826. Síntese por racionalização

Se o texto constitucional brasileiro de 24 tinha sido um *Ersatz* de aprovação popular, a mesma coisa se não passou para a Carta Constitucional Portuguesa de 1826.

Os cuidados na sua elaboração foram pessoalmente assumidos por D. Pedro, ajudado pelo seu secretário, Francisco Gomes da Silva (conhecido como o *Chalaça*)[296].

D. Pedro trabalhou depressa[297] e sobre o texto da constituição brasileira, que ia corrigindo. Os dois textos constitucionais têm assim vários artigos em comum. O Imperador queria construir a sua utopia realizando a síntese racional e prática entre o poder real e o constitucionalismo.

O texto tornou-se um híbrido, contraditório nos seus princípios.

Começava por uma fórmula autocrática:

> "DOM PEDRO POR GRAÇA DE DEUS, [sic], rei de Portugal e dos Algarves, etc. Faço Saber a todos os Meus Súbditos Portugueses, que Sou Servido Decretar Dar e Mandar jurar imediatamente pelas Três Ordens do Estado a

nos), deveria reservar sempre a hipótese de se *exilar* em Portugal... como rei (Cf. Carlos PASSOS – *O Problema da Sucessão*, cit., p. 129 s.).

[295] O Conselho hesitou mesmo em a jurar e a publicar. Mas no Brasil o texto estava já impresso e circulava como Constituição Portuguesa. Na verdade, D. Pedro agia sempre depressa. O que decidiu a situação foi a ameaça das armas. Saldanha faz o seu *ultimatum*. Se até 31 a Carta não fosse jurada oficialmente, ele a juraria, e consigo o exército. E o poder político inclinou-se perante o poder militar. Cf. Oliveira MARTINS – *Portugal Contemporâneo*, cit., vol. I, p. 40 ss.

[296] Alguns acrescentam o nome do emissário inglês Charles Stuart, *v.g.*, João AMEAL – *História de Portugal*, cit., p. 589.

[297] Trindade COELHO – *Manual Politico do Cidadão Portuguêz*, Lisboa, Parceria A. M. Pereira, 1906, p. 203, apresentava duas versões originais: a incerteza quanto à paternidade da Carta, e a hipótese de que tenha sido redigida em poucas horas (ou em poucos dias, o que é mais razoável e constitui hoje a opinião dominante).

Carta Constitucional [...] a qual de ora em diante regerá esses Meus Reinos e Domínios [...]".

Trindade Coelho sintetiza as antinomias desta tentativa racional[298]: "à força de querer, salvando em todo o caso as apparencias, sobrepor à verdadeira soberania, que é da nação, a soberania do imperante, – fazendo desta o único eixo do systema político."

De uma maneira geral, o Imperador do Brasil negava aos portugueses liberdades ou direitos que outorgava aos seus súbditos do continente americano. A constituição brasileira é menos liberal que a portuguesa de 1822, mas a Carta portuguesa é ainda mais monárquica que o texto de 1824.

D. Pedro introduz uma segunda câmara, onde se sediava todo o alto clero e a principal nobreza, atribuía ao monarca quer o poder executivo, quer o novo poder moderador; introduzia um reforço do veto real, e conferia ao rei o poder de dissolver as Cortes, etc.

A. H. de Oliveira Marques comenta[299]:

> "A Carta de 1826 agradava, pois, às tradicionais classes privilegiadas, assim como aos proprietários e aos grandes burgueses. Concedia também extensos poderes ao monarca. Por tais motivos, dispunha de todas as condições de sucesso e de perdurabilidade."

b) 4. A Carta Constitucional Portuguesa de 1826. Uma síntese por habituação?

A Carta foi a "constituição" mais permanente, face às outras constituições monárquicas, que não passaram de nados-mortos ou de fantasmas. Adaptou-se às circunstâncias durante a sua longa vida, por Atos Adicionais, que, ao contrário das *Amendments* dos Estados-Unidos, eram modificações e não adjunções ou adendas. A democratização foi a regra das duas primeiras (1852 e 1885). A de 1896 recua um pouco (por exemplo, aboliu os pares eletivos).

Em suma, foi aceite, sobretudo depois da guerra civil e do "setembrismo", enquanto compromisso assumido. Fatigados de querelas e de lutas fratricidas, os Portugueses aceitaram o texto vindo do Brasil, como

[298] Trindade Coelho – *Ibidem*.

[299] A. H. de Oliveira Marques – *História de Portugal*, cit., vol. II, p. 66.

aceitaram a dinastia "brasileira". Trata-se de uma síntese, é verdade, mas de uma síntese por habituação. A flexibilidade do texto ajudou à sua adoção.

A ligação entre a Carta e a dinastia começou como uma bandeira de luta contra os miguelistas, e persistiu como um mito. O hino nacional era, como vimos, o *Hino da Carta*. A Carta tornou-se o símbolo do regime liberal[300]. Esta mitificação ajudou assim à sua longevidade. Resumindo: a Primeira Constituição Portuguesa foi absolutamente efémera. Vigorou legalmente de outubro de 1822 até junho de 1824. De 1824 a 1826, tentaram substituí-la por um texto de uma comissão que não passou de um projeto abortado. E 1826 é já o ano da primeira entrada em vigor da Carta. Depois, após uma revolução restauradora dos velhos princípios liberais, a revolução do 9 de setembro (donde a expressão "setembrismo", como uma espécie de ideologia), o texto foi posto em vigor, mas apenas do ponto de vista formal, de 10 de setembro de 1836 a 4 de abril de 1838. Na realidade, após o golpe de setembro, pensava-se já numa nova síntese, entre a Constituição de 1822 e a Carta de 1826. Isso verificou-se no texto da Constituição de 1838, também ela efémera (durará até 10 de fevereiro de 1842). O reformador Costa Cabral, depois do "cerco do trono pelas instituições republicanas" de que se vangloriava o ministro Passos Manuel (Manuel da Silva Passos era o seu nome de batismo), decidido a restabelecer a ordem monárquica, restaurou a Carta. Esta durará plenamente, mas com *atos adicionais*, de 1842 até 5 de Outubro de 1910, data da instauração da República, a qual elaborará uma nova constituição, aprovada em 1911.

2. Acontecimentos e Ideias

2.1. A liberdade e as liberdades: o absolutismo e os absolutismos

A impossibilidade de reconhecer os dois irmãos de Antígona é um símbolo muito fecundo, apto a exprimir toda a riqueza do nosso problema. Como se sabe, na reelaboração do mito sofocleano por Jean Anouilh, depois do cerco de Tebas, morrem Etéocles e Polinices – e é impossível identificar os respetivos cadáveres[301].

300 No mesmo sentido, Trindade Coelho – *Manual Político...*, cit., p. 203.

301 Jean Anouilh – *Antigone*, in *Nouvelles pièces noires*, Paris, La Table Ronde, 1946 (escrita em 1944).

Como neste mito, na reelaboração moderna e constitucionalista dos mitos políticos e juspolíticos, por vezes já não se sabe mais *quem é quem*. As palavras tornam-se ambíguas.

Quem defende a liberdade? Os liberais, pareceria.

Quem é contra liberdade? Certamente, os absolutistas.

Mas muitos acusam o liberalismo e D. Pedro de ter morto a liberdade, ou as liberdades, e de à sua sombra se terem cometido muitos crimes.

De igual modo, os chamados "absolutistas", partidários de D. Miguel, proclamam querer as velhas liberdades portuguesas, contra a tirania imposta do exterior, e os direitos abstratos que não dão liberdade alguma. Por vezes, rejeitam mesmo o adjetivo "absolutista", que reservam para outras formas de governo que consideram (e não serão os únicos) mais duras, como o pombalismo[302].

Mas isso não é, parece-nos, uma tendência dominante. Porque o rei absoluto é – na mitológica perspetiva dos seus adeptos, e na respetiva propaganda – o rei livre do jugo das políticas e das demagogias. O absolutismo é, para os partidários de D. Miguel, a liberdade: a do rei e a do povo – *Nos liberi sumus/rex noster liber est*[303]...

Só aparentemente podemos trocar as cabeças e confundir os conceitos: apesar de confusões, os liberais defendem a liberdade e os absolutistas os simples "direitos" do rei. A confusão não é saudável.

O que está realmente em confronto é a liberdade liberal contra a liberdade tradicional.

[302] A. Ribeiro SARAIVA – *Memorandum d'une conférence de A. R. Saraiva, agent diplomatique portugais à Londres, sous le gouvernement de Don Miguel, avec lord Grey, premier ministre de la Grande-Bretagne...*, *apud* António SARDINHA – *Na Feira dos Mitos...*, pp. 139-140: "Mas hoje o próprio Rei está convencido mais do que ninguém do dever, e ao mesmo tempo da necessidade, de restabelecer em seu pleno exercício e suas funções naturais, toda a bela organização da nossa nobre e admirável Constituição antiga, expurgada das formas absolutas, e heterogéneas que o Pombalismo (em virtude de uma espécie de ditadura, talvez necessária nas circunstâncias de então) lhe havia introduzido, em meados do século anterior." O mito da idade do ouro volta mais uma vez.

[303] Por exemplo, Henrique Barrilaro RUAS fez desta frase, tradicional entre os monárquicos, a epígrafe do seu livro *A Liberdade e o Rei*. Do mesmo modo que um blog da *Internet*: "Lusitana Antiga Liberdade", http://jacarandas.blogspot.com/. O mote, na verdade, não pode ser, em si, identificado com o absolutismo: é monárquico em geral. Talvez até possa transcender o monarquismo...

Às liberdades concretas, corporativas, locais, e dos estados ou estamentos do tradicionalismo, os liberais dão algumas vezes o nome de *privilégios* (pejorativamente; num sentido positivo, seriam leis singulares ou privadas, segundo uma etimologia todavia polémica[304]), e outras vezes o nome de *direitos* (positivamente, quando se trata de certas liberdades, por exemplo municipais, que desejam recuperar ou preservar como pertencendo a uma idade do ouro, que eles também veneram[305]).

Às liberdades - direitos - dos liberais (das declarações e dos artigos de princípios) os tradicionalistas consideram produtos estrangeiros, demagógicos, impraticáveis, anarquizantes, e realmente ou potencialmente republicanos[306].

O marquês de Penalva sintetizaria, como sabemos, o problema dos direitos de uma maneira admirável. Admirável porque incisiva, e porque suscetível de diversas interpretações: "Deram a todos liberdade, e nesse dia a perdeu cada um...".

Quer dizer, que quando se anula a liberdade específica, a "propriedade" de cada um, num conjunto de liberdades gerais, devidas a todos, mas conferidas a cada pessoa, dá-se a todos a liberdade e confisca-se a cada um alguma liberdade em concreto. O sistema não-ibérico de proteção seria menos protetor do indivíduo do que o ibérico. Ou, sob uma outra perspetiva: o sistema tradicional protegeria mais os indivíduos, que o constitucional os cidadãos.

[304] Cf., desde logo, Isidoro de Sevilha - *Etimologias*, V, XVIII, e as diferentes posições de um António Manuel Hespanha - *Poder e Instituições no Antigo Regime. Guia de Estudo*, Cosmos, Lisboa, 1992, p. 39, ou de, por último, um Léo Moulin - *A Vida quotidiana dos estudantes na Idade Média*, trad. port., Lisboa, Livros do Brasil, 1994, p. 60 ss.

[305] Ocorre uma interessante comunhão dos liberais e dos tradicionalistas sobre a existência de um período passado pleno de felicidade. O mito da idade do ouro era-lhes, com efeito, comum. O problema é que o mito tradicionalista consistia em fazer reviver a constituição histórica antiga, e a utopia liberal de então, em importar uma utopia francesa (com matizes ingleses, ou efeitos de estilo espanhol, brasileiro, ou belga). Cf. sobre a crença comum liberal e absolutista às míticas Cortes de Lamego, Oliveira Martins - *Portugal Contemporâneo*, cit., vol. I, p. 35.

[306] O marquês de Lavradio, por exemplo, aliás pró-constitucional insuspeito, dizia do texto de 22: "[...] os legisladores, obcecados com as ideias de liberdade, soberania da Nação, etc, haviam, depois de vinte e um meses, decretado uma Constituição republicana para reger uma Monarquia." (*apud* João Ameal - "Génese da Vilafrancada", cit., p. 243).

Mas nós, que somos herdeiros do sistema liberal, e conhecemos um pouco de História, sabemos que ambos os extremados discursos legitimadores são mais míticos do que verdadeiros.

No sistema tradicional a liberdade é pontual; no sistema liberal-democrático, a liberdade é um pressuposto geral. Naquele, louva-se a justiça do justo monarca, ou do justo administrador, ou do justo juiz, como uma dádiva. Neste, apenas são de deplorar as vezes em que a justiça não funciona ou funciona menos bem. Mas é artificial, apesar de tudo, contrapor liberdade tradicional a liberdade atual, porque o que aqui está em causa é sobretudo algo de mais radical: absolutismo sem liberdade e liberalismo de liberdade.

A utilização das velhas liberdades tradicionais pelos absolutistas é um mito legitimador ilegitimamente invocado para confundir as hostes liberais. Até porque, como sabemos, em grande medida a inspiração liberal arranca da nostalgia ou da saudade dos tempos (míticos ou reais) pré-absolutistas, de velhas liberdades. Claro que as liberdades liberais, e depois as democráticas e as sociais e outras que se lhes seguem, têm uma cor local ideológica e de civilização que se não pode reconduzir ao medievalismo das velhas liberdades, e mais ainda da "Lusitana, antiga liberdade" de que falava Camões. O ambiente é diverso. Mas, em termos radicais, e pensando sobretudo nas afeições essenciais, para além da circunstância dos tempos (que tudo integra num ar de família horizontal, e cria clivagens onde pode haver continuidades temporais, e mesmo pontos entre as épocas) não se pode negar que, em termos absolutos, de um lado está a liberdade e de outro o absolutismo. E então constituição histórica e constituição liberal estão do mesmo lado da barricada contra a "anti constituição" de todos os momentos de despotismo, sejam eles pombalismo, miguelismo, ou salazarismo.

Mas feita esta precisão, retomemos a nossa análise, repristinando a expressão de Penalva, que quer dizer mais do que o seu autor certamente pensava.

Quando a liberdade se banaliza, como assunto de todo o mundo, degenera em libertinagem para uns, e em retração da liberdade para os outros. Então, toda a gente perde a sua liberdade. Por excesso ou por defeito.

A liberdade em geral é uma coisa bem diferente da liberdade de cada um. A partir do momento em que a liberdade é a regra, as liberdades serão a exceção – pode pensar o atomista; não o liberal, e menos ainda o democrata...

O que é a liberdade liberal? A possibilidade de fazer tudo o que não prejudique outrem: então, é o fim da liberdade (num sentido voluntarista), o começo de uma servidão geral e mútua. O que também é visto pelos que falam de escravatura perante (ou sob) as leis. De facto, uma outra definição constitucionalista da liberdade é ainda menos liberal (no sentido de adepto da liberdade): a liberdade é a obediência às leis ou, numa fórmula mais matizada, a possibilidade de tudo fazer, salvo o que está interdito pelas leis.

E quem faz as leis? Todos. Então a liberdade seria de todos.

Quem é, entretanto, o destinatário das leis? Cada um. Então a lei é a tirania de todos sobre cada um[307].

Vê-se bem que jogamos com as palavras, jogavam com as palavras... Mas evidentemente que todas estas questões, que nos momentos matinais do constitucionalismo moderno poderão ser complexos paradoxos, graças à experiência dos tempos passaram a poder ser resolvidas com uma subida de patamar na consideração do que seja, verdadeiramente, a liberdade (e, depois) a democracia. Para isso contribui a afinação das teorias dos direitos. E entendeu-se democracia e direitos não como simples regras de ditadura da maioria, mas num sentido contra majoritário. Percebe-se muito bem hoje (embora nem todos o entendam, evidentemente) que a lei do número (ou do algarismo apenas), de que falava Machado de Assis, por exemplo, é massificadora, e pode ferir direitos e mesmo o bom senso. É preciso defender a liberdade e a democracia das suas próprias regras levadas ao absurdo.

Voltemos ao século XIX.

Quando D. João VI, no decreto de 19 de junho de 1823, falava das Cortes que tinha dissolvido na véspera, qualificava-as de “arbitrárias e despóticas”.

Os “Vivas” de aclamação de D. João VI e de D. Miguel durante as diversas jornadas tradicionalistas, eram “Viva o rei” ou “Viva o rei absoluto”.

[307] E poder-se-ia prosseguir com sugestões desta frase inspiradora.

Do ponto de vista dos tradicionalistas, o absolutismo é um bem, e o despotismo é um mal. O problema é que o absolutismo é o deles e o despotismo, sempre, o dos outros.

Os liberais identificavam muitas vezes absolutismo e despotismo. O primeiro seria, pelo menos, uma espécie do segundo.

Parece que se está de acordo sobre o sentido genérico do absolutismo. Mas, como se sabe, os liberais dividem-se sobre a apreciação concreta do despotismo esclarecido do Marquês de Pombal[308]. Também por vezes os liberais sacrificam a sua liberdade a causas maiores. Ou, dito de outro modo: preferem o sacrifício de uma liberdade superficial ou circunstancial em nome de uma liberdade mais profunda ou mais perene. Ou assim o acham. Mas entram por uma via muito perigosa: porque quando se começa a transigir, no terreno da liberdade, comprimindo-a em nome de um bem maior ou de um mal menor, a breve prazo será já o núcleo essencial da liberdade que se verá comprometido. É esse o drama dos jacobinos e de outros, depois deles, maximalistas – a sua liberdade está na utopia, e os sacrifícios concretos deveriam ser transitórios ou males menores, para logo se volverem bens, e rotinas...

Porém, de uma maneira geral, não há dúvida de que o despotismo é muito profundamente tido como nocivo pela família liberal.

Entretanto, absolutismo significa muita coisa: como destrinçar sentidos na polissemia da palavra "absolutismo"?[309]

Admitimos ser necessário distinguir três ou quatro sentidos, historicamente sedimentados, no "absolutismo" em Portugal. Talvez alguns desses sentidos devessem ser apartados da palavra. Mas não podemos lutar contra usos linguísticos inveterados. Não é fácil, e poderia revelar-se empresa utópica, vã e até capaz de aprofundar alguma confusão.

O primeiro sentido está ligado à formação do país, e fundamentalmente à primeira dinastia. O rei é absoluto no sentido ideologicamente propagado depois: é livre. A sua dependência é moral, existe também face às leis fundamentais do reino, etc., mas não se trata de uma responsabilidade face a um público.

[308] Cf. Paulo Ferreira da Cunha – "O Marquês de Pombal: Estado *vs.* Liberdade", in *Faces da Justiça*, Coimbra, Almedina, 2002, p. 75 ss.

[309] Jorge Borges de Macedo – *Absolutismo, in* Joel Serrão (org.) – *Dicionário de História de Portugal*, I, p. 8 ss.

O segundo sentido está ligado ao alargamento do espaço português, às Descobertas, e à centralização política subsequente. É, tal como o primeiro absolutismo, um regime monárquico benevolente e paternal, mas mais burocratizado e assim mais afastado dos povos e dos assuntos concretos. Contudo, a sua justificação, por exemplo por um Agostinho da Silva (insuspeito de predileções despóticas) é a do "homem do leme": o rei está ao leme da barca do Estado, e por isso acabaria por ficar investido de poderes suplementares, tais as agruras de conduzir a nau em alto mar...

O terceiro sentido é o do despotismo pombalino. Trata-se de um governo brutal, longe das coisas, mas ficticiamente ou inocentemente praticante da demofilia. Um governo cabalmente adepto de uma utopia sufocante, geométrica, e não da libertação utopista.

Considerar-se-á ou não um quarto sentido segundo se creia ou conteste a boa vontade e a benevolência da prática de D. Miguel e dos seus partidários. Se eles falam verdade, o reino de D. Miguel foi – naturalmente com as dificuldades do modernismo, o legado revolucionário, as pressões internacionais e a guerra civil – a adaptação possível do primeiro (eventualmente também, ou alternativamente, do segundo) tipo de absolutismo. Senão, o absolutismo de D. Miguel constituirá o quarto tipo (ou símbolo forte do único, para os que condenam em bloco o legado monárquico, pelo menos o pré-constitucional). O discurso e os mitos são os antigos, a prática, essa, foi muito simples e clara: a pilhagem, o insulto, a guerra, a tortura, o terror branco adaptado a Portugal[310]. Um absolutismo teórico superestrutural servido, no terreno, pela anarquia reacionária, revanchista.

[310] Parece que, apesar da vontade de D. Miguel e de alguns dos seus ministros (Justiça, Finanças, Defesa, etc.), que teriam desejado uma restauração doce e sem verter sangue, na prática o desforço antiliberal foi muito duro, e a sua recordação aterrorizadora persistiu na memória. No Arquivo Nacional da "Torre do Tombo", há pelo menos 31 volumes de catálogos de processos políticos durante o reinado de D. Miguel. É também o que explica uma emigração de vários milhares de pessoas. Os principais responsáveis dos excessos parecem ter sido o Conde Basto, Leite de Barros, na prática primeiro-ministro desde meados de 1831, e o governador da torre de S. Julião da Barra. Cf. João Baptista da Silva Lopes – *Istoria do Cativeiro dos Prezos d'Estado na Torre de S. Julião da Barra*, IV vols., Lisboa, 1833; Fortunato de Almeida – *História de Portugal*, vol. VI; J. Veríssimo Serrão – *História de Portugal*, cit., vol. VII, pp. 413 ss.; Jorge Hugo Pires de Lima – *Processos Políticos no Reinado de D. Miguel*,

2.2. As constituições e os constitucionalismos

A questão constitucional está ligada também ao emprego alternativo e conflitual da palavra "constituição" e suas derivadas.

Pode-se também jogar (corretamente, no plano formal) com as palavras, e provar que a chamada tirania absolutista em Portugal seria o verdadeiro regime "constitucional". Pela conjugação de dois argumentos já apresentados.

O primeiro é o do carácter jurídico e constitucional (material) de toda a monarquia portuguesa. D. Miguel, continuador de seus antepassados, retomaria a linha interrompida de legitimidade constitucional.

O segundo toma o argumento dos constitucionalistas modernos e devolve-o contra eles. Segundo os mecanismos formais da Constituição de 1822, D. Miguel seria, de toda a maneira, senão o rei (as versões dividem-se), pelo menos o Chefe da Nação – regente e príncipe consorte, etc.[311]

É verdade que os liberais acusam também D. Miguel de tirania no exercício do poder, e isso não pode contrariar-se a não ser por elementos factuais. Em todo o caso, é culpado aos olhos constitucionalistas de querer ser um rei absoluto.[312]

Coimbra, 1972. Eis a síntese insuspeita de um defensor da legitimidade de D. Miguel: "Se o vulcânico entusiasmo nacional auspiciava o governo de D. Miguel, não pouco o desluziam os actos de terror e violência impunemente praticados por energúmenos e demagogos, pelo espírito de seita, sempre maligno e intolerante", afirma Carlos de Passos – *Regência e reinado de D. Miguel*, in Damião Peres (dir.) – *História de Portugal*, cit., vol. VII, p. 161.

311 Cf. Henrique Barrilaro Ruas – *A Liberdade e o Rei*, cit., p. 152 ss.

312 Para alguns, não é a pessoa de D. Miguel que está em causa (nem, a partir de um certo momento, a exclusão de D. Pedro, que o seu governo envolvia). É a personalidade e o comportamento político. Por um momento, D. Miguel teria mesmo podido granjear a complacência dos liberais. Palmela via nele, sem dúvida, a promessa da conciliação. Propagou mesmo a mutação completa do antigo "bandoleiro". Em Londres, durante o regresso do seu primeiro exílio, D. Miguel convenceu os liberais. Mas, mal chegou a Lisboa, ter-se-ia desmascarado... Tal é, pelo menos, a versão do liberal Carlos Babo – *As lutas liberaes*, cit., p. 39 ss.. Entretanto, o outro lado da verdade é, por exemplo, exprimido por Paul Siebertz – *Dom Miguel e a sua época*, trad. port., 2ª ed., reformulada, Aveiro, Actic, 1985, p. 130 ss., que sublinha a boa fé de D. Miguel, e nega que tivesse voltado ao País para simplesmente se fazer coroar rei absoluto e abolir a Carta. D. Miguel tê-lo-ia feito (e decidido) depois, e por pressão popular. Esta versão, porém, parece bem menos plausível que a primeira.

Para acabar a discussão, a querela nominalista regressa sempre... “Parce que c’était moi... Parce que c’était lui...”. Para a política, como para a amizade, eis a justificação final, *Freunde* e *Feinde*. Sem razões, sem razão.

Em todo o caso, os liberais são constitucionalistas de um texto escrito.

E os tradicionalistas podem também ser considerados como constitucionalistas, pela constituição histórica, que pensam maculada pelos terríveis jacobinos e mações. Espera-se, frequentemente, que a diabolização do inimigo acabe por suprir as dificuldades próprias...

3. Análise do Projeto de 1823 e da Carta de 1826

3.1. O Projeto constitucional de 1823

3.1.1. Apreciação geral das influências

Terá sido Jorge Miranda dos primeiros a alertar para a necessidade de uma comparação entre a Carta e o projeto de Constituição de 1823[313]. De facto, são muito semelhantes, não somente do ponto de vista mítico – mas também quanto a algumas soluções adotadas, como o reforço do poder real, o bicameralismo, o catálogo das liberdades, etc.

Tal pode explicar-se facilmente por uma filiação comum nas fontes francesas.

Atente-se ainda: o texto de 1823, elaborado antes da constituição brasileira, explica e prova a verdadeira filiação francesa da Carta de 1826. E poder-se-ia mesmo pensar que teria influenciado o texto brasileiro. Mas isto não é senão uma hipótese. Não dispomos de dados para o afirmar. A Constituição Brasileira de 1824 não precisava de se inspirar nesse projeto. Tinha Benjamin Constant e a Carta francesa.

313 Jorge Miranda – *Manual de Direito Constitucional*, cit., vol. I, p. 249, nº 5. O Autor falava da comparação destes dois textos e do projecto de D. Miguel. António de Melo – *Projecto para Reforma da Lei Fundamental da Monarquia Portuguesa*, tradicionalista (mas favorável a D. Maria da Glória), editado em Paris, em 1928. Poderíamos acrescentar o interesse da comparação com o projeto tradicionalista de Trigoso de Aragão Morato. Cf. António Manuel Hespanha – *O projecto institucional do tradicionalismo reformista...*, cit., p. 63 ss.. E seria mesmo bom estabelecer a comparação de tudo isto com o trabalho de Alberto Carlos de Menezes – *Código das Leis Fundamentais*, julho de 1823. No entanto, estes textos não fazem parte do constitucionalismo *stricto et proprio sensu*, e a sua mitologia não é inovadora. Recitam a sua lição sobre aquele assunto.

A fonte essencial deste projeto não parece, pois, ser teórica, mas um texto a si análogo: a Carta de Luís XVIII. A simples comparação entre os dois textos permite afirmá-lo. E encontrou-se uma tradução da Carta francesa entre os papéis de Ricardo Raimundo Nogueira[314]...

Verifica-se a mesma intenção de conciliar a declaração formal das liberdades e dos direitos e uma certa representatividade com as leis antigas, e de reabilitar o papel do rei e o prestígio do trono[315]. É também possível que, quanto às questões sobre as quais se transige com o liberalismo, a fonte direta de inspiração seja mesmo a Constituição de 1822.

Em todo o caso, o resultado não é senão um ponto intermediário da influência francesa, quer do texto fundador, o de 1791, quer da Carta de Luís XVIII, que assim retoma muitos direitos da primeira constituição escrita em França.

Ora, para o nosso atual trabalho, o importante não é conhecer historicamente as vias da receção de uma ideia, mas determinar as fontes profundas.

3.1.2. Análise dos mitos do Projeto[316]

O rei é sagrado e inviolável, a religião é a católica, embora com uma certa tolerância por outros cultos, e sente-se, em geral, a presença da mítica constituição antiga da monarquia.

Esta é essencialmente caracterizada pela sua natureza monárquica, hereditária e moderada. Os textos dizem mesmo "a Monarquia Portugueza" (como na obra quase homónima[317]) é hereditária e moderada, porque se identificam simultaneamente constituição e história portuguesas com a monarquia.

[314] Paulo Merêa – *Projecto de Constituição de 1823*, cit., p. 11 e nota 11.

[315] Pois que, em regra, os princípios são os mesmos que os da Carta, limitámo-nos aqui ao essencial. Evidentemente que há diferenças. Por exemplo: não há ainda poder "real", nem "poder moderador". Um efeito semelhante se produz pela atribuição ao rei da condição de Chefe das Cortes (titulares do legislativo), da nomeação real dos juízes, e da exclusividade do poder executivo. Mas tudo isso é normal na relação entre o influente e o influenciado, ou mais: entre a pré-história e a história do cartismo.

[316] Tinha ele como título *Projecto da Lei Fundamental da Monarquia Portugueza, ordenado na Forma prescrita pelo Decreto de 18 de Junho de 1823.*

[317] Fr. Bernardo de Brito/Fr. Antonio Brandão – *Monarchia Lusitana que contem a Historia de Portugal...*, Lisboa, Impressão Crawsbeeckiana/Officina de Joam da Costa, 1632-90, 7 vols.

A sucessão não tem novidades. É também a reprodução (adaptada) das leis.

As Cortes são doravante compostas por duas câmaras (uma popular, eleita, e a outra formada por pares nomeados pelo rei, entre os membros do clero e da nobreza). Mas o texto tem o cuidado de dizer, antes de mais: "As Cortes são compostas d'ElRei e dos três estados do Reino, como sempre forão desde a fundação da Monarquia".

A mitificação da lei já está presente. Os deputados serão escolhidos pela idade e montante das rendas necessárias para serem considerados como suficientemente livres e ilustrados. Do mesmo modo, oito dias de espera serão dados aos projetos legislativos para meditação, para que a decisão seja suficientemente amadurecida...

O texto constitucional é rígido, o que aumenta a sua sacralização. Não pode ser alterado senão por iniciativa do rei, e decisão (após um processo complexo) dos deputados.

Quanto aos direitos, retomam a respetiva mitologia, já presente no texto de 1822 – igualdade perante a lei, propriedade, garantias penais, direito de petição, liberdade de expressão salvo em matéria religiosa.

O mito do inimigo está presente nas disposições finais do texto, sobre os direitos. As associações secretas são proscritas, tornadas ilegais, por contrárias "ao bem da Religião e do Estado".

3.1.3. Os dois textos inacabados

Nos papéis de Nogueira, encontraram-se dois outros textos, mais provisórios ainda que o do "Projeto". Um, que parece inacabado, é um esboço da "Carta da lei fundamental". O outro está em si completo, mas constitui uma remissão para as Cortes: são as bases de uma lei fundamental a elaborar ulteriormente pela Cortes.

Estas bases limitam-se a seis pontos. Uma futura lei das próprias Cortes, a reunir no futuro, faria o resto.

Os seis pontos têm elementos naturalmente míticos: nesse aspeto, nenhuma novidade:

1. As Cortes terão três estados e duas câmaras. Mas o autor não nos confia a forma da sua composição.
2. Todas as Leis serão feitas nas Cortes. É uma dimensão do mito da separação rígida dos poderes, das três alegadas torres de marfim da teoria falsamente (miticamente) atribuída a Montesquieu.

3. Os impostos serão decididos nas Cortes. Velha bandeira de luta das revoluções constitucionalistas.
4. Haverá responsabilidade dos ministros.
5. Proclama-se a igualdade perante a lei. Aparente liberdade, real igualdade sob o peso da lei.
6. Liberdade de expressão. *Catharsis* de descontentamento. Ritual simbólico descompressor dos conflitos.

O texto do esboço é mais completo, e mais pleno de elementos míticos. Aliás, tem um preâmbulo muito claro quanto às intenções da Carta, e aos princípios ideológicos (e aos mitos) que o inspiram.

O texto propriamente dito, em 12 pontos, tendo o último sido suprimido pelo autor (e mesmo assim muito incompleto), não é mais do que uma variante das soluções concretas já apresentadas no texto do Projeto de 1823 propriamente dito. Os elementos míticos que comporta são conhecidos: as Cortes *restituídas* e modernizadas pelas duas câmaras, a sua composição, etc..

No entanto, o Preâmbulo merece um olhar mais atento.

O mito da felicidade do seu povo dirige a ação e a preocupação do rei. Ele nada mais quer do que isso. Já assimilou o espírito do tempo nos seus mais brandos (pre)conceitos – e mitos.

Interessado nas reclamações populares como guardião da felicidade dos seus súbditos, o rei verifica:

- que uma fação se havia aproveitado para arruinar a nação;
- a qual é miraculosamente salva graças à intervenção divina;
- mas que, na verdade, embora as promessas dos agitadores fossem utópicas e mentirosas, e votadas à instauração de um despotismo, as desgraças existiam, não tão terríveis como se proclamara, mas existiam mesmo assim.

Então, era preciso resolver o problema, e evitar a revolução violenta e sanguinária.

É o esquecimento dos usos primitivos da Nação (lembremo-nos da Declaração dos direitos... mas também da Constituição de 1822) o culpado pelas desgraças presentes. Em particular, a interrupção da convocação das Cortes, desde 1698 (de novo uma adaptação do mito francês, aqui o dos Estados Gerais) foi a causa das dificuldades.

Assim, para regressar à idade do ouro, é preciso:

- fazer reviver as instituições nacionais;
- corrigir as suas imperfeições, que foram a causa do seu esquecimento;
- adaptá-las às necessidades e aos conhecimentos de um século de progresso (mito cronocêntrico e progressista).

O texto termina por frases de circunstância, e de recomendação a Palmela e à comissão, num evidente autoelogio.

Da mesma maneira que muitos encómios a D. Pedro e a D. Miguel se fazem a partir de argumentos muito semelhantes, assim as razões e os remédios desta Carta, que o não foi, são os mesmos que os do preâmbulo da Constituição de 1822, que pretende substituir.

Somente a sua avaliação dos factos é diferente. Os princípios e os mitos mantêm-se.

Pode perguntar-se se os mitos políticos não são sempre os mesmos – a sua repetição ao longo deste estudo parece ilustrá-lo. O que mudaria seria o seu uso, a sua manipulação, a sua interpretação.

3.2. A Carta Constitucional de 1826

3.2.1. Análise das influências

a) D. Pedro e as influências

> "A 24 de Abril, encontrando-me, quando menos o esperava, rei legítimo de Portugal..."
>
> D. Pedro – *Discurso perante as Câmaras brasileiras*[318]

D. Pedro era um individualista, um voluntarista. Alguns dizem mesmo – um egoísta. Se realmente o tiver sido, estaria no grupo desses egoístas vaidosos que nada querem para si, salvo a glória. Dos que são mesmo capazes de grandes e altruístas sacrifícios pela glória. Como governantes, querem comprar a admiração popular a todo o preço. A biografia de D. Pedro é questão controversa, naturalmente, porque a figura é motivo de paixão. Numa das versões possíveis, ela seria a prova desta genero-

[318] Citado e comentado por João Ameal – *História de Portugal*, cit., p. 583.

sidade vaidosa de um rei que quer tornar o seu povo livre. A crer nesta versão, a fórmula do constitucionalismo cartista, outorgada, saída do princípio monárquico, servir-lhe-ia à maravilha para exercer a sua filantropia política.

É esta personalidade incontroversamente forte, audaciosa, ativa, que vai determinar uma grande parte do constitucionalismo português. Antes da sua decisão de ocupar efemeramente o trono de Portugal, o tempo exato para fazer a sua constituição e determinar o seu sucessor, liberais e absolutistas estariam, segundo alguns, quase institucionalmente reconciliados. Como vimos, os absolutistas da regência tinham oferecido a coroa a D. Pedro por pura delicadeza ou sábio cálculo, e os liberais (sobretudo os liberais) acreditavam já que a única solução constitucional para o país seria um D. Miguel convertido ao constitucionalismo. Reconciliação na ilusão, pois.

É assim importante considerar a influência de D. Pedro na Carta, como uma influência mais pessoal que brasileira, e sem dúvida uma originalidade portuguesa. Embora os traços de carácter de D. Pedro possam sempre compreender-se sob um ângulo da profunda "constituição" viva (ou a psicologia) dos portugueses... Mas isso levar-nos-ia muito longe.

É mais simples falar da ligação maçónica do imperador[319], e da influência de Benjamin Constant ou de Clermont-Tonnerre, sobretudo quanto ao "poder moderador". Pensamos que é uma influência de um determinado tipo, que é necessário precisar. Não é uma devoção de discípulo. D. Pedro era mestre por natureza. Ou agia sempre como tal. Não é uma influência por osmose intelectual, por diálogo. D. Pedro gostaria certamente de dirigir, orientar. Trata-se, assim, mais que de uma mera influência (de derivação ou de receção), de uma apropriação, uma adaptação (em certo sentido também uma criação). Dir-se-ia que D. Pedro

[319] A simplista explicação maçónica da ação do imperador do Brasil (que releva de um padrão corrente de teoria da conspiração) é assim resumida por João Ameal – *História de Portugal*, cit., pp. 588-589: "Numa publicação de 1831, em Londres, denunciava-se um comité diretor internacional maçónico, situado em Paris, que teria dado indicações aos seus agentes para substituir as dinastias legítimas por *marionettes* pseudo-monárquicas". E conclui (p. 589): "A maçonaria, que no Brasil o elevou, busca tomar novamente conta de Portugal por seu intermédio". A "conspiração maçónica" é um dos mitos canónicos correntes, cf. Raoul Girardet – *Mythes et Mythologies Politiques*, cit., p. 32 ss.

tinha a ideia nele, e que os teóricos lhe forneceram a formulação e a justificação.

É possível que, a 24 de abril de 1826, D. Pedro tenha sido surpreendido por se encontrar rei legítimo de Portugal. Mas aproveitou-o bem. Aplicou-se ao trabalho com um projeto.

b) O texto. A sua sacralidade

As primeiras questões que se colocam perante uma Carta Constitucional (a sua redação, o seu texto, e a sacralidade que isso implica) são um bom exemplo da confluência das ideias de Benjamin Constant com as necessidades e finalidades de D. Pedro.

Contrariamente aos defensores tradicionalistas do constitucionalismo histórico e material, De Maistre e Bonald[320], Benjamin Constant, mesmo preocupado com a força normativa da constituição, com a sua ligação aos costumes e ao Povo, nega a existência da constituição mítica "esquecida". Tem um grande respeito, e atribui grande importância, ao texto escrito da constituição. Isso não choca a sua veneração pela Inglaterra. Esta será, provavelmente, uma exceção.

Constant era pela constituição escrita e mesmo pela rigidez constitucional[321]. A sua posição é explicada por Paul Bastid nos termos seguintes, aliás já alusivos a uma mitificação:

> "Benjamin Constant tinha vivido demasiado em França numa idade de constituições solenemente redigidas para não suportar, a despeito da sua admiração pelas instituições britânicas, o prestígio do documento impresso dominador. A Revolução tinha solidamente acreditado entre nós a rigidez das Constituições, que ela tinha cercado de formas especiais e nas quais se aprazia em ver de cada vez um arco sacrossanto capaz de desafiar o tempo"[322].

Uma comparação se impõe com o pensamento sobre a constituição de D. Pedro IV:

[320] Cf., *inter alia*, Joseph de Maistre – *Considérations sur la France, suivi de Essai sur le principe générateur des constitutions politiques*, Bruxelles, Ed. Complexe, 1988.

[321] Constant critica a ideia de Godwin, que parcialmente traduziu e anotou, segundo a qual a rigidez constitucional seria um freio ao progresso.

[322] Paul Bastid – *Benjamin Constant et sa doctrine*, Paris, Armand Colin, 1966, II, p. 902.

> "D. Pedro – toda a sua vida o mostra – queria ser um Washington, sem, contudo, deixar de ser um monarca. A liberdade era um presente, e não o reconhecimento de um direito popular. Dar uma CARTA, satisfazia-o; entregar aos Três Estados a decisão das questões pendentes, não só era perder a ocasião de um acto que lhe afagava a vaidade, como era correr o risco das Cortes ganharem consciência própria e desconhecerem os direitos da realeza. Apontou a Stuart o exemplo de 89 em França. Decidira que não fosse ninguém, senão ele, a origem da felicidade dos portugueses. [...] D. Pedro [...] de Portugal nada queria senão um motivo de glória vaidosa e um exército [...]"[323].

Em princípio, Constant é contrário à outorga de cartas. Entretanto, justifica-a, em França. Não é o conjunto de princípios que D. Pedro toma de Constant. É a política real, são as soluções práticas. Serve-se do texto escrito, repele o poder constituinte exercido por uma assembleia: isso permite-lhe a concretização do seu sonho.

Aqui mesmo se revela um dos elementos da sacralização do texto. Porque aquele que dita o texto é o soberano, melhor: a divindade. A divindade ou o autor ou o inspirador do texto sagrado. Uma constituição saída do povo faz do povo deus; uma carta monárquica assegura a divindade do príncipe.

D. Pedro crê na magia do texto escrito. Será a prova da sua demofilia, será a varinha de condão para transformar Portugal, para libertar os seus súbditos...

No entanto, e na mesma ordem de ideias, D. Pedro não está a favor da rigidez constitucional. Dá a liberdade ao seu povo. Toma precauções adequadas. Mas depois, deixa-lhes uma certa liberdade. Aliás, parece que D. Pedro não contava, naquela época, regressar a Portugal[324]. Mesmo assim, poder-se-ia ver aqui precisamente a influência da evolução do pensamento de Constant porque, sem o dizer expressamente,

[323] Oliveira MARTINS – *Portugal Contemporâneo*, I, p. 38. A última frase é uma resposta à carta de D. Pedro a seu pai.

[324] Numa carta a D. João VI, declara: "Eu já não tenho pretensão alguma nem direito à coroa de Portugal; pois de Portugal já disse a V. M. que não queria nada". *Apud* Carlos PASSOS – *O problema da sucessão...*, p. 135.

parece ter evoluído através da revisibilidade de algumas normas de acordo com o aconselhado pela experiência e pela evolução social[325].

Benjamin Constant e D. Pedro eram favoráveis a constituições simples, concisas, dir-se-ia mesmo discretas. Compreende-se assim que Constant "tenha evoluído" através da ideia da revisibilidade das matérias apenas formalmente constitucionais.

Todo o tom da Carta de 1826 é, ou pretende ser, sóbrio, direto, incisivo. O catálogo de direitos no final, sob a forma de últimos artigos da Carta, é compatível com esta mesma ideia, e beneficia da lição de Constant quanto à necessidade de depurar a constituição de proclamações ou declamações excessivas.[326]

Os artigos 140º e seguintes da Carta portuguesa regulam a revisão constitucional.

A revisão não é possível senão quatro anos depois do juramento, por proposta escrita de um terço dos deputados (art. 140º). E o processo não é muito complexo ou difícil. Aliás, o artigo 144º, retoma uma ideia de Constant: faz a divisão do que nós chamamos hoje *materialmente e formalmente* constitucional. Apenas o materialmente constitucional deve ser submetido ao processo mais completo da revisão. O resto será de revisão simples, como o das leis ordinárias.

Ora, na determinação daquilo que no texto é sagrado, daquilo que é verdadeiramente "constitucional", aí está a teoria de Constant: "Art. 144º – É só Constitucional o que diz respeito aos limites e Atribuições respectivas dos Poderes Políticos, e aos Direitos Políticos e Individuais dos Cidadãos."

Retomando o mito: voltamos à lição do art. 16º da Declaração dos Direitos. O que é mais fortemente constitucional é o conjunto dos direitos e a separação dos poderes. Esta é a nova lição de Constant e de D. Pedro.

[325] Tal é também a opinião de Paul Bastid – *Benjamin Constant et sa doctrine*, Paris, Librairie Armand Colin, 1966, 2 vols. p. 909.

[326] Idem – *Benjamin Constant*, cit., p. 904, sintetiza o pensamento do seu autor: "Tudo o que não respeita aos limites e às atribuições respetivas dos poderes e aos direitos individuais, dele [do âmbito propriamente constitucional] não faz parte. O domínio constitucional encontra-se assim estritamente limitado, sem que de resto, para estes últimos, pareça conter uma declaração liminar solene: nunca fala, com nosso conhecimento, das declarações de direitos do período revolucionário e não parece atribuir-lhes uma importância especial."

E isso prova também o profundo valor deste texto enquanto matriz e narrativa fundadora de todo o constitucionalismo de raiz francesa. E como está em epígrafe e, em grande parte reproduzido pela Constituição de 1791, é também a importância mítica desta primeira constituição escrita que está em jogo.

c) O poder moderador

A importância real do poder moderador é que ele representa uma tentativa para salvar o rei, salvando ao mesmo tempo o constitucionalismo – ou a sua face. E não o faz timidamente, mas reabilitando plenamente os poderes reais, no contexto de uma monarquia constitucional, quer dizer, ali onde os seus poderes devem conviver com outros poderes, saídos de outras forças e legitimidades.

Viu-se que a rígida separação dos poderes, a ausência de diálogo entre eles e a fraqueza da figura do rei na Constituição Francesa de 1791 (ou na Portuguesa de 1822, se tivesse tido tempo para se desenvolver na prática) haviam tornado impraticável esta forma de governo, utópica (quimérica). Tinha-se também concluído que o puro regime de assembleia tinha terminado na negação prática dos direitos, um dos aspetos mais importantes do constitucionalismo.

E as experiências napoleónicas também não eram de constitucionalismo, mas o caminho do cesarismo para a ordem imperial burguesa (que é diferente da ordem liberal burguesa do puro modelo constitucional). Depois de um rei que se vira obrigado a enfiar o barrete frígio, depois de uma assembleia que coroa com louros os seus próprios membros, depois do general que se coroa a si próprio Imperador, é a afirmação da coroa como poder *a se stante* (e em diálogo preponderante com os outros). Em resumo, é a assunção do rei como poder dominante, uma vez que parece existir sempre um poder dominante[327]. Esta verificação de facto por vezes é invocada quase como se fora de direito – como virá a ocorrer na discussão da Constituição de 1911.

[327] Os factos encarregam-se de fazer prevalecer um dos poderes, se isso não estiver já determinado como tal na Constituição. Quer dizer que a constituição real prevalece sobre a constituição formal. Assim, a força normativa dos factos prevalece sobre a força normativa da constituição (escrita). Cf. Paulo Ferreira da Cunha – *Reservas de Poderes ou Poder dominante, in* "Nomos. Revista Portuguesa de Filosofia do Direito e do Estado", in ex in *Pensar o Direito*, vol. I, p. 307 ss.

Parece que na constituinte alguns monárquicos tiveram já a previsão da necessidade de não humilhar o rei para não perder a liberdade. É por causa disso que a defesa do veto absoluto ou da nomeação dos juízes pelo rei tem coerência.

Clermont-Tonnerre[328] afirma, já desiludido da sua derrota: "Constantemente defendi os direitos do rei, porque é pelo seu enfraquecimento, e pelo aviltamento da realeza que se quis preparar o caminho[329] para um novo género de despotismo".

Entretanto, parece que a ideia se encontrava já no texto mítico e fundador de Montesquieu sobre a Constituição de Inglaterra[330]. O poder moderador seria esta "força moderadora" para temperar o executivo e o legislativo, tendo como titular a Câmara Alta, "a parte do corpo legislativo composta de nobres"[331]. É sempre o problema da distribuição do poder pelos seus diversos pretendentes, e também a existência inelutável de um poder predominante que nesta teoria se identifica com a força moderadora.

Nem Montesquieu, nem Clermont-Tonnerre, nem Benjamin Constant empregaram a expressão "poder moderador". Também a Carta Francesa ignora tal sintagma. Sob certo aspeto, trata-se de uma relativa originalidade.

À primeira vista, poder-se-ia pensar numa total originalidade do texto, porque o primeiro artigo, especificamente dedicado ao rei, o 71º, considera que "O Poder Moderador é a chave de toda a organização política [...]"[332].

Trata-se, evidentemente, de um problema de designação. A expressão foi provavelmente original. Com a coragem de incluir num texto constitucional um quarto poder – e que poder! – quebrando assim a

[328] Para Trindade COELHO – *Manual Político...*, cit. p. 202, Clermont-Tonnerre (mas de facto, ele fala de Clement Tonnerre... *Lapsus calami*?) seria o pai da teoria do poder moderador.

[329] *Recueil*...t. I, p. 39-40, *apud* François FURET/Ran HALEVI (textos estabelecidos, apresentados e anotados por...) – *Orateurs de la Révolution française*. I. *Les Constituants*, cit., p. 1259.

[330] Cf. MONTESQUIEU – *De l'Esprit des Lois*, XI, VI.

[331] Tal é a interpretação de João de SCANTIMBURGO – *O Poder Moderador. História e Teoria*, São Paulo, Livraria Pioneira Edit., 1980, p. 5 ss.. Cf. ainda Nelson SALDANHA – *A Teoria do Poder Moderador e as Origens do Direito Político Brasileiro*, in "Quaderni Fiorentini per la Storia del Pensiero Giuridico Moderno", Milano, Giuffrè, 18, 1989, p. 253 ss.

[332] Trindade COELHO – *Manual Político...*, cit., p. 202.

magia do número três na repartição dos poderes. Mas o autor é o primeiro a reconhecer que havia inspirações estrangeiras, nomeadamente francesas, na Carta. Não as cita, mas muitas destas influências referem-se precisamente à organização do poder, e aos poderes do rei.

Falar de poder moderador, é falar do reforço do poder real, tal qual está na Carta portuguesa ou francesa.

No entanto, subsiste um problema. Algumas vezes, nos escritos de Constant, o poder do rei parece não ser dominante, como o é na conceção de D. Pedro, mas sobretudo equilibrador. Evidentemente que o argumento do Imperador do Brasil é o mesmo... Mas o fim é diferente.

Quando Constant fala de "a chave de toda a organização política", não considera que ela resida num quarto poder. A chave não é uma nova prerrogativa real. É, segundo António Pedro Ribeiro dos Santos, a distinção entre o poder real e o poder executivo[333]. E Constant considera o poder do rei como "um poder neutro"; assim, o rei nada dirige, "tempera" as relações entre os poderes tradicionais[334]. A neutralidade do rei faz com que ele reine sem governar[335], sendo "neutro", "acima das agitações humanas"[336].

Pode haver qualquer coisa de mítico (como bandeira de luta e discurso de legitimação) na influência de Benjamin Constant na Carta, sempre invocada.

Ser neutro ou ser o que tempera, são já coisas um pouco diferentes. Mas temperar é, efetivamente, moderar. Então, porquê esta objeção?

É que não estamos seguro de que o texto e as intenções de D. Pedro fossem a moderação e menos ainda a "neutralidade". É assim paradoxal que Constant fale de um poder real quando quer um rei moderado

[333] António Pedro Ribeiro dos Santos – *A Imagem do Poder* no *Constitucionalismo Português*, cit., p. 425.

[334] Benjamin Constant – *Cours de Politique Constitutionnelle ou Collection des Ouvrages publiés sur le gouvernement representatif*, 2ª ed., Paris, Librairie de Guillaumin et Cie, 1872, I, p. 177 (1ª ed., 1818); *Ibidem*, p. 179.

[335] Mais tarde, Eça de Queiroz ridicularizará esse reinado tão falto de poder na prática que foi a monarquia constitucional portuguesa: "– Mas, esse rei reina? – Reina – como quando se diz na descrição de uma sala: no alto, ao pé da cornija, *reina* um friso dourado..." Cf. Eça de Queiroz – *Uma Campanha Alegre, de 'As Farpas'*, Porto, Lello & Irmão, 1969, vol. II, p. 8.

[336] Nesse sentido, *v.g.*, Jean Touchard (dir.) – *Histoire des Idées Politiques*, trad. port., *História das Ideias Políticas*, Lisboa, Europa-América, 1970, 7 vols., vol. V, p. 94-95.

e moderador[337], e D. Pedro (e a Carta Portuguesa) de um poder moderador, pertencente ao rei, que ele quer "a chave de toda a organização política". O rei, não o poder, que não é nada sem o seu titular único.

Na verdade, a Carta era um cheque em branco aos monarcas. "[...] Concedia tam largos poderes à coroa que só à interpretação liberal dos monarcas se deveu o não tranformar-se em instrumento de despotismo êsse código de liberdade [...]"[338].

É o que nos diz Carlos de Passos, retomando uma ideia de Pinheiro Chagas. E conclui pelo mitismo da Carta, sob um disfarce de propaganda, etc., como *inadæquatio verbi ad rem*: "Eis, portanto, um absolutismo disfarçado com o travesti [sic] liberal"[339].

Conclusão: o liberalismo do rei liberal e da sua Carta é um mito. Foi forjado pelas circunstâncias, pelos sucessores de D. Pedro, pelos Atos adicionais, pela situação nas ruas e nas assembleias[340]. Não é, de modo algum, obra de D. Pedro.

Para não tirar o elemento mítico, é preciso salientar que o poder moderador pode mesmo ser miticamente identificado com os pretensos famosos antepassados[341], como o governo misto, ou moderado, e estar assim ligado a Aristóteles ou a S. Tomás de Aquino. Isso pode discutir-se quanto ao espírito, ou quanto a uma eventual convergência teleológica. Mas não é caso para assimilar os conceitos, ou para os confundir.

A existência de um poder moderador, pode assim ser mitificada - e em Portugal e no Brasil mais eficazmente ainda - pela sua identificação ou analogia à antiga constituição pré-constitucionalista.

Mas trata-se de uma mistificação.

337 Esta moderação implica a intervenção nos casos difíceis: "Se a ação do poder executivo, quer dizer dos ministros, é irregular, pois o rei destitui o poder executivo se a ação do poder representativo se torna funesta, então o rei dissolve o corpo representativo. Enfim, se a própria ação do poder judiciário é deplorável, porquanto se aplica a ações individuais penas gerais muito severas, nesse caso, o rei tempera esta ação pelo seu direito de graça." Benjamin Constant - *Cours de Politique Constitutionnelle...*, cit., p. 179.

338 Carlos de Passos - *O problema da sucessão...*, p. 131.

339 *Ibidem.*

340 A um tal ponto que, em 1871, em pleno regime da Carta, Eça de Queiroz podia dizer a propósito da monarquia: "No entanto a opinião liberal continua a declarar que existe um trono. Existe para ela como um efeito de Quintiliano - como um movimento de eloquência para os discursos de grande gala". Eça de Queiroz - *Uma Campanha Alegre*, I, p. 17.

341 João de Scantimburgo - *O Poder Moderador...*, cit., p. 8 ss.

A especificidade do verdadeiro poder moderador é também dada pela sua criação histórica. Ele representa uma certa reação ao constitucionalismo diretamente representativo. Saída do princípio monárquico, embora rica em demofilismo, esta ideia-força é um elemento de contrarrevolução, ou de constitucionalismo moderado, não um regresso às velhas instituições.

Resumindo, em Portugal, insere-se politicamente nessa categoria da direita clássica que é o bonapartismo; não no legitimismo[342]. E é de inspiração francesa, de época recente. Mas o seu mito original pode ir buscar-se muito longe.

Em todo o caso, se é verdade que as raízes longínquas desta carta são fantasistas e sobretudo desprovidas de rigor técnico, conceitual, deve repensar-se o verdadeiro legado de Constant no nosso texto. Pode tratar-se de uma nova falsificação das influências[343]. Agora para fazer passar como francesa – e assim necessariamente revolucionária – uma teoria conservadora.

No fundo, as razões são quase inversas das que proclamavam uma avassaladora influência espanhola.

Há influência, certamente. Mas onde termina a influência de estilo, e onde começa uma mais profunda causalidade?

d) A Carta Francesa e a Carta Portuguesa. Perspetiva de conjunto

O constitucionalismo português de 1822 teve, como abundantemente vimos, uma falsa via de inspiração indireta – a Constituição espanhola.

O constitucionalismo cartista de 1826 assentou sobre um texto diretamente utilizado (um instrumento de redação, mais até que de simples inspiração) – a Constituição Brasileira.

A Constituição de 1822 retomou algumas fórmulas da de Cádis, mas sobretudo propagou a influência espanhola para ocultar a influência francesa, real, da Constituição de 1791.

A Carta de 1826, copiada em parte do texto brasileiro – ou mais ainda, sendo uma reprodução corrigida desse texto – uma vez que foi

[342] Dominique Venner – *O Modelo Napoleónico*, in "Futuro Presente", nº 14, 1983, p. 13 ss.

[343] As influências da Carta e de Constant nos textos brasileiro e português são consideradas parciais por António Pedro Ribeiro dos Santos – *A Imagem do Poder* no *Constitucionalismo Português*, cit., p. 426.

feita pelo mesmo autor material, pelo mesmo inspirador, D. Pedro, tem, na realidade, as mesmas fontes que a Constituição brasileira de 1824.

E é evidente que o texto original pai de ambos, brasileiro e português, é o de Benjamin Constant, *Esquisse de Constitution*, de 1814[344]. Pelo menos no plano das formas e das aparências. A influência vai até à transcrição (em tradução, evidentemente) de muitas passagens[345].

Além da doutrina, o texto constitucional mais influenciador da Carta Portuguesa é, sem dúvida, a Carta Constitucional francesa de 4 de junho de 1814.

Vê-se aí a mesma moderação e o mesmo espírito conciliador[346] face aos partidos e ao passado[347].

A idade do ferro do passado recente deve ser esquecida. Mas a Carta portuguesa (ao contrário da francesa), não menciona algo de paralelo às "sábias" ordenações de Luís XIV. O Preâmbulo português limita-se à fórmula de promulgação. Ela é assim menos explicitamente mítica. Dir-se-ia mesmo que a justificação de algumas soluções ou mitificações portuguesas deverá ser procurada diretamente no Preâmbulo francês. Assim, a criação da segunda Câmara é apresentada como recuperação do passado (o mesmo discurso de legitimação que as Constituintes de 1791 tinham utilizado para o conjunto da sua constituição), reatualização de um mitema da idade do ouro: "nós vimos na renovação do pariato uma instituição verdadeiramente nacional, e que deve ligar todas as recordações a todas as esperanças, reunindo os tempos antigos e os modernos".

Se o "nacional" tem o sentido de "histórico" ou "tradicional", o final do texto lança uma ponte entre a idade do ouro mítica e a utópica, futura.

344 Este texto seria mais tarde incluído no *Cours de Politique Constitutionnelle*, vol. I.

345 No mesmo sentido, Marcello CAETANO – *História Breve das Constituições Portuguesas*, p. 32.

346 *V.g.* Jacques ELLUL – *Histoire des Institutions*, vol. V, cit., p. 298.

347 Uma coincidência significativa entre as Cartas é a introdução da Câmara dos Pares, essencialmente aristocrática e dependente da nomeação real.

O mesmo papel providencial do rei que regressaria (sendo o seu retorno antecipado pelo envio da sua Carta[348] e a promessa do envio de sua filha, para Portugal) dá ao monarca uma dimensão de salvador[349].

O rei é sagrado. Depois do "dilúvio" e da guilhotina, tenta-se recuperar o mito do rei[350]. "A pessoa do rei é inviolável e sagrada", afirmam logo o art. 13º da Carta francesa e o 72º da portuguesa. O resto do artigo português não é mais que uma perífrase do francês: "ele [o rei] não está submetido a qualquer responsabilidade". O texto francês diz: "Os seus ministros são responsáveis. Apenas ao rei pertence o poder executivo". A maior vacuidade do texto português sublinha a tendência portuguesa para ser mais papista do que o Papa. Na importação da Constituição de 1791, os portugueses foram mais democráticos. Agora, são mais realistas, mais monárquicos. De facto, é ainda mais livre não dizer, no art. 72º, que os ministros são responsáveis. Se mesmo os ministros podem não ser responsáveis, parece que a responsabilidade do rei diminui ainda mais.

É importante assinalar ainda um aspeto. A Carta francesa quer (como já Napoleão... entre outros – e até depois Augusto Comte) acabar com a revolução. A Carta Portuguesa também o quer. A diferença é que a França, na época da sua Carta, tivera já vários regimes e constituições, e uma perturbação completa das suas estruturas e da sua mentalidade. Em Portugal[351], tudo era diferente. A única revolução tinha sido a de 1820, e embora a sua obra legislativa fosse já considerável, a sua aplicação era quase nula.

Assim, aparentemente, a Carta portuguesa prefere evitar uma nova revolução a dar fim à que mal começara.

Isso explica as diferenças existentes entre as constituições em causa. Por exemplo, era impossível nessa altura ter, em Portugal, um artigo

[348] A Carta é também um pouco o totem do Rei, não somente o seu símbolo, mas seu substituto... "o rei sob forma escrita"...

[349] Entre nós, é também a ideia do sebastianismo cumprido: o retorno de D. Sebastião acaba por não passar da outorga de uma Carta. O rei que deveria reinar eternamente é substituído por uma Carta que, essa sim, deveria durar eternamente, para a felicidade geral.

[350] De facto, o rei nunca morre. Um dos seus corpos, pelo menos... Cf. Ernst Kantorowicz – *Les deux corps du roi* (trad. fr. de *The King's two bodies. A Study in Mediaeval Political Theology*, Princeton University Press, 1957), Paris, Gallimard, 1989.

[351] No Brasil, a situação era, neste aspeto, bastante semelhante.

como o 71º da Carta Francesa. Não se podem confirmar antigas e novas nobrezas, porque não havia senão uma....

Entretanto, a intenção de conciliar os campos adversos, o passado e o futuro, sob o cetro real, é a mesma.

e) Ecos da Carta Portuguesa em França

A assimetria das relações não permite certamente falar de uma influência portuguesa da Carta portuguesa em França. Mas houve, mesmo assim, entusiastas franceses pela política e pelos textos portugueses. É disso que se trata agora.

Citaremos um só nome: Eugène Jaffeux[352].

O autor, que se apresenta como imparcial, considera como "Cartas" a Constituição de 1822 e a Carta, propriamente dita, de 1826. O estudo é uma apologia da Carta de D. Pedro:

> "É ele [D. Pedro] quem prevaleceu e na minha opinião era ele que devia prevalecer, porque me parece de facto mais conforme à Razão, à justiça, e ao mesmo tempo o mais conveniente para Portugal, onde as antigas crenças jogam ainda tanto a seu favor[353].

Os mitos da razão e da tradição amalgamam-se.

O Autor declara-se partidário de uma liberdade sem abusos[354], e não é muito otimista quanto à natureza humana: "os homens não mudaram"[355]. E lembra também a mitologia da Revolução enquanto ritual de renovação de um mito antigo:

> "Pois enfim, esse povo [...] exerceu o seu direito de controlo sobre todos os atos do poder. Ainda a respeito disso, pode afirmar-se, ele não fazia mais do que recuar ao lugar que se tinha destinado originalmente, na época da fundação da monarquia, quando elegiam os seus reis por aclamação, e lhes davam por trono um escudo"[356].

[352] Eugene Jaffeux – *Les deux Chartes portugaises*, Paris, Gustave Barbo, Lib., 1837.

[353] *Ibidem*, p. 8.

[354] *Ibidem*, p. 9.

[355] *Ibidem*, p. 10.

[356] *Ibidem*, p. 15.

Eis os Celtas, e especificamente os Gauleses, que regressam a galope...

O mito da separação dos poderes está sempre presente, e é em grande medida por causa de uma boa versão desse mito que a Carta portuguesa colhe a simpatia do escritor: "O ponto mais essencial a examinar em toda a constituição é pois o que olha as atribuições dos poderes; é a chave de abóbada do edifício..."[357].

A separação dos poderes deve ser rígida, segundo lhe parece:

> "[...] é preciso que os poderes sejam ponderados pela constituição [...] sem jamais se chocarem entre si, nem uns procurarem usurpar os dos outros. Esta condição é a de mais extremo rigor, porque toda a fricção, em casos semelhantes, determina como na mecânica graves acidentes [notamos o uso de argumentação saída da Física], o menor dos quais é a paragem da máquina"[358].

Politicamente, isso conduziria à anarquia.

Mas, se as interpretações duvidosas da Carta Francesa, no respeitante à distribuição dos poderes, conduziram ao segundo exílio dos Bourbons, o mesmo não acontecerá com as Cartas portuguesas. Desta vez, o Autor louva os dois textos constitucionais: "A este respeito, faço com prazer a observação, a constituição de 1821 [*sic*] e a de 1826 não deixam nada a desejar. Esta responsabilidade encontra-se aí expressamente determinada, foi sabiamente dispersa pelos membros do corpo judiciário[359].

Estava em questão sobretudo a ambiguidade do artigo 14º da Carta francesa de 1830, perante a precisão "casuística" dos textos portugueses. Tudo isso em honra do mito da separação dos poderes.

A despeito da simpatia de M. Jaffeux, a verdade é que, pelo menos ao princípio, a receção em França das novas da experiência portuguesa (assim como da espanhola) não foi muito entusiástica. Muito pelo contrário. O democratismo muito radical dos constitucionalistas ibéricos foi objeto de duras críticas. M. De Martignac foi um dos deputados franceses a criticar os excessos peninsulares, e na câmara de Paris, também a voz de Chateaubriand verberaria os nossos "excessos".

[357] *Ibidem*, p. 21.

[358] *Ibidem*, p. 17.

[359] *Ibidem*, pp. 18-19.

A Inglaterra também condenava a Espanha e Portugal pela voz dos seus deputados. As duas potências europeias não gostavam nem da Constituição de Cádis nem da nossa, de 1822[360].

3.2.2. Análise dos Mitos

a) Transfiguração do mito do rei

Não se pode conceber a Carta Constitucional sem a personalidade de D. Pedro. Ela é muito sua criação, mesmo que tributária de outras influências reconhecidas. Porque sem D. Pedro não haveria Carta. É o ato de um homem, o único homem que podia fazê-la.

E a Carta deriva de uma projeção mítica do homem D. Pedro. Foi outorgada para servir de instrumento à sua vontade de posar para a História e de fazer História. Mas não insistamos demasiado no subjetivismo na análise de factos. Sempre mais ou menos é possível deitar a perder ideias e movimentos olhando os seus protagonistas por um lado mais antipático, caricatural ou negativo em geral. Resvalar para essa *petite histoire*, mais do que um punhado de sal para dar colorido à ação, prejudica a compreensão do conjunto.

Assim, o primeiro mito ligado à mitocrítica desta época constitucionalista é o do rei, do Imperador, seduzido pela imagem mais bonapartista que napoleónica do herói libertador e organizador, ou, melhor ainda, do herói fundador. E o mito do herói fundador era, na América, já o de um outro, triunfante e não exilado: era Simão Bolivar[361].

D. Pedro, seduzido pelo mito do herói latino-americano, quer readaptá-lo. Quer conjugar o barrete revolucionário com o diadema real. Uma república coroada era o regime de 1822. Uma monarquia republicana seria o paradigma de D. Pedro.

Ideias políticas do monarca constitucional? Talvez, ao mesmo tempo, um tudo-nada conservador, por têmpera mais cioso do poder que seu pai, que se vira investido em rei constitucional forçado, apesar de contrário às tiradas populistas.

[360] Sobre toda esta questão, Mascarenhas BARRETO – *Memórias...*, cit., I-II, p. 266 e 271.

[361] Cf. uma coincidência de apreciação de Oliveira MARTINS – *Portugal Contemporâneo*, cit., vol. I, p. 39.

Acrescente-se ainda o amor do rei pelos seus vassalos. Mas transfigurado em retórica exterior e concentração de poderes na explícita propaganda da separação mítica.

E finalmente adicione-se o mito do rei, unido ao seu reino e ao seu povo como o velho rei Artur do ciclo Bretão. Mas doravante unido por laços ditos racionais, e não místicos.

Laços racionais – a começar pela Carta, que é, na verdade, a teia dos diversos fios – que têm (como habitualmente sucede nestes casos) outros preconceitos, outros argumentos legitimadores, outras bases míticas.

Mas a situação da Carta portuguesa torna-se muito grave, porque afirma a coexistência de mitos contraditórios. Nomeadamente, no que respeita à soberania. O povo não é mais soberano como era antes. Agora, o governo torna-se monárquico, hereditário e representativo[362]. O último qualificativo choca com os dois primeiros. Mas a conciliação é feita numa mistura de mitos, um ecletismo singular.

Chega-se a conciliar representatividade e monarquia e hereditariedade na pessoa do rei. Porque o rei é considerado como um representante da nação, assim como as Cortes, depositárias tradicionais desta carga mítica. O art. 12º declara-o: "Os representantes da Nação Portuguesa são o Rei, e as Cortes Gerais"[363]. Curiosa maneira de esvaziar de sentido um conceito revolucionário (o da representação[364]).

Mais uma vez, embora a ideia esteja presente na Carta francesa, entre as funções do rei, nomeadamente na sua ação legislativa[365], ela não tinha ousado ir tão longe.

O rei muda de face. Tem dois corpos. Antes e depois da restauração, antes e depois da Carta portuguesa (que, como habitualmente, exagera e aprofunda o que recebeu), o seu mito é diferente. Rei absoluto, rei representante.

[362] Art. 4º. – "O seu governo [da Nação Portuguesa] é Monárquico, Hereditário e Representativo".

[363] Art. 12º. – "Os representantes da Nação Portuguesa são o Rei, e as Cortes Gerais."

[364] Sobre a representação em geral, uma síntese em Paulo Ferreira da Cunha – *Política Mínima*, 2ª ed., Coimbra, Almedina, 2005, p. 198 ss. e mais desenvolvimentos no autor tradicionalista contemporâneo José Pedro Galvão de Sousa – *Da Representação Política*, São Paulo, Saraiva, 1971.

[365] Cf. artigos 13º a 22º da Carta francesa.

"O rei está morto. Viva o rei"

O novo mito do rei seria o rei-soldado, sobrenome com que os liberais o fazem passar à história. Esse rei-soldado seria, para os legitimistas, um bonapartista, um arrivista. O cognome que lhe deram foi o de "o usurpador".

b) A caixa de Pandora e a Serpente autofágica

> [Stuart] embarcou com a pasta dos papeis [contendo o texto da Carta], boceta de Pandora que, ao abrir-se em Portugal, desencadeou a anarquia – sem que no fundo restasse, como no velho mito, a esperança de um futuro!
>
> OLIVEIRA MARTINS – *Portugal Contemporâneo*[366]

A Caixa de Pandora, que promete todos os bens, é também a que encerra todos os males.

Abre-se a caixa para obter a felicidade utópica, e eis que todos os males saem.

Fecha-se a caixa demasiado tarde. Mas nos seus bordos, ou no seu fundo, resta a esperança. E isso é um bem.

Esta história mítica[367] aplica-se de algum modo à história da Carta.

A Carta era para o homem que a Caixa abriu – que a Carta fez – a consumação do bem político.

D. Pedro decreta-a. Problemas, muitos problemas – até a guerra – sobrevêm.

Mas, miraculosamente, os liberais constitucionalistas acabam com o tempo por lutar pela esperança da Carta, o menor dos males convertido em bem.

E mesmo quando o absolutista D. Miguel dissolve as Cortes liberais, não o faz baseado na sua legitimidade de monarca absoluto, mas invocando – paradoxalmente – a Carta.

É uma síntese por habituação, e é também um "suave milagre"[368]... Em Portugal, a história constitucional contará com uns tantos.

[366] Oliveira MARTINS – *Portugal Contemporâneo*, vol. I, p. 39.

[367] Edith HAMILTON – *A Mitologia*, trad. port., 2ª ed., Lisboa, Dom Quixote,1979, pp. 96, 101, *et passim*.

[368] António REIS – *O Suave Milagre da Constituição*, in "Opção", ano 1, nº 7, 1976.

Esta síntese (à qual o hábito dará a aceitação geral) estava já no pensamento do seu autor. O seu objetivo era a reconciliação nacional:

> "as antigas instituições saão adoptadas, e accomodadas a esta idade, tanto quanto o permite hum intervalo de quasi sete séculos, tendo esta Carta modelos nas actuaes instituições de outras nações, que se dizem, e são as mais civilizadas e as mais prósperas".[369]

É a confissão da influência estrangeira e do mito do progresso. O mito da idade do ouro e da tradição estão presentes, mas de forma muito ténue, em comparação com os novos mitos.

Há uma encruzilhada de legitimidade (ou de legitimações): as Cortes tradicionalistas são convocadas após a dissolução das Cortes constitucionais segundo a Carta Constitucional.

E assim Charles Stuart exigiu a D. Pedro que a outorga da Carta fosse precedida do juramento da mesma Carta precisamente pelos Três Estados, no modo tradicional.

É o mito (ou o tema) da serpente que morde a sua própria cauda. Isto tem por consequência que, aparentemente, a legitimidade regressa às Cortes tradicionais. Porque elas consentiram na Carta, e depois, pelo autorreconhecimento da falência dos mecanismos desse documento, os Três Estados regressam, reassumindo a "soberania".

É assim um eterno retorno. E um eterno contorno.

A evocação do mito não é uma elaboração ulterior de teóricos.

É contemporânea da outorga da Carta.

O "ministro do reino" do conselho de regência de D. Isabel Maria tinha já qualificado a prenda de D. Pedro de "funesta" e de "caixa de Pandora"[370]. Fomos assim pioneiros nesta qualificação para instrumentos constitucionais[371]...

[369] Biblioteca da Academia das Ciências de Lisboa, *Legislação Portugueza*, 40, sem número, "Proclamação", Palácio da Ajuda, a 12 de Julho de 1826, citado por Joaquim Veríssimo Serrão – *História de Portugal*, cit., vol. VII, pp. 400-401.

[370] Cf. Carlos de Passos – *Reinado de D. Pedro IV e Regência Constitucional*, in *História de Portugal*, Dir. de Damião Peres, cit., vol. VII, p. 145.

[371] Como se sabe, também o antigo Presidente da República Francesa, Valéry Giscard D'Estaing, assim qualificaria o Projeto de Tratado Constitucional Europeu, a cuja Convenção elaboradora presidiu, no sentido de a considerar blindada a alterações. Como é também sabido, os referendos negativos a tal projeto, na França e na Holanda, levariam a um con-

A imagem é tomada por muitos historiadores. Mas, como de costume, ganha a sua maior dimensão mítica com Oliveira Martins.

c) O ritual da Carta

Há vários mitos e ritos, símbolos, e figuras próximas envolvendo a Carta. Uma das mais interessantes é o conjunto de hinos, alegorias, poemas, festas, etc.. Estes documentos provam usualmente, de uma maneira muito clara, a condição mítica do poder e as dificuldades deste período em particular.

Menos de cinquenta anos após a outorga da Carta, parece que ela não vive senão como um cadáver, nem sequer pelas suas fórmulas, mas apenas pela sua ritualização mais exterior: a da comemoração: "– E por onde se governa esse país? – Este país tem a Carta, que se manifesta todos os meses nas músicas regimentais – em hinos, e actua nas repartições de ano a ano – em suetos... É tudo o que o país sabe dela".[372]

No princípio era diferente. O entusiasmo dos moderados sucede à surpresa por um texto que ninguém esperava. Mas pode dizer-se que a presença ritual era também um facto. Há duas formas de ritual: o ativo, o "conquistador"; e o passivo, póstumo, rotineiro. É a diferença entre o texto de Eça de Queirós e, por exemplo, o Hino da Carta composto por D. Pedro. Assinale-se que ele já utiliza as técnicas modernas dos mitos políticos atuais, em que a repetição desempenha um papel importante[373]. O texto continua a mescla, já efetuada pelos homens de 1820, entre a antiga e a nova religião, agora sublinhada pela expressão "divinal constituição". A evocação da Pátria e da ordem vai ser explicada pelo mito da unidade e da infalibilidade do rei, titular desse elemento de originalidade da divina constituição, o poder moderador.

Curioso paradoxo mítico: o rei liberal proclama a sua infalibilidade pela voz da propaganda (um hino); o rei absolutista não o faz. Mas é claro que não o faz porque pressupõe que não precisará sequer de o fazer...

gelamento do processo referendário. Sobre a questão, até a esse momento, v. o nosso livro *Novo Direito Constitucional Europeu*, Coimbra, Almedina, 2005.

372 Eça de QUEIROZ – *Uma Campanha Alegre*, Porto, Lello, nova ed. 1969 (1ª ed. 1890), II, p. 8.

373 André RESZLER – *Mythes Politiques Modernes*, cit., p. 213.

Textos como este, haverá vários ao longo dos primeiros tempos constitucionais[374].

Depois da imposição do juramento da Carta, ditada pela ameaça das armas de Saldanha, as manifestações rituais de alegria multiplicam-se. Serenatas na Rua da Flores, piquetes revolucionários, balões, bandeiras, flores lançadas das janelas sobre Saldanha e suas tropas, vitoriosas como heróis[375]. Este "salvador" dador de Lei acabará exilado, inimigo de todos os partidos. Entretanto, cantava-se:

> "A Lusa herdade glória reverdece,
> O lugar de Nação Lísia retoma
> E ao seu libertador mil hinos tece".[376]

Ou, com mais entusiasmo, agrupando os mitos heroicos do momento:[377] "Viva, viva p'ra sempre, oh portugueses! Pedro, Constituição, Pátria, Saldanha!"

Os versos são quase sempre de uma ínfima qualidade – a começar pela rima. Mas se toda a gente os fazia... Até Passos Manuel, jovem de vinte anos, no velho estilo clássico, romano, falando de Catões e de Brutus[378]. Os Passos tinham organizado festas revolucionárias para a Carta, onde não faltava nem o obelisco, nem alegorias constitucionais, nem sequer um "templo de Memória", cheio de Luzes (*proprio sensu*).

[374] Falando também da "Divina Constituição", *apud* Oliveira Martins – *Portugal Contemporâneo*, vol. I, p. 42, Anónimo, Lisboa, Imp. Rua dos Fanqueiros, 129, 1884: "[...] He Pedro Augusto/O Grande Catão/Que do despotismo/Defende a Nação//Infames despotas/As armas baixai/Pois sabei que Pedro/Nos serve de Pai//[...] Pai e Filha são dois ídolos/A quem adora a Nação/Hum jura, outro defende/Liberal Constitutição//[...] Viva Pedro sem segundo/Que resgatou a Nação/Sem força livra cidades,/He mais feliz que Catão//Deixa o Brasil e dá C'roas/Vem fazer-se cidadão/Abandona o que lhe é caro/Só por salvar a Nação//Sereis felizes, Portugueses,/Se vos virdes em união/Com hum Chefe que vos rege,/Vos dá alta protecção."

[375] Cf. Carlos Babo – *As Luctas Liberaes*, cit., p. 36; Oliveira Martins – *Portugal Contemporâneo*, cit., vol. I, p. 39 e ss.

[376] *Apud* Oliveira Martins – *Portugal Contemporâneo*, vol. I, p. 43.

[377] *Ibidem*.

[378] *Ibidem*, pp. 43-44.

As presenças míticas da personificação da Constituição, da Nação, da Pátria, a deificação dos heróis, e a reassunção dos mitos e das personagens da Antiguidade clássica, são as grandes constantes. Tudo isto é, evidentemente, uma tardia reassunção da mitologia da Revolução Francesa[379].

4. Nótula sobre a História subsequente

Esta ritualização algo folclórica da Carta não subsistiu, como se sabe. Tal deveu-se à absorção burocrático-conservadora dos seus já moderados impulsos liberais, que, como vimos, haviam sido enfatizados como instrumento de luta durante a guerra civil, não convencendo bem os genuínos vintistas. Foi essa a sorte do texto, que, aplicado moderada ou até distraidamente por todos, foi sobrevivendo, remendado por Atos ao sabor dos ventos, até que a República se viu na obrigação de lhe substituir um documento em que o rei, *de iure* deixasse de reinar. O constitucionalismo cartista dura, assim, até, 1910 (e, em parte, 1911, data da constituição republicana); mas já em 1826 terminara na lei fundamental a soberania popular, e, com ela, encerrara-se o primeiro ciclo propriamente constitucional em Portugal.

Esse longo período de constitucionalismo cartista corresponde, melhor que os momentos inflamados e fugazes das proclamações e dos debates, à síntese por habituação entre os "brandos costumes" nacionais (talvez então ainda vigentes: hoje já são discutíveis) e as ideias revolucionárias francesas. Fruto de ideologias filtradas pela mão de um generoso e empreendedor imperador do Brasil que um dia se viu rei de Portugal, em dialética, sedimentação e subtil fusão com o radicalismo vintista de um lado, e tradicionalista, do outro. Verifica-se, pois, no irrecusável pano de fundo da influência, o rasgo da originalidade adaptadora, sobretudo, e paradoxalmente, nos momentos menos voluntaristas – o que corresponde ainda melhor à expressão de um génio próprio e fecundo. Que se manifesta mesmo nesses períodos históricos críticos em

[379] Fernando Díaz-Plaja – *Griegos y Romanos en la Revolución Francesa*, Madrid, Revista de Occidente, 1960; Denise Leduc-Lafayette – *J.-J. Rousseau et le Mythe de L'Antiquité*, Paris, Vrin, 1974.

que as ipseidades dos vários círculos de pertença portugueses[380], como o junco, por vezes dobram, mas, todavia, não partem, aos ventos de ideias e forças estrangeiras, por avassaladoras que pareçam.

E em que, pelo contrário, de forma subtil e por vezes aparentemente tortuosa, acaba a velha sede de liberdade portuguesa por ir fazendo (ou abrindo) o seu caminho. A dicotomia nacional/estrangeiro (estrangeirado) tem sido, nestas matérias, particularmente culturais, políticas e constitucionais, muito exagerada, *pro domo* de perspetivas tradicionalistas, nacionalistas, conservadoras e afins, diabolizando o que vem de fora. Quando neste caso, por exemplo, a própria tríade "Liberdade, Igualdade e Fraternidade" terá tido remota origem... portuguesa, segundo alguns, e mesmo que o não haja tido, cremos que será muito mais concorde com a alma política lusa que o despotismo, iluminado ou obscurantista[381].

[380] Sobre tais círculos, Paulo Ferreira da Cunha – *Lusofilias. Identidade Portuguesa e Relações Internacionais*, Porto, Caixotim, 2005, p. 14 ss.

[381] Cf., por todos, Idem – *Mysteria Iuris. Raízes Mitosóficas do Pensamento Jurídico-Político Português*, Porto, Legis, 1999, p. 250 ss.. Para um panorama geral do pensamento político em Portugal, no período geral que temos vindo a tratar, cf. António Pedro Mesquita – *O Pensamento Político Português no Século XIX*, Lisboa, Imprensa Nacional – Casa da Moeda, 2006.

Parte III

DIÁLOGO ATUAL
COM O CONSTITUCIONALISMO VINTISTA
A partir das "Bases" da Constituição de 1822

L'incompréhension du présent naît
fatalement de l'ignorance du passé

MARC BLOCH

Capítulo I

DAS BASES DA CONSTITUIÇÃO POLÍTICA DA MONARQUIA PORTUGUESA

As influências que se fizeram sentir na Constituição portuguesa de 1822 são ainda hoje controversas. Uma análise ao pormenor do texto, das influências culturais, ideológicas e políticas dos constituintes, dos ares dos tempos (*Zeitgeist* e *Weltanschauung*), e uma crítica das formulações ideológicas de *trompe-l'oeil* (também presentes noutros países, nomeadamente na Suíça), levou-nos já, há 30 anos, a considerar que o essencial foi a influência francesa, sem prejuízo das alegações e das coincidências com outra constituição também influenciada pelo constitucionalismo francês, como foi "La Pepa", a Constituição espanhola de Cádis, de 1812[382].

[382] Para mais desenvolvimentos e bibliografias, cf., por todos, os nossos *Mythe et Constitutionnalisme au Portugal* (1777-1826). *Originalité ou influence française?*, Paris, Université Paris II, 1992, tese de doutoramento policóp. (editada parcialmente em vários números da revista "Cultura", Centro de História da Cultura da Universidade Nova de Lisboa); *Raízes da República. Introdução Histórica ao Direito Constitucional*, Coimbra, Almedina, 2006 (esgotado); *La Constitution naturelle*, Paris, Buenos Books International, 2014; *Constitution et Mythe*, com prefácio de François Vallançon, Quebeque, Presses de l'Université Laval, 2014. E para enquadramento geral *Mito e Constitucionalismo. Perspectiva conceitual e histórica*, Coimbra, 1988, Separata do "Suplemento ao Boletim da Faculdade de Direito de Coimbra", vol. III, Coimbra, 1990 (esgotado) e *Constituição, Direito e Utopia. Do Jurídico-Constitucional nas Utopias Políticas*, Coimbra, Faculdade de Direito de Coimbra, Studia Iuridica, Coimbra Editora, 1996.

Mas uma coisa são as influências e origens de fundo, o quadro filosófico-político e ideológico, e outra as causas próximas. E se quisermos falar nestas (que aliás encerram uma espécie de epítome prévia do que viria a ser a Constituição), não podemos ignorar as "Bases da Constituição Política da Monarquia Portuguesa". Este texto, datado de 10 de março de 1821, é realmente como que um guião do que viria a ser o texto integral, e por isso a sua fonte formal imediata.

O texto, proclamado em nome do rei (D. João VI) pela regência do Reino, já bastante articulado e coerente, foi obra das "Cortes gerais, extraordinárias e constituintes, da Nação Portuguesa". Há mesmo quem considere ter sido ele, afinal, a primeira Constituição escrita portuguesa. Para tanto, resta saber em que medida não terá sido um simples documento de trabalho e proclamatório (além de destinado a comprometer desde logo o rei, que o jurará antes da feitura da Constituição), ou terá tido, de algum modo, vigência efetiva. Como ocorreria, de algum modo, com o Programa do Movimento das Forças Armadas, após a Revolução de 25 de Abril de 1974.

Consta de duas secções, com uma mesma e sequencial numeração: a primeira, com 15 artigos (1-15), sobre os "Direitos Individuais dos Cidadãos", e a segunda sobre a "Nação Portuguesa, religião, governo e dinastia", com mais 21 artigos (16-37). Portanto, claramente, uma primeira parte mais virada para a pessoa, e outra mais para a coletividade (o *proprium* e o *commune*).

Embora a Constituição, na sua formulação definitiva, não se limite a desenvolver estes artigos, a eles continuou muito ligada, e não será a nosso ver má pedagogia, para o estudo desta Constituição, começar pelo que os constituintes inicialmente decidiram assentar. Numa associação de ideias atualista (que meramente referimos por poder para alguns representar uma comparação eventualmente fecunda), algo nos faz desde logo pensar nos dois pactos entre o MFA e os Partidos políticos firmados com vista à elaboração da Constituição de 1976. Não que nos anos 20 do século XIX tenha havido qualquer explícita limitação castrense ou outra ao poder constituinte originário. Apenas porque nesses pactos havia um embrião de linhas da Constituição, que viriam a ser respeitados pelos constituintes.

O presente texto procura apenas um diálogo entre as preocupações hodiernas de quem se sente herdeiro do constitucionalismo moderno que então despontou em Portugal, e o primeiro documento de dimensão constitucional que produziu. É um exercício em que o texto das Bases funciona como uma memória desses momentos matinais do *vetero liberalismo*, explicitamente lida com todo o lastro de outras memórias que se foram sedimentando e entre si dialogando, no espírito do observador. Há sempre algo de subjetivo, evidentemente, no exercício; contudo, ele tem como inspiração elementos que são objetivos, ou objetiváveis: desde logo, as várias metamorfoses históricas, desde a história política à história das ideias, e designadamente a história da filosofia política e das ideologias. Não descurável, nomeadamente, é a derrapagem semântica, que exigiria, para uma análise cabal, um novo aprofundamento, que aqui não cabe.

Não se trata aqui de uma "anotação" (muito menos uma erudita evocação ou cotejo de textos que os precederam e influenciaram) dos artigos das Bases. É uma leitura não antolhada de erudição, atualista, mas não sem alguma cultura histórico-política, recordando o que estudámos há 30 anos, em pano de fundo – com tudo o que, entretanto, aprendemos e tudo o que, neste meio-tempo, esquecemos.

Capítulo II

DIMENSÃO PESSOAL E COMUNITÁRIA

Ao falar em direitos individuais do cidadão, certamente se enfatiza a ideia de dignidade pessoal liberal, que era, então, necessário reforçar. O projeto Novo Código de Direito Público, de Mello Freire (que não chegou a ser aprovado, felizmente), anterior texto escrito de índole constitucional, que se destinava a substituir o Livro II das Ordenações Filipinas, ainda em vigor no tempo da revolução de 1820, tinha do português uma visão de súbdito, no máximo peticionante (eventualmente) aos pés do trono[383]. A representação forense feita pelo autor deste projeto, em prol de um sobrevivente dos massacrados Távoras (o "marquesinho"), é dessa mentalidade um exemplo eloquentíssimo[384]. Os portugueses eram súbditos (ou vassalos), não cidadãos, e estavam curvados ou mesmo de joelhos perante o poder. "Direitos individuais do cidadão" – só este sintagma é já um programa de restituição da dignidade.

O artigo 1º das Bases apresenta o *quid* de que o texto trata, ou que o texto *é*: uma Constituição Política da Nação Portuguesa.

Hoje em dia, as constituições deixaram de ser Constituições *políticas* e de terem como objeto primacial "a Nação". Embora um dito muito repe-

[383] Cf. *Raízes da República*, cit., p. 117 ss..

[384] Cf. o nosso *Melo Freire Advogado. Notícia de um manuscrito*, "Revista de Estudios Histórico-Jurídicos", vol. XV, Valparaíso, Chile, 1992-1993, pp. 33-46.

tido, tanto que se lhe perdeu o autor inicial, diga que "tudo é política", ou que "tudo é político", a verdade é que as constituições meramente políticas enfatizavam sobretudo a dimensão dos direitos políticos, ditos de primeira geração ou dimensão, os velhos direitos liberais (englobando liberdades e garantias), assim como a estrutura do Estado (normalmente nos seus elementos essenciais, e muito em particular na arquitetura elementar dos clássicos 3 poderes de Locke e Montesquieu). Deixando de parte o programa constitucional do Estado e da própria Sociedade, a complexidade das suas malhas estruturais como que "intermédias" (para além de Governo, Parlamento e Tribunais), e sobretudo não curando da organização social, económica, cultural, etc., da sociedade em geral.

É interessante que, ao utilizar a expressão "Nação Portuguesa" há uma remissão mais comunitária, pessoal, *anímica* eventualmente (porque a Nação é muitas vezes vista como união de afetos, pertenças, sensibilidades, História, etc.), se parece remeter para uma entidade relativamente transcendente e romantizada; mas a alternativa, na época, seria enfatizar o elemento monárquico: *v.g.* "Constituição da Monarquia portuguesa". Ora, naquela que viria a ser uma Constituição por muitos considerada (mesmo na época) republicana, embora ainda com um chefe de estado coroado (apesar de o rei de Portugal já não ter senão simbolicamente coroa desde o séc. XVII), tal não seria uma opção lógica nem razoável.

A Constituição atual bem se chama "da República Portuguesa". Podendo interpretar-se "República" de duas formas: como forma de governo republicana assumida no próprio título da carta magna, ou, mais plausivelmente a nosso ver, como sociedade política em geral. Quase como se dissesse: "comunidade portuguesa", ou "sociedade portuguesa", ou mesmo "Portugal". "Nação", em 1822, teria ainda uma consistência conotativa societária, e por isso mais liberal que "monarquia", e naturalmente também mais liberal que "Estado". Com a sua utilização ideológica muito estafante e *pro domo* pelo Estado Novo, o termo "Nação" tornou-se inutilizável (senão muito residualmente) num Estado de direito democrático como o de hoje.

O sentido de "Nação" em 1822 não é, de forma alguma, o que viria a adquirir durante a vigência de Constituição de 1933, cujo grande protagonista é uma mitificada "Nação" portuguesa. Cremos que há um sentido de contraponto à Monarquia (que é forma do Estado), sendo a

Nação uma forma mais organizada de Povo, ou de Sociedade, sem entrar ainda na malha administrativa e de poder do Estado. Mais consentânea, insiste-se, com os ventos *vetero liberais* de então. Curiosamente, a definição da Constituição de 1933 e a das Bases não é, na aparência, muito diversa. Mas o fundo e o contexto são totalmente diversos. Assim, em 1822 se diz, já no artigo 16º das Bases: "A Nação Portuguesa é a união de todos os portugueses de ambos os hemisférios". E em 1933, na Constituição plebiscitada: "Constituem a Nação todos os cidadãos portugueses residentes dentro ou fora do seu território, os quais são considerados dependentes do Estado e das leis portuguesas, salvas as regras aplicáveis de direito internacional". Apesar de tudo, note-se como o texto de 1933, mesmo ao definir a Nação, acaba por fazê-la depender do Estado. "Tudo pela Nação, nada contra a Nação" – diz-se ter sido *slogan* que Salazar cunhou, inspirado no de Mussolini: "Tudo no Estado, nada contra o Estado, e nada fora do Estado". O *nada fora do Estado* é claramente totalitário. Mas em que medida a fórmula mais dulcificada do Presidente do Conselho de Ministros português se demarca, realmente, da do *Dux*?

A comunidade de afetos e História que é a Nação (quando não transfigurada, como no caso do Estado Novo, num discurso legitimador em que substitui o pesado termo Estado – o qual foi desconstruído de forma radical e desmistificadora por Nietzsche na sua relação com o Povo) implica, frequentemente, também alguma comunhão de crenças. Normalmente, a mitologia nacional, desde logo a narrativa das origens da (mais ou menos providencial) criação da Pátria, o que durante muito tempo remeteu designadamente para o "milagre de Ourique" (desmontado por Alexandre Herculano, no século XIX), e para as míticas e apócrifas Cortes de Lamego e suas Atas patrióticas. Além da comunhão nas narrativas fundadoras e refundadoras, não raro havia (quando os ventos de laicismo não haviam ainda predominado no Ocidente) uma remissão religiosa, por vezes muito forte. Por exemplo, não vai de há muitos anos que a Noruega deixou de impor uma concreta denominação religiosa ao seu rei. A Constituição da Tunísia pós-revolucionária, de 2014, sabiamente começava o seu artigo primeiro, conseguindo conciliar república (que implica alguma laicidade ao menos) e Islão: "La Tunisie est un État libre, indépendant et souverain, l'Islam est sa religion, l'arabe sa langue et la République son régime". Na verdade, toda a constituinte foi um prodígio de negociação com uma maioria que poderia ter imposto a *sharia* e a pura e simples confessionalidade do Estado[385].

Ora também o Vintismo, num tempo em que os ventos de laicidade ainda eram relativamente incipientes, procurou conciliar com a Igreja Católica, esforçando-se por a associar a vários rituais constitucionais: desde logo, mandando celebrar missas (sob a égide da Pessoa da Trindade decerto mais próxima de um deus deísta, o Espírito Santo) após atos políticos, embora nem sempre com eco suficiente (foi difícil, por exemplo, encontrar um pregador para a missa da aprovação da Constituição). Nessa senda de não romper com o importante poder eclesiástico, a Nação é considerada como dotada de uma religião, que se reconhece. Segundo o artigo 17º das Bases, a religião da Nação é a "católica romana".

Acolhe-se a tese da soberania nacional (embora já de há umas tantas décadas haja quem considere não existir assim tanta contradição entre soberania nacional e soberania popular). A Nação é o titular da soberania, conforme o artigo 20: "A soberania reside essencialmente em a Nação. Esta é livre e independente, e não pode ser património de ninguém.". A dizer-se *essencialmente* quer-se significar por essência, na sua essência, e não, por exemplo, na sua parte mais importante, ou algo afim. A soberania, por essência, por natureza, reside na Nação. E embora em Portugal nunca tenha havido patrimonalismo do Estado (não retalhando os reis o reino entre seus filhos), apenas os corruptos (que são exceção e crime) considerando como coisa sua a *res publica*, é importante sublinhar que a Nação (aqui num sentido muito lato: como pessoas, coisas e valores, certamente) não é propriedade ou património de ninguém. Donde expressões como "meus vassalos", "meus súbditos", "meus reinos", etc. (ou "nossos", no plural majestático), proferidas pelos monarcas, agora *de iure* deixam de ter um valor real, mas apenas serão efeitos de linguagem. Nem sequer serão metáforas, porque não têm aonde ir...

Se a Nação é o soberano, naturalmente que não pode sê-lo o titular coroado do poder executivo (e o poder, entretanto, também explicitamente se divide, segundo o princípio da separação dos poderes, como veremos).

[385] Cf. o nosso "Estado de Direito e Islão. Diálogos para uma Primavera", in *Vontade de Justiça. Direito Constitucional Fundamentado*, Coimbra, Almedina, 2020, p. 367 ss..

Mas os constituintes de 1822 revelam-se avisados, e não caem nas malhas idealistas de uma Nação abstrata. Pelo menos não a partir de um certo ponto, que é o da representação política. Agora trata-se de representação ativa, representação de exercício do poder (e não do poder ou perante o poder somente, para recordar uma esclarecedora divisão de Galvão de Sousa). E assim é nas Bases muito bem explicitado quem, afinal, representa a Nação, fala por ela, determina o que ela pensa, sente e quer: os representantes da mesma, ou seja, antes e acima de tudo, os deputados, devidamente eleitos. E desde logo a Nação é a única entidade que, em Portugal, pode dotar-se de uma Constituição (ou lei fundamental), é o único titular do poder constituinte originário. Assim o explicita o artigo 21º: "Somente à Nação pertence fazer a sua Constituição ou lei fundamental, por meio de seus representantes legitimamente eleitos.". Por um prurido escrupuloso de representatividade, o mesmo artigo conclui:

> "Esta lei fundamental obrigará por ora somente aos portugueses residentes nos reinos de Portugal e Algarves, que estão legalmente representados nas presentes Cortes. Quanto aos que residem nas outras três partes do mundo, ela se lhes tornará comum, logo que pelos seus legítimos representantes declarem ser esta a sua vontade.".

Estava fora de questão que os deputados metropolitanos ou pouco mais, que tivessem chegado a Lisboa, falassem pelo todo dos deputados de todas as partes do então pluricontinental espaço lusitano.

A Nação, encarnada nos seus representantes, não cria apenas o travejamento básico da sociedade política, a lei fundamental ou Constituição: determina também as leis ordinárias. O artigo 24º explicita o que é a lei, considerando-a a vontade dos cidadãos (e não dádiva do monarca, ou interpretação das essências por um visionário ou vidente), expressa pelos deputados, mas não eximindo os cidadãos de concorrer para a formação da lei, nomeadamente pela sua discussão pública (além da eleição dos seus representantes). Diz o normativo:

> "A lei é a vontade dos cidadãos declarada pelos seus representantes juntos em Cortes. Todos os cidadãos devem concorrer para a formação da lei, elegendo estes representantes pelo método que a Constituição estabelecer. Nela se há-de também determinar quais devam ser excluídos destas elei-

ções. As leis se farão pela unanimidade ou pluralidade de votos, precedendo discussão pública".

E embora se diga que "a iniciativa directa das leis somente compete aos representantes da Nação, juntos em Cortes" (artigo 25º), "todo o cidadão poderá apresentar por escrito às Cortes e ao poder executivo reclamações, queixas ou petições, que deverão ser examinadas" (artigo 14º). Parece, assim, que o que se pretende evitar é uma iniciativa legislativa não popular. O que é uma posição por assim dizer democrática ainda mais radical que as subsequentes, e nomeadamente que a vigente atualmente, em que nomeadamente os governos podem propor leis, ou mesmo pedir, em certos casos, autorizações para eles mesmos legislarem.

Do mesmo modo que o constitucionalismo vintista se apercebeu da importância vital da representação e da titularidade nos deputados da entidade "Nação", acrescentando, na prática, à díade/tríade (implícita) mítica da primeira Declaração dos Direitos do Homem e do Cidadão francesa (artigo 16º) o sufrágio, a representação e o poder constituinte originário nos representantes do Povo, assim também se deu conta da importância da rigidez, ou pelo menos alguma rigidez, constitucional. Infelizmente, ainda hoje há quem considere (erroneamente) que a dificuldade, constitucionalmente imposta, em rever as constituições seria "antidemocrática" (numa das primeiras manifestações dos paradoxos *democratistas*, que apenas encaram a democracia no plano técnico, e não ético nem sequer racional), ou, numa fórmula muito repetida, "os mortos a mandar nos vivos". Mas é óbvio que se uma Constituição for flexível, revisível apenas por uma nova maioria parlamentar e pela vontade de um novo governo, não há, no limite, sequer Constituição, porque a sua hegemonia vinculante (como dizia Paulo Bonavides), a sua preeminência, fica destruída, já que colocada a par de qualquer lei ordinária. Assim, o artigo 22º, explicita que:

> "Esta constituição ou lei fundamental, uma vez feita pelas presentes Cortes extraordinárias, somente poderá ser reformada ou alterada em algum ou alguns de seus artigos, depois de haverem passado quatro anos contados desde a sua publicação, devendo, porém, concordar dois terços dos deputados presentes em a necessidade da pretendida alteração, a qual somente se poderá fazer na legislatura seguinte aos ditos quatro anos, trazendo os deputados poderes especiais para isso mesmo."

Há um limite temporal de 4 anos, e uma maioria para a revisão, de 2/3 dos deputados, e a necessidade de os deputados eleitos com poderes para a revisão serem para isso mandatados, numa legislatura seguinte aos referidos 4 anos. Sempre em diálogo com os eleitores (pelo menos idealmente), e note-se o requisito normativo de Isidoro de Sevilha: do mesmo modo que as leis têm que ser necessárias, assim também a revisão terá que sê-lo.

Capítulo III

LIBERDADE, SEGURANÇA, PROPRIEDADE

A Constituição Política da Nação Portuguesa "deve manter a liberdade, segurança e propriedade de todo o cidadão".

Na *vexata quæstio* entre criar direitos ou reconhecê-los, as Bases optam pelo reconhecimento. Eles devem ser mantidos (na verdade, recuperados, porque haviam sido perdidos). O Preâmbulo do texto da Constituição, seguindo aliás na linha da Constituição francesa de 1791 e da espanhola de 1812, irá estabelecer essa rutura com o tempo do absolutismo, que fora de esquecimento, desprezo, etc., pelas velhas liberdades. Depois de invocar a Santíssima e Indivisível Trindade, assim reza, como se sabe, o preâmbulo:

> "As Cortes Extraordinárias e Constituintes da Nação Portuguesa, intimamente convencidas de que as desgraças públicas, que tanto a têm oprimido e ainda oprimem, tiveram sua origem no desprezo dos direitos do cidadão, e no esquecimento das leis fundamentais da Monarquia; e havendo outrossim considerado que somente pelo restabelecimento destas leis, ampliadas e reformadas, pode conseguir-se a prosperidade da mesma Nação e precaver-se que ela não torne a cair no abismo, de que a salvou a heróica virtude de seus filhos; decretam a seguinte Constituição Política, a fim de segurar os direitos de cada um, e o bem geral de todos os Portugueses."

Liberdade, segurança e propriedade são pilares essenciais da convivência, da ordem burguesa que se pretende instituir. O cidadão que se encara é, evidentemente, o burguês, que necessita de liberdade de ir e vir, de comerciar, ou de exercer a sua profissão liberal, sem atropelos arbitrários de um poder sobranceiro e que se creia de direito divino, sem policiamentos intrometidos e indevidos, sem prisões arbitrárias, sem que o seu nariz ou o seu negócio possam desagradar e ter nefastas consequências para a sua vida, honra, liberdade ou fazenda, que precisa ter segurança para progredir, liberdade para pensar e para expressar o seu pensamento (apenas consentindo em limitações pontuais, dado o contexto cultural-religioso de então), e garantia da sua propriedade, que é base e garante daquela mesma liberdade. Não será por acaso que esta sem dúvida inteligente e advertida lógica liberal de associar liberdade e propriedade (e segurança para ambas estribar também) poderá vir a ter consequências perversas. Hoje também temos tresleituras de dogmas democráticos, que procuram levar premissas de direitos, liberdades, garantias e regras do jogo democrático apenas pelo silogismo seco e árido, sem ver como se pode chegar a subverter o espírito. Assim, nos tempos liberais, temos, por exemplo, o caso do sufrágio censitário, em que de tanto se querer afastar da decisão quem se supunha não ser minimamente esclarecido (por iletrado, dependente, influenciável, "cacicável"), se coarctou a eleição dos menos favorecidos economicamente. O exagero desse dogma levou mesmo a não permitir a reeleição de José Liberato Freire de Carvalho, por ter diminuído os seus rendimentos, e, assim, não mais ter condições mais ser deputado. O mesmo ironizaria, nas suas *Memórias*: *teria perdido não sei quantos mil reis de inteligência*. Como se a inteligência e o direito à participação política se medissem pelo dinheiro. A questão terá um avatar na I República. Como se sabe, o sufrágio não era proibido às mulheres. Mas quando começaram, na I República (desde logo com a médica Beatriz Ângelo), a reclamar esse direito, foi-se alterar a lei. E a justificação que se deu (sincera, pelo menos) é que se temia que as mulheres viessem a ser um contingente de reprodução do voto masculino de que estariam, então, dependentes: voto do pai, do marido, ou da Igreja, em geral, na altura muito pouco afeta ao regime republicano. Do mesmo modo, *mutatis mutandis*, que por vezes se interditava o voto de militares de baixa patente, ou de frades. Já o Estado Novo não se preocupou tanto com essa antes temida "colonização" do eleitorado feminino. Embora obviamente não o favorecesse – como, aliás, praticamente a nenhum voto, salvo o dos funcionários públicos, que, com razão ou sem ela (não temos como o perscrutar), contava lhe fossem afetos – não pareceu temê-lo. Os aparelhos ideológicos de então difundiam um modelo feminino profundamente afeto ao regime, embora tenha havido significativos e heroicos exemplos de resistência, como é sabido.

Mas voltemos à propriedade. Ela é especificamente objeto do artigo 7º. E posa como direito sagrado e inviolável. Pode até perguntar-se se, além de condição da Liberdade, não terá esta como uma sua extensão. Seria interessante ponderá-lo. Evidentemente que está regulada pela lei (a lei é a grande mediadora que então se encontrou para compor os interesses e sobre eles traçar uma bissetriz socialmente aceitável, até porque legitimamente imposta e de forma coercitiva). Assim reza o artigo em causa:

> "A propriedade é um direito sagrado e inviolável que tem todo o cidadão de dispor à sua vontade de todos os seus bens, segundo a lei. Quando por alguma circunstância de necessidade pública e urgente for preciso que um cidadão seja privado deste direito, deve ser primeiro indemnizado pela maneira que as leis estabeleceram."

Se a liberdade em termos filosóficos (e desde logo éticos) é algo de profundamente complexo, já na sua relação imediata com o poder e o direito pode ser algo bem diferente de um objeto de indagação profunda, cheia de meandros e eventuais ambiguidades. E certamente deve constituir, pelo contrário, um vetor de confiança e uma arma de respiração política e social. Alguém dizia não saber o que é a liberdade, apenas a libertação. Mas essa tese é demasiado revolucionária para estes tempos. A forma encontrada nas Bases, na sua simplicidade, tem contudo implicações que vão muito longe. Ao dizer-se, no artigo 2º, que "a liberdade consiste na faculdade que compete a cada um de fazer tudo o que a lei não proíbe", e que "a conservação desta liberdade depende da exacta observância das leis.", traça-se um horizonte vastíssimo e desnublado de liberdade por princípio. Não se trata, pois, de graça, outorga, ou magnanimidade de um soberano (por isso as Cartas Constitucionais, como, desde logo, a nossa de 1826, são uma regressão antidemocrática, porque outorgadas, dadas por um rei – rompendo com o princípio do poder constituinte originário residindo sempre e só no Povo). A Liberdade é a regra, é o princípio. A lei, pode, é certo, proibir, comprimindo essa liberdade. Mas será, assim, uma exceção. E a lei tem de ter certas características, internas e externas, que lhe permitam ser lei, e lei justa. Nessa época, ainda estava vivo no espírito dos constituintes a tese, muito antiga, mas pelo menos medieval, de que *lex iniusta non est lex* (que se pode ver em Tomás de Aquino e mesmo em Agostinho de Hipona). Talvez por ser preceito enraizado não necessitasse tanto de verbalização. Outro requisito clássico, sintetizado por Isidoro de Sevilha nas suas *Etimologias*[386], é a da necessidade das leis. Não pode haver leis desnecessárias, supérfluas, e muito menos nocivas. Que excelente lição para tempos de proliferação ou motorização legislativa! Pois bem, assim reza o início do artigo 12º: "Nenhuma lei, e muito menos a penal, será estabelecida sem absoluta necessidade."

De par com a necessidade, vem logo depois a proporcionalidade e o caráter pessoal das penas (intransmissíveis, não endossáveis): "Nenhuma lei, e muito menos a penal, será estabelecida sem absoluta necessidade. Toda a pena deve ser proporcionada ao delito, e nenhuma deve passar da pessoa do delinquente."

O mesmo artigo determina a proscrição das penas cruéis e infamantes, o que ainda hoje constitui um património do Direito Penal português, verdadeiro limite material de revisão constitucional para além mesmo da sua positivação na Constituição: "A confiscação de bens, a infâmia, os açoites, o baraço e pregão, a marca de ferro quente, a tortura e todas as mais penas cruéis e infamantes ficam em consequência abolidas.". Seria um escândalo, uma degradação, um retrocesso civilizacional se, levados por ventos populistas que sempre clamam por sangue e vingança, viéssemos a abdicar um dia desse compromisso com o Humanismo.

A segunda parte do artigo 2º pode encerrar um preceito mais profilático ou preventivo, pedagógico: é necessário cumprir as leis, para que a liberdade seja preservada. E tal, certamente, é importante recordar-se no início de novas ordens, recém instituídas. Numa situação de algum modo revolucionária, se não se cumpre a lei nova (e já não a lei

[386] Cf. P. Ferreira da Cunha/Joana Aguiar e Silva/A. Lemos Soares, *História do Direito*, 2ª ed., reimp., Coimbra, Almedina, 2019, máx. p. 166 ss..

velha) pode advir o caos, a anomia, que é sempre origem de novos despotismos. Por isso, se se pretende conservar uma ordem de liberdade, há que cumprir as leis, ou, dito de outro modo, consentir em limitações à grande liberdade ilimitada, base de tudo, para que uma liberdade possível e atual continue e frutifique. Não se pode deixar de recordar o aparente paradoxo de Lacordaire, constituinte em 1848: "Entre le fort et le faible, entre le riche et le pauvre, entre le maître et le serviteur, c'est la liberté qui opprime et la loi qui affranchit.". Aqui se encontra a explicação da necessidade de leis comprimindo a liberdade total – é que ela pode virar-se contra outros valores, desde logo, a igualdade e a justiça.

A segurança é uma válvula de escape e uma base de sustentação. É definida no artigo 3º como a proteção que o Governo deve dar a todos para poderem conservar os seus direitos pessoais. Proteção desde logo de bens, estar-se-ia a pensar, mas também das próprias pessoas e das suas liberdades e direitos.

Por uma associação de ideias, não pensa o constituinte em defesa face a intempéries, catástrofes naturais, epidemias, crises económicas, mas aos males que mais diretamente as pessoas fazem umas às outras quando detêm poder. E, desde logo, o poder de prender alguém, usando (no caso de mau uso, usurpando) os poderes do Estado: assim, o artigo 4º diz que "Nenhum indivíduo deve jamais ser preso sem culpa formada." E o seguinte abre uma exceção para "os casos determinados pela Constituição, e ainda nestes o juiz lhe dará em vinte e quatro horas, e por escrito, a razão da prisão.". Ainda hoje a dedução de acusação é uma questão invocada nos casos de prisão preventiva. Mas, felizmente, raramente se verificando haverem realmente os órgão competentes deixado passar os prazos legais. É essencial saber-se em que lei se vive, e quais as razões que o sistema judicial tem para eventualmente privar alguém da sua liberdade.

Estes abusos são típicos dos tempos pré-modernos, e já se encontram até em *fumus* de prevenção nas velhas liberdades ibéricas, com a instituição da magistratura do visitador dos cárceres, e quiçá encontram uma estilização operática no *Fidélio*, de Beethoven. O cuidado posto na sua prevenção justifica mais um artigo sobre a questão, o artigo 6º, prevendo castigos para os prevaricadores: "A lei designará as penas com que devem ser castigados, não só o juiz que ordenar a prisão arbitrária, mas a pessoa que a requerer e os oficiais que a executarem."

Capítulo IV

LIBERDADE DE PALAVRA

Raiz e garantia de uma constelação de liberdades, direitos e garantias, a liberdade de palavra, ou liberdade de expressão do pensamento, encontra-se no topo das conquistas dos sistemas de proteção das liberdades, e especificamente do *vetero liberal*. É verdade que as velhas liberdades ibéricas (prévias aos absolutismos modernos) já incluíam (por providência de Afonso X, o Sábio) tentativas de proteção do sigilo da correspondência, mas tal era palavra de que se guardava o silêncio e impedia a devassa, não proteção da sua manifestação pública. Era mais uma garantia negativa (*non facere*) que um direito positivo (de *agere*).

As Bases acautelam, evidentemente, esse sigilo, mas vão mais longe, embora não tão longe como mais tarde se veio a consagrar: "O segredo das cartas será inviolável. A administração do correio ficará rigorosamente responsável por qualquer infracção desta lei." (artigo 15º).

Os representantes do Povo ficam ao abrigo das baionetas (recordemos a tirada mítica de Mirabeau durante a Revolução Francesa) dos demais poderes, sobretudo não respondendo pelas suas opiniões. É um cuidado importante a ter: diz o artigo 28º "Os deputados das Cortes são, como representantes da Nação, invioláveis nas suas pessoas, e nunca responsáveis pelas suas opiniões.". Os deputados, membros do corpo soberano, o Parlamento, são invioláveis, assim como o rei que, contudo, também é irresponsável *hoc sensu* – *king can do no wrong*. Veja-se o artigo 31º:

"O rei é inviolável na sua pessoa. Os seus ministros são responsáveis pela falta de observância das leis, especialmente pelo que obrarem contra a liberdade, segurança e propriedade dos cidadãos, e por qualquer dissipação ou mau uso dos bens públicos."

Embora usando a fórmula clássica "direitos do homem" (que foi aliás defendida entre nós durante muito tempo em vez de "direitos humanos", hoje até legalmente em curso, por estes terem alegadamente um timbre mais anglo-saxónico), porquanto a questão de género não se colocava no espaço público com tanta acuidade, considera-se que a liberdade de palavra é um dos direitos mais preciosos. Assim, atente-se no artigo 8º:

"A livre comunicação dos pensamentos é um dos mais preciosos direitos do homem. Todo o cidadão pode, consequentemente, sem dependência de censura prévia, manifestar suas opiniões em qualquer matéria, contanto que haja de responder pelo abuso desta liberdade, nos casos e na forma que a lei determinar."

É muito progressiva já a fórmula encontrada, em geral: distinguindo uso e abuso de liberdade de imprensa, só neste último caso existindo, como é óbvio, delitos. Diz o artigo 9º, sendo de sublinhar o caráter de urgência da produção legislativa ordinária: "As Cortes farão logo esta lei, e nomearão um tribunal especial para proteger a liberdade da imprensa e coibir os delitos resultantes do seu abuso."

A fórmula do atual artigo 37º, nº 3 da Constituição da República Portuguesa pode levar a confusões, porquanto aponta para a possibilidade de infrações *no exercício* de direitos, o que é uma *contradictio in terminis*:

"As infracções cometidas no exercício destes direitos ficam submetidas aos princípios gerais de direito criminal ou do ilícito de mera ordenação social, sendo a sua apreciação respectivamente da competência dos tribunais judiciais ou de entidade administrativa independente, nos termos da lei".

Ora só há infrações pelo abuso, não pelo exercício de direitos. Isso foi visto em 1822.

A questão do abuso (e só dele) encontra-se com particular recorte no caso de questões religiosas (excecionadas na lógica de integração da Igreja na nova ordem). Diz, com efeito, o artigo 10º:

> "Quanto porém àquele abuso que se pode fazer desta liberdade em matérias religiosas, fica salva aos bispos a censura dos escritos publicados sobre dogma e moral, e o Governo auxiliará os mesmos bispos para serem castigados os culpados."

Capítulo V

IGUALDADE

O valor constitucional (valor jurídico superior lhe chama o constitucionalismo espanhol mais recente) que no Vintismo prevalece é, naturalmente, o da Liberdade. Mas cada vez mais se sabe que a tríade mítica francesa *Liberté, Égalité, Fraternité* é una e a falta de um dos valores acarreta a debilitação dos demais. Há, assim, pelo menos uma base de Igualdade nas Bases da Constituição. Ela é, antes de mais, a chamada Liberdade perante a lei. Apesar da crítica do Marquês de Penalva, segundo a qual o dar a liberdade (ou os direitos) a todos, de forma proclamatória e abstrata, equivaleria a retirar a liberdade a cada um, o certo é que a forma atomística de direitos pontualíssimos e muitas vezes corporativos e locais da forma de proteção da pessoa do constitucionalismo histórico, natural, consuetudinário, anterior à moderna, possuía um raio de ação limitado. Sem prejuízo de que o puro caráter proclamatório não ter também eficácia. Talvez haja a ganhar num constitucionalismo que ao mesmo tempo cure do geral e do particular.

A situação de que se partia era de confusão de direitos (e cargos: há um texto notável sobre isso, não se sabe bem se de Mouzinho da Silveira se de Almeida Garrett) e sobretudo de privilégios (que uma falsa mas eloquente etimologia diz serem "leis privadas"). O essencial era banir esses privilégios, designadamente até de foro. O que ainda hoje é um problema atualíssimo, por exemplo no Brasil. Assim, o artigo 11º declara e determina:

> "A lei é igual para todos. Não se devem, portanto, tolerar nem os privilégios de foro nas causas cíveis ou crimes, nem comissões especiais. Esta disposição não compreende as causas que pela sua natureza pertencerem a juízos particulares, na conformidade das leis que marcarem essa natureza."

A desigualdade era então tida, na *vox populi* conservadora, como natural, e assente na distinção nobiliárquica (que mesmo Blaise Pascal, no séc. XVII, já havia criticado como privilegiando logo à nascença os de sangue azul em alguns anos de avanço na sua carreira). A inovação é um corolário da igualdade natural entre todos os cidadãos, presente na primeira Constituição francesa, logo no artigo 1º: "Les hommes naissent et demeurent libres et égaux en droits. Les distinctions sociales ne peuvent être fondées que sur l'utilité commune.".

As Pessoas nascem livres e iguais em Direitos, por isso "a lei é igual para todos". Mas não só. Não só nos contactos da Administração e do Estado com os particulares este são iguais em dignidade, e se regem pelas mesmas leis, interpretadas de forma idêntica, como eles podem ainda agir todos (e cada um) como cidadãos, condição única e sem distinções além das criadas pela e para a utilidade comum. Este último aspeto não viria a ser bem interpretado até por Sampaio Bruno, quando criticou (já no âmbito da Constituição republicana de 1911) como anticonstitucional a exigência de especiais habilitações literárias para certos cargos – um exemplo de excesso *democratista*, não verdadeiramente atendendo aos matizes e razoabilidade (até de mérito e eficiência) que toda a democracia tem de ter em atenção, sob pena de degenerar e perecer. Seja como for, há que ler bem o artigo 13º: "Todos os cidadãos podem ser admitidos aos cargos públicos sem outra distinção que não seja a dos seus talentos e das suas virtudes.".

Escassas mas significativas providências se encontram sobre a dimensão social da Igualdade, que nunca pode ser simplesmente aritmética, mas geométrica, proporcional. Não é um leito de Procusta, mas uma régua de Lesbos. Assim, cura-se da proporcionalidade dos impostos no artigo 34º:

"A imposição de tributos e forma da sua repartição será determinada exclusivamente pelas Cortes. A repartição dos impostos directos será proporcionada às faculdades dos contribuintes, e deles não será isenta pessoa ou corporação alguma.".

E o texto finaliza com uma dimensão social, educativa e de assistência, embora muito sucinta, no artigo 37º: "As Cortes farão e dotarão estabelecimentos de caridade e instrução pública.". Não é quase nada, em comparação com as por vezes pletóricas regulamentações económicas e sociais das constituições sociais. Nem mesmo o conceito de "caridade" passou a estar em boa conta. Mas, na época, era a versão civil do amor evangélico, sem conotações pejorativas e recuadas. Contudo, a Constituição de 1822 antecipará alguns vetores de grande modernidade, como o cuidado com o ambiente: no artigo 223º, V, 2ª parte diz-se que as câmaras municipais devem promover o plantio de árvores.

Capítulo VI

ORGANIZAÇÃO E LIMITES DO PODER

Recordando talvez em pano de fundo a velha tradição ibérica, de raiz germânica, das monarquias eletivas, e quiçá antecipando a possibilidade alternativa da República enquanto forma de governo (questão que já tinha sido aventada para o caso do Duque de Bragança recusar ocupar o trono após a conjura do 1º de Dezembro de 1640), define-se o governo como uma monarquia constitucional *hereditária*, com leis fundamentais que regulam o exercício dos três poderes políticos (artigo 18º). Num texto tão curto, os sinais da redefinição do poder são múltiplos: monarquia *constitucional* e três poderes políticos. Depois de, no artigo 19º, se aludir à dinastia e à sucessão numa formulação sem surpresas, e sucintamente, o texto das Bases insistirá na tripartição dos poderes no artigo 23º, certamente já estando ciente de que a fórmula mágica do *Segundo tratado do Governo Civil* e do *Espírito das Leis* pode ser interpretada de muitas formas, e dar lugar a complexos becos sem saída. Explicita-se:

> "Guardar-se-á na Constituição uma bem determinada divisão dos três poderes – legislativo, executivo e judiciário. O legislativo reside nas Cortes, com a dependência da sanção do rei, que nunca terá um veto absoluto, mas suspensivo, pelo modo que determinar a Constituição. Esta disposição, porém, não compreende as leis feitas nas presentes Cortes, as quais leis não ficarão sujeitas a veto algum. O poder executivo está no rei e seus ministros,

que o exercem debaixo da autoridade do mesmo rei. O poder judiciário está nos juízes. Cada um destes poderes será respectivamente regulado de modo que nenhum possa arrogar a si as atribuições do outro".

Culmina o texto com disposições várias: cautelares, impedindo o rei de assistir às deliberações das Cortes (artigo 26º), para evitar, antes de mais, interferências ou mesmo mero temor reverencial por parte dos mais timoratos; convocação e duração das sessões legislativas; impossibilidade de o rei prorrogar ou dissolver as Cortes (artigo 27º); nomeação da regência, tratados, alianças, moedas, e outras atribuições das Cortes (artigo 29º); assim como comissão permanente das Cortes (artigo 30º), instituto que ainda existe, e bem; dotação ao rei e sua família (artigo 32º), que tanto problema virá a suscitar com os "adiantamentos à Casa Real" no final da nossa monarquia; existência de um Conselho de Estado (artigo 33º); reconhecimento da dívida pública, com a ideia da sua amortização (artigo 35º). E ainda forças armadas sob a dependência do Governo, com uma formulação ambígua ("somente compete empregá-la pelo modo que lhe parecer conveniente") quanto à sua convocação (artigo 36º). O último artigo já o vimos. É sobre a ação social das Cortes, no plano da "caridade" e da educação. Interessante que é às Cortes cometida essa função, e não ao governo...

Capítulo VII

CONCLUSÃO

Nemo dat quod non habet. A tentação historiográfica de romantizar *pro domo* um pedaço de passado é forte. Mais ainda quando se trata de um momento fundador do estado de coisas moderno, constitucional, e liberal (*lato sensu*) em que vivemos ainda. Mas os factos são o que são, ou foram o que foram. Como dizia Lucien Febvre, a História é o conhecimento do concreto. E Marc Bloch explicita que o concreto em causa é o passado. Mas, evidentemente, as coisas ocorridas, os factos passados (*res gestæ*), são sempre argamassados de novo, reelaborados, pelo estudo dessas mesmas coisas, pela historiografia (*studium rerum gestarum*). Deveríamos renunciar a escrever uma História (como se diz terá ocorrido com Sir Walter Raleigh, prisioneiro na Torre de Londres) pela incapacidade de reconstituir com justeza factos até banais e relativamente recentes? Não, até porque a História tem uma função pedagógica (mesmo que possa não ser, em absoluto, a *magistra vitæ* de que falava Cícero). E, retomando de novo Marc Bloch, "a incompreensão do presente nasce fatalmente da ignorância do passado".

O tempo presente tem, como vimos, muito a ganhar com o reencontro das suas origens constitucionais no constitucionalismo vintista. Como antecipação de importantes princípios e institutos. Mas também na impossível presença de elementos que não estavam ainda no espírito daquele tempo. *Nemo dat quod non habet.* Mas o Constitucionalismo moderno, inaugurado entre nós com a Revolução de 1820, as Bases e a Constituição de 1822, deu-nos e continua a dar-nos muito. E nem só na sua ideológica circunstância. O sopro inspirador de uma constituição ainda monárquica, mas com um "trono cercado de instituições republicanas", como se confessaria então, é sobretudo o preito prestado à dignidade humana, ao cidadão livre, à liberdade de palavra, à separação dos poderes (fundamental técnica de liberdade), às garantias penais (desde logo, a proibição de penas degradantes e aflitivas) que são vetores civilizacionais integrados no Direito moderno e democrático, independentemente de desinências ideológicas.

O Hino da Maria da Fonte, em que se celebra a "Santa Liberdade" é só de 1846. Mas nestes tempos vintistas originários dos anos 20 do séc. XIX já está vivo o culto dessa Liberdade que, sendo sagrada, é possível dizer *santa. Pela Santa Liberdade* pode ser o lema do *vetero liberalismo.* Uma liberdade sagrada, não profanada em qualquer tipo de desregulação ou anarquização, ainda que dos mercados e mais ainda das consciências[387]. Assim, por ser essa liberdade ordenada e não anárquica ou cega a valores, se profetizou que o liberalismo (naturalmente sem perder a liberdade, e passando pela democracia) viria a desaguar numa futura ordem de solicitude social. E os herdeiros dos velhos liberais conciliariam o amor à *santa liberdade* com a sensibilidade social.

[387] "Le bien est la seule source du sacré. Il n'y a de sacré que le bien et ce qui est relatif au bien.", diz Simone Weil – *La Personne et le sacré*, ed. de Paris, Allia, 2022, p. 10.

Parte IV

O CONSTITUCIONALISMO DO FUTURO
Ou
DOS FUTUROS DO CONSTITUCIONALISMO

"(...) É pra ver o meu futuro
Em função do meu passado
É pra ver o caminho
E é pra ver o que calco
Que eu não ando nas nuvens
A pisar pó de talco (...)"

Sérgio Godinho

Capítulo I

CONSTITUCIONALISMO & FUTURO

Aqui se procura, muito cautelosa e modestamente e sem intuitos sensacionalistas ou esotéricos, indagar, a partir do processo histórico e especificamente da análise da conjuntura atual, jurídico-política, quais os possíveis cenários que poderão vir a emergir no futuro na realidade constitucional. Assim, olhar-se-á muito para o passado para tentar não prever mas sobretudo acautelar possíveis futuros.

Os títulos devem ser, sobretudo nos tempos que passam (para acordar os adormecidos), impressivos, apelativos, até em alguns aspetos provocadores. A avalanche de oferta cultural e académica (são coisas diferentes) é tanta que, para um evento ou um produto poder fazer-se notar, tem de se colocar em bicos de pés e afirmar-se, por vezes com humor, trocadilhos, surpresa, etc. Ou atrevimento.

O caso presente é o do atrevimento. Não possuo uma bola de cristal nem consulto as cartas nem os espíritos para poder perscrutar o futuro.

Aliás, a tentação de convidar alguém a falar sobre o futuro (ingenuidade, provocação, sabe-se lá o que mais) não é infrequente, em todas as áreas, e mesmo em geral: como será o futuro? O que nos espera?

Duas obras nos ocorrem (certamente estamos a esquecer muitas... mas o esquecimento é uma forma de seleção: é, como o tempo, *um grande escultor*) de particular interesse, e não adianta dizer que foram proféticas, porque quando se colocam algumas possibilidades, é difícil não se acertar. Mas o importante não é acertar (em geral, prever desgraças é prudente e compensa quanto à fama de se ser vidente), é equacionar bem os problemas e ser capaz de pelo menos ir sugerindo soluções. Duas obras, pois, parecem especialmente importantes: *Der Waldgang*, de Ernst Jünger[388], e *The Human situation*, de Aldous Huxley[389]. Particularmente esta última, no capítulo "o futuro do mundo"[390], acaba por falar com eloquência das possibilidades da nossa encruzilhada diante do futuro. *Brevitatis causa*, para aí remetemos os interessados numa contextualização de "futurologia" conjetural, dentro dos padrões de seriedade admitidos pela academia e a ciência, pois há proliferação (na *Internet*, então... nem se fala) de cenários (normalmente apocalípticos) baseados em puro subjetivismo, sensacionalismo, certamente, até, em gosto sádico de atormentar as almas impressionáveis.

Falaremos, então, apenas, do constitucionalismo que no futuro haverá, partindo do princípio de que sempre haverá algum constitucionalismo, conquanto exista, ou subsista, a Humanidade – aplicação, assim, do conceito histórico-universal de Constituição.

O *Constitucionalismo do futuro* é um título pretensioso, em teoria. Só não o é na prática, na medida em que no pacto autoral com o público, que se pressupõe inteligente, culto, com sensibilidade e *finesse*, se pressupõe que ele comporta ironia. O mais que se pode fazer é supor, e, de algum modo, exercer o trabalho das presunções (ilidíveis, claro, no caso): de factos conhecidos tentar estabelecer, em conjetura, factos desconhecidos. Tanto mais que factos futuros.

Igualmente arriscado, embora todos compreendamos que um pouco menos que o título anteriormente comentado, seria uma variante, que o é apenas: *O futuro do Constitucionalismo.*

Analisemos por um instante as diferenças.

Enquanto *O Constitucionalismo do Futuro* nos remete para o domínio da utopia (boa ou má, eutópica ou distópica – depende da conjetura do observador), fixando uma "cidade ideal" futura (que, para o bem e para

[388] Ernst Jünger – *Der Waldgang*, Estugarda, Klett, 1980, trad. e posfácio de Maria Filomena Molder, *O Passo da Floresta*, Lisboa, Cotovia, 1995.

[389] Aldous Huxley – *The Human Situation*, Londres, Chatto & Windus, 1977, trad. de Lya Luft, *A Situação Humana*, 4ª ed., São Paulo, Globo, 1992.

[390] *Idem, Ibidem*, p. 98 ss.

o mal, pode ser muito diversa do que hoje existe – assim implicando um dinamismo e a possibilidade de rutura), já em *O Futuro do Constitucionalismo*, se parte de algum modo de uma perspetiva de maior continuidade. Ou seja, enquanto no primeiro título se está no domínio utópico (mito da *cidade ideal* – ou anti ideal) neste último parece ecoar uma ideia de continuidade, embora em mudança, ou seja, o solo em que se funda a discussão é o do mito *tout court*: como narrativa de origens, ideia-força, e, eventualmente, também, com os seus elementos de mistificação...

O *Futuro do Constitucionalismo* trata de saber a continuidade (na verdade, a continuação) da História que já vivemos. Trata-se de indagar, sondar, conjeturar do futuro do Constitucionalismo moderno. O *Constitucionalismo do Futuro* deixa-nos, em pano de fundo ao menos, a suspeita de que tudo poderá ser bem diferente. E, portanto, a grande questão, neste caso, é a de saber se o Constitucionalismo tem futuro. Naturalmente, o nosso Constitucionalismo moderno atual, mas, mais radicalmente, todo o constitucionalismo. Colocando-se até um pouco em causa a tese de Lassalle, da existência histórico-universal da Constituição...

O que preferimos?

O pensamento não deve temer questões radicais. Se é certo que gostaríamos de uma evolução na continuidade do atual Constitucionalismo moderno, não podemos, não devemos mesmo, furtar-nos ao desafio de indagar, radicalmente, se haverá constitucionalismo no futuro, ou se tal constitucionalismo será ainda do mesmo timbre, tipo ou família do atual.

A uma opção avisada, prudente, com algo de conservador (mas num sentido de razoabilidade, não de reacionarismo) se opõe uma outra mais ousada, indagadora, não propriamente revolucionária nem progressista, mas aberta a novas soluções... Ainda que essas novas soluções, do nosso ponto de vista, não possam, não devam, dar passos atrás no legado adquirido do Constitucionalismo moderno. Mas terá que admitir-se que, uma vez adotada essa via, empreendido esse caminho, se terá que admitir que possam ocorrer modificações jurídico-políticas de tomo, as quais, no limite, poderão acabar de vez com o constitucionalismo moderno...

Capítulo II

CONSTITUCIONALISMO MODERNO E CONSTITUCIONALISMO HISTÓRICO

Ainda somos do tempo em que havia uma espécie de esquizofrenia doutrinal. Não era coisa de que o estudante ou sequer o docente comum pudessem aperceber-se. Mas queria e quer parecer que havia dois pesos e duas medidas na análise dos momentos constitucionais, numa perspetiva histórico-teórica.

Assim, por um lado não deixava de se aderir, ao menos implicitamente, à tese histórico-universal de Constituição proclamada na palestra de Ferdinand Lassalle sobre o "ser" da Constituição. Considerava-se, pois, sem dificuldade, que sempre, em todos os tempos e lugares, haveria uma trama normativizada de poderes, ou seja, sempre haveria "Constituição".

Mas, por outro lado, na medida talvez até em que nesses tempos não havia o nefasto peso de teorias antirrevolucionárias, anti veteroliberais, etc., e, portanto, vigorava um consenso de base (só imperfeito em margens do sistema, muito laterais e pouco visíveis na comunicação social) no valor da Revolução Francesa e do Constitucionalismo emergente dela e de revoluções afins (o chamado Constitucionalismo moderno), nessa medida, havia então uma tendência para identificar Constituiçao *tout court* com a Constituição em sentido moderno. Ou seja, em termos latos, aderia-se univocamente ao sentido já determinado pelo artigo 16º da primeira Declaração dos Direitos do Homem e do Cidadão francesa: *Toute société dans laquelle la garantie des droits n'est pas assurée, ni la séparation des pouvoirs déterminée, n'a point de Constitution.*

Por outras palavras, num contexto de constitucionalismo escrito, codificado, e com alguma rigidez (o que permitirá depois o controlo da constitucionalidade, como bem frisaria no Brasil Manoel Gonçalves Ferreira Filho), o referido artigo dessa clássica Declaração fazia sobressair dois elementos que avultam ainda hoje como traços *sine qua non* da existência de uma Constituição em sentido moderno: a separação dos poderes e os direitos fundamentais (evoluindo depois para a categoria também de direitos humanos). Embora o texto do mestre de São Paulo seja um pouco longo, é importante tê-lo presente, até para o futuro, porque pode haver pessoas esquecidas ("olvidadiças", dir-se-ia com um neologismo, imitando o castelhano) que podem querer constituições flexíveis doravante, mutáveis ao sabor dos detentores efémeros do poder, e para mais dizendo (como já se disse – *hélas*!) que a rigidez constitucional seriam "os mortos a mandar nos vivos", e que as cláusulas pétreas (ou limites materiais de revisão constitucional) seriam antidemocráticas. Recordemos, pois, Ferreira Filho:

> "A distinção entre Constituição rígida e Constituição flexível, entre Poder Constituinte originário e Poder Constituinte derivado, implica a existência de um *controle de constitucionalidade*. De fato, onde este não foi previsto pelo constituinte, não pode haver realmente rigidez constitucional ou diferença entre o Poder constituinte originário e o derivado.
>
> Em todo Estado onde faltar controle de constitucionalidade, a Constituição é flexível: por mais que a Constituição se queira rígida, o Poder Constituinte perdura ilimitado nas mãos do legislador. Este, na verdade, poderá modificar a seu talante as regras constitucionais, se não houver órgão destinado a resguardar a superioridade desta sobre as ordinárias. Mais ainda, órgão com força bastante para fazê-lo."[391]

Pois bem. Voltemos ao Constitucionalismo moderno. É evidente que, por muito que se aprecie e louve e adira ao projeto do Constitucionalismo moderno, não se pode olvidar que, pela teoria de Lassalle (e ainda

[391] Manoel Gonçalves FERREIRA FILHO – *Curso de Direito Constitucional*, 17ª ed., revista e atualizada, São Paulo, Saraiva, 1989, pp. 29-30.

que ela não existisse) houve um outro constitucionalismo antes desse. E a prova disso mais simples e impressiva será a ponte histórica que para tal é lançada pelos próprios preâmbulos de três das mais significativas constituições iniciais do Constitucionalismo moderno: a francesa de 1791, a espanhola de 1812 e a portuguesa de 1822. Em todas elas há uma referência a um tempo mais ou menos idílico que não é uma mera alusão ao mito da Idade do Oiro, mas a reminiscência de que houve alguma liberdade antiga, antes da que agora se recuperava, com Cortes modernas. Houve o interregno do Absolutismo, mas existiram velhas liberdades.

Importa recordar que há sempre narrativas sobre o passado no discurso constitucional. Elas podem fazer parte dos preâmbulos das Constituições, ou andar nos ares dos livros de História e das conversas dos políticos e das peças da comunicação social. Por essas e por outras é que o Preâmbulo da Constituição portuguesa (que explicitamente remete para a queda do regime fascista) foi considerado por Gomes Canotilho como o bilhete de identidade, hoje cartão do cidadão, da Constituição vigente.

É interessante advertir que enquanto a Constituição portuguesa faz uma ponte entre o passado e o futuro, a Constituição federal brasileira coloca a tónica toda no futuro, no tipo de sociedade que pretende construir. Digamos que a primeira é mítico-utópica, e a segunda apenas utópica. No sentido nobre e nada crítico da expressão, evidentemente. Com "utópico" não se quer designar o quimérico, o impossível de realizar. Apenas o que remete para o mito da cidade ideal, aliás magnificamente retratado por Roger Mucchielli[392].

Ora as narrativas sobre o passado constitucional são também instrumentos de intervenção no presente e formas de projetar o futuro.

[392] Roger MUCCHIELLI – *Le Mythe de la cité idéale*, Brionne, Gérard Monfort, 1960, reimp. Paris, P.U.F., 1980.

Capítulo III

ALGUMAS NARRATIVAS CONSTITUCIONAIS. PORTUGAL

Será útil e instrutivo atentar em algumas narrativas, brevemente e apenas a título exemplificativo.

Desde os alvores do Constitucionalismo moderno, foi posta a correr em Portugal – e se procurarmos (e nem precisamos de procurar muito) ainda tem posteridade atualmente no Brasil – uma narrativa diabolizadora do Constitucionalismo moderno.

Segundo ela, o Constitucionalismo moderno era uma importação estrangeira, alheia à alma nacional. Os absolutistas e os seus filhos e netos ideológicos (não já, obviamente, os veteroliberais, profundamente identificados com os valores e princípios das Constituições) insistiram sempre que a nova ordem instituída pelas constituintes e depois pela Carta Constitucional (dada pelo rei Dom Pedro IV de Portugal e Imperador D. Pedro I do Brasil) era um corpo estranho na alma nacional, no espírito lusitano, etc.. E, como sempre, os poderes chauvinistas e autoritários insistem no dogma de que só o nacional é bom e o estrangeiro e o internacional é mau (durante o Estado Novo português, por exemplo, insistia a propaganda do governo no perigo do "comunismo internacional", não se sabendo o que seria mais terrível, se o primeiro se o segundo termo da expressão), obviamente a solução seria voltar atrás, a uma mítica idade do oiro, perdida algures. Acresce que esse criticado estrangeiramento da Constituição se associa ao facto de ser alegadamente obra de forças consideradas ocultas, conspirativas e antirreligiosas. Tudo se pode ver neste poemeto de medíocre rima (mas muito certeira intenção), que circulava nesses tempos:

> "Eu, Dona Constituição
> Que fui nascida na França,
> E sendo ainda criança
> Jurei a Revolução [...]
> Viajei terras e mares
> Fui à Itália e à Prucia
> Porem da Espanha e Russia
> Me fizeram mal os ares.
> Nunca me dei a vagares,
> Com presteza sem igual,
> Vim á pouco a Portugal
> Pelos Pedreiros chamada [...]"[393]

Foi complicado, por exemplo, encontrar um padre que dissesse a missa de celebração da Constituição portuguesa de 1822. E mesmo a rainha, a tão conhecida no Brasil D. Carlota Joaquina, alegaria (pasme-se!) o seu direito natural à preservação da saúde para não se dar ao trabalho (e desonra, crê-se) de sair do palácio com tempo chuvoso e ir jurar a Constituição.

Mesmo um escritor liberal como Alexandre Herculano é citado por outro escritor liberal como Oliveira Martins a propósito do grande peso da influência estrangeira, designadamente francesa ou inglesa, sobre os primeiros políticos do constitucionalismo luso.

E por isso, por vezes, irrompe um grito de autonomia, um desatar de laços, um proclamar da independência de pensamento. Na Assembleia Constituinte, Fernandes Tomás insurge-se: "Eu sou português e estou aqui para fazer uma Constituição portuguesa e não espanhola"[394].

[393] "Testamento da Constituição", p. 304.

[394] Joaquim de Carvalho – *A obra legislativa das Côrtes*, in *História de Portugal*, dir. de Damião Peres, Barcelos, Portucalense Editora, 1934, vol. VII, pp. 101-102.

O contra-ataque teórico, em toda a sua extensão, demorará. E provavelmente, com a fortuna caprichosa da difusão das ideias, a muitos poderá ter passado ao largo.

O que vai ocorrer é que, primeiro, se vai ter de insistir que o Constitucionalismo é dual: antigo e moderno, e em ambos os casos é constitucionalismo de parte inteira. Não é uma tese fácil de aceitar por tradicionalistas que só pensam nas velhas leis fundamentais do reino, nem por constitucionalistas dos nossos tempos, que pouco delas saibam.

Depois, vai ser necessário explicar que a oposição de um a outro dos constitucionalismos, à luz do estudo concreto e no terreno histórico, é mais de cor local, verbal (e nem sempre), e sobretudo ideológica. No plano da filosofia e da metodologia não há uma verdadeira rutura. E finalmente, se não há rutura, pode-se, na Península Ibérica (e naturalmente nas suas extensões que foram um dia coloniais ou afins, pelo mundo – desde logo nas Américas, em África, etc.), muito legitimamente invocar uma prevalência, até cronológica, face aos constitucionalismos modernos classicamente invocados: inglês, americano e francês.

Teixeira de Pascoaes, na sua *Arte de ser Português*, reflete essa prevalência histórica até portuguesa:

> "Temos ainda os forais e os princípios de direito político estabelecidos nas antigas cortes, revelando o espírito de independência e liberdade que animou sempre a alma popular. Intervinha no governo do País, na sucessão do trono, em todos os actos de interesse geral que o Rei praticasse: a guerra e a paz, lançamento de impostos, etc. E exercia ainda uma esperta vigilância sobre o procedimento dos homens de Estado, alguns dos quais foram acusados e condenados! Em plena Idade Média, enquanto outros Povos gemiam sob o peso do poder absoluto, impúnhamos à nossa Monarquia a forma condicional: o Rei governará se for digno de governar, e governará de acordo com a nossa vontade, expressa em cortes gerais reunidas anualmente."[395]

Claro que um tradicionalista *à outrance* poderá sempre dizer que isso é justificativo do seu próprio discurso, porquanto do que o vate do Marão fala é do excelente constitucionalismo antigo, que ele exalta, tanto quanto execraria o moderno. Porém, como vimos, a questão é que

[395] Teixeira de PASCOAES – *Arte de Ser Português*, nova ed. com prefácio de Miguel Esteves Cardoso, Lisboa, Assírio & Alvim, 1991.

eles se não opõem, antes são complementares. O radicalismo do tradicionalista (ou o do modernista, por razões simétricas) é que não o permitem ver.

Seja como for, não é pequena a força propulsiva, de futuro, do discurso legitimador da autonomia do constitucionalismo nacional, em alternativa à muito martelada narrativa de a Constituição e o Constitucionalismo em geral serem corpos estranhos, de origem estrangeira. Note-se que esta acusação começou com a primeira constituição nos inícios do século XIX e ainda não se cansou. Ainda hoje alguns não mudaram de argumentos críticos.

Capítulo IV

ALGUMAS NARRATIVAS CONSTITUCIONAIS. ALEMANHA

Durante a República de Weimar, que tantas lições nos pode dar para os nossos dias (vejam-se as eloquentes obras de Claude Klein e de Jacobson e Schlink)[396], a narrativa dominante era muito semelhante a esta, nos seus traços mais profundos.

Também as forças antidemocráticas, reacionárias, eram explicitamente anticonstitucionais, invocando alguns argumentos paralelos aos que haviam sido esgrimidos noutros países, como Portugal: e em especial o argumento do estrangeiramento desta fórmula político-jurídica.

Sendo a questão identitária uma das mais mobilizadoras, é natural que as opções políticas extremistas desfraldem bandeiras desse teor, para coesão, arregimentamento e mobilização de sequazes. E um dos identitarismos mais tradicionais e mais perigosos, do mesmo modo que mais confusos, é o nacionalista (por exemplo, os judeus que governavam a clausura dos judeus e organizavam a discriminação, se não mesmo pior; os antigos migrantes que uma vez naturalizados alinham ferozmente com os xenófobos, etc.). Não se confunda, nunca, nacionalismo

[396] Arthur J. Jacobson/Bernhard Schlink (eds.) – *Weimar. A Jurisprudence of Crisis*, trad. Belinda Cooper *et al.*, Berkeley, University of California Press, 2000; Claude Klein – *Weimar*, Paris, Flammarion, 1968.

com patriotismo. Este é legítimo e com janelas e portas abertas; aquele é uma clausura, de fronteiras e de mentes.

Ora também na Alemanha teve de haver um contra-ataque às ideias retrógradas nascendo à sombra da democracia de Weimar, o qual valerá a pena cotejar com o ocorrido em Portugal. Não poderemos aqui, contudo, senão sumariar um pouco a questão, como incitamento a ulteriores estudos e reflexões.

Weimar não teve só "gigantes" juristas (e um gigante jurista do lado que viria a liquidá-la, como se sabe: Carl Schmitt). Teve também gigantes filósofos (também com um que colaborou com o nazismo, no mínimo: Martin Heidegger). Um dos mais denodados defensores da democracia (e, por sinal, decerto, um daqueles que conseguiu harmonizar a celebridade, o estudo profundo e o equilíbrio pessoal), foi Ernst Cassirer.

Contra a doutrina e a *vox populi* dominantes, ele vai buscar a Leibniz a génese dos direitos fundamentais. O clássico autor setecentista teria mesmo escrito sobre os direitos dos escravos e dos servos, o que aparentemente ninguém tinha notado, e sobretudo interpretado até ao momento. E mesmo para nós, hoje, é ainda surpreendente. Porquanto, do mesmo modo que os lusófonos não têm sabido enfatizar as liberdades ibéricas (em que são partícipes), que recuam pelo menos a Isidoro e Leandro de Sevilha, e que se limitam a algumas referências, nem sempre diretas, de Pascoaes, Agostinho da Silva, Jaime Cortesão, e, no Brasil, Sérgio Buarque de Holanda, que nos recordemos, também os Alemães não deram aparentemente posteridade em divulgação a estas ideias pioneiras, que resgatavam uma origem, um legado, bem ao arrepio dos lugares comuns. Mesmo historiograficamente há uma hipótese muito grande de triunfarem os lugares comuns.

Para Cassirer, as ideias político-jurídicas de Leibniz influenciariam o célebre jusnaturalista Wolff, o qual, havendo sido fonte de Blackstone, é que acabaria por dar origem à Declaração da Independência dos EUA de 1776 e daí viria a ser inspiração do constitucionalismo francês, etc.

Mas decerto que o peso pesado da argumentação acaba por ser outro ainda: Kant. O filósofo de Conisberga, ao ter redigido, antes de mais, cinco anos antes da Revolução Francesa, o seu opúsculo sobre o Cosmopolitismo, não pode deixar de ser um precursor. E obviamente depois o corroborará na sua *Paz Perpétua*.

Em 15 de agosto de 1928, Cassirer proclama estas ideias em que Alemanha e Democracia (ou pensamento veteroliberal *tout court*) se fundem. Contudo, a esposa de Cassirer anota nas suas memórias (apesar dos grandes aplausos que recompensaram o orador) que o discurso não comoveu, nem persuadiu. Apenas terá reconfortado quem já esperava sê-lo[397].

[397] Todo este passo se inspira no interessantíssimo livro de Wolfram EILENBERGER – *O Tempo dos Mágicos. A Grande Década da Filosofia. 1919-1929*, trad. port. de Isabel Castro Silva, Lisboa, Edições 70, 2022, p. 280 ss., que convém ler e reler, sobre esta questão.

Capítulo V

MAIS NARRATIVAS CONSTITUCIONAIS. DE VOLTA À LÍNGUA PORTUGUESA

Há vários lugares paralelos de influências e origens. Diz-se que na Suíça se foi desencantar um autor alemão para ser apresentado como grande inspirador do seu constitucionalismo, porque seria impopular reconhecer-se a influência do "big brother" francês. Diz-se que em Portugal acabaria por se querer fazer uma Constituição "mais liberal que a espanhola", para com esta perífrase não dizer que se desejava a influência francesa. Estava ainda muito recente e dolorosa a memória das três invasões francesas.

E assim se vão criando ideias-feitas, que passam até para malhas retóricas do discurso mais *savant*: o reputado historiador Victor de Sá, para citar um exemplo apenas que nos veio à mão, não deixa, *en passant*, de referir um "sofisma constitucional", pelo qual teria sobrevivido o regime monárquico português[398]. Cremos entender onde queria chegar. O constitucionalismo, visto a certa luz (enquanto, por exemplo, simples molde jurídico ou institucional da chamada "democracia burguesa" – mas não garantimos ao certo a opinião do autor), seria um sofisma. Ou então... tratar-se-ia de um simulacro. Tal é o título de uma obra de

[398] Victor de SÁ – *Perspectivas do Século XIX*, Lisboa, Portugália, 1964, p. 71.

Luiz Moreira, editada no Rio de Janeiro, *A Constituição como simulacro*[399], colocando sobretudo em causa o entendimento corrente sobre o poder constituinte originário. Mas vale obviamente a pena ler o empenhado e original escrito.

[399] Luiz Moreira – *A Constituição como Simulacro*, Rio de Janeiro, Lumen Juris, 2007.

Capítulo VI

A ADVERTÊNCIA DO IMPERADOR

Onde queremos chegar com tanto passado? Poderá ele elucidar o futuro? Sem dúvida, e a muitos títulos.

Insistamos apenas no óbvio: as narrativas sobre a Constituição não são relatos simples, decalcados meramente em pontos do real, como num desenho sem mão livre. As narrativas constitucionais são (tal como as próprias constituições) discursos legitimadores[400]. E mitos! Mitos de narrativa das origens, mitos fundadores, mitos dadores de sentido, mitos de legitimação (insista-se); ideias-força, mitos propulsivos; e por vezes cortinas de fumo, mistificações...

Assim, ao vermos com mais distanciamento o passado, poderemos estar precavidos e cientes de que, muito provavelmente, no futuro haverá a preocupação de que as Constituições assumam essas funções que sempre tiveram, e que, na sua mescla de aspetos excelentes e menos recomendáveis, alcançam padrões de humanidade e eficácia muito razoáveis.

Assim, antes de mais, as Constituições futuras naturalmente terão que fundar, legitimar, dotar as comunidades políticas de sentido, na sua

[400] Cf., entre nós, o clássico João Baptista Machado – *Introdução ao Direito e ao discurso legitimador*, reimp., Coimbra, Almedina, 1985.

existência, na sua continuidade. Deverão remeter para os grandes mitos do nascimento e da renovação da Cidade.

Em seguida, as Constituições terão que traçar horizontes de esperança, como desenhos, pelo menos utopistas, que atualizem o princípio esperança de que falava Bloch[401]. Terão que gizar um programa dos Estados.

Finalmente, e subsidiariamente, poderão ter que entrar em alguns sofismas, por vezes da maior subtileza, para fazer passar ideias ou difundi-las de forma segura. O que pode ser desmascarado; e nem sempre isso será mal, desde que não faça perigar o edifício e o espírito constitucional. Por exemplo, como quando Nietzsche denuncia que o Estado se faz passar por Povo. Não são a mesma coisa, evidentemente. Mas sabê-lo não faz mal ao Estado. E quando o Estado se diz Povo, muitas vezes, ajuda ao princípio institucional de integração, sem o qual tudo pode vir a desmoronar-se. É como as colunas no Pártenon: foram feitas tortas para que não as vejamos assim...

Como serão, pois, as Constituições no futuro?

Em concreto, como é evidente, ninguém o sabe.

Mas sabemos que três vias alternativas são possíveis, e entre elas, e na sua mescla, certamente se acertará na previsão.

Numa metáfora tirada da ópera *Otello* de Verdi, diremos que as possibilidades para a Constituição são duas, como para a nave do "Mouro": *Ou se afunda, ou vai aos céus.*

Analisando um pouco mais de perto, consideraríamos três situações-tipo:

Mar plácido. Uma possibilidade é a de continuidade cinzenta, pura e simples. Com mais ou menos pequenas crises, as constituições do *mainstream* constitucionalista continuarão o seu caminho, no pressuposto de que não haverá, como profetizava Tocqueville, grandes revoluções que precisem de um discurso legitimador novo. Ou, se dele necessitarem, talvez não passe de uma glosa do texto passado, talvez, necessariamente, polvilhado de algumas modas do momento.

401 Ernst Bloch – *Das Prinzip Hoffnung*, Frankfurt, Suhrkamp, 1959, trad. cast. de Felipe González Vicen, *El Principio esperanza*, Madrid, Aguilar, 1979, III vols., trad. fr. de Françoise Wuilmart, *Le Principe espérance*, Paris, Gallimard, 1976, reimp. 1991.

Oceano revolto. Outra possibilidade é a de profundas crises em permanência, o que dará uma erosão grave da própria ideia constitucional. O paradigma constitucional deixará de ser predominante. Governantes tirânicos não necessitarão sequer de uma veneração hipócrita dessa "folha de papel". Seja pelo poder ter caído na rua, seja pela mão dura de ditadores, a Constituição será, então, "sobrevivência" escassa, talvez mais "templo alegórico habitado por sombras". É o pior cenário, evidentemente.

Das águas inferiores às superiores. A possibilidade otimista é que o constitucionalismo moderno não simplesmente continue, mas se aprofunde. Continue a ser o melhor amigo das democracias veteroliberais, portanto sem exageros de "marxismo branco". Assim, que ela seja o manto protetor e o instrumento concretizador do Estado de direito, democrático, social, ecológico, sem preconceitos, etc. E que se revele capaz de descobrir novos bons direitos, verdadeiros, e não simulacros ou fantasmas, que, como a *má moeda expulsa a boa*, farão perigar os reais direitos, liberdades e garantias. Ou seja, o Constitucionalismo do futuro, numa perspetiva progressiva, terá de ser ao mesmo tempo raiz e asa, mito e utopismo (utopia não, porque é excessivamente geométrica e tende para o totalitarismo). Será um Constitucionalismo multinível, em rede, em diálogo, com instituições protetoras internacionais, como as já existentes, funcionalizadas, melhoradas, articuladas, e com um futuro Tribunal Constitucional Internacional[402], por exemplo. Sobretudo não deverá confundir a nuvem com Juno, e não embandeirar em arco com reformas e revoluções constitucionais que objetivamente viessem a ser ablativas de direitos fundamentais e humanos. Terá que ser um constitucionalismo audacioso, mas, ao mesmo tempo, muito prudente. Sem ufanismos, triunfalismos e experimentalismos, não correndo atrás de quimeras, mas com os pés bem solidamente assentes na realidade da vida, pela experiência e pela História.

O que nos preocupa, deveras, não são as dificuldades de governos em cumprir constituições mais exigentes ou audaciosas. São os sonhos dos políticos e dos constituintes, talvez ajudados por constitucionalistas (as fronteiras por vezes são ténues), quantas vezes com o inconfessável fito

[402] Cf., por todos, Yadh Ben Achour/Paulo Ferreira da Cunha – *Pour une Cour Constitutionnelle Internationale,* Oeiras, A Causa das Regras, 2017.

de inscreverem o seu nome nos Anais das glórias e das vaidades. E ao ver certas medidas, com implicações constitucionais evidentes, infelizmente nem sempre apercebidas, fica-se com a impressão de que, algumas vezes, pelo menos, na montra de novidades em que se tornaram as ações dos executivos e das assembleias, agigantadas e muitas vezes deturpadas pelos *media*, parece com frequência compreender-se que algumas são de impacto, mas não afetam o orçamento, e, por isso, se preferirão quiçá às medidas mais discretas, mais necessárias, mas que custam dinheiro. Por vezes muito dinheiro.

Temos para nós que o combate à pobreza, à fome, à escassez de recursos naturais, à crise energética, à implosão ecológica, terão de ser prioridades. E prioridades das prioridades. Mas sem folclorismos e medidas apenas *para inglês ver*. Então, inserir em textos constitucionais minudências folcloristas para agradar a Gregos ou Troianos, isso seria uma demagogia que equivaleria também a um verdadeiro sucateamento das Constituições. Seja como for, elas devem manter a sua dignidade.

Evidentemente, para conseguir atingir objetivos como os enunciados, é necessário enorme investimento (e também, e desde logo, vontade política) na Educação e na Cultura, na Saúde, na Justiça, nos Equipamentos sociais ambientais... Dir-se-á que, tudo somado, é quase tudo. Na verdade, é quase tudo o que mais interessa. Mas é lógico que não se pode descurar, por exemplo, e antes de mais, a proteção no seu mais cortante e elementar aspeto: da guerra e da paz. E por isso as relações exteriores, a cooperação internacional e a diplomacia, assim como a defesa, não podem esquecer-se.

Mas Constituição não é política pura. É apenas *estatuto jurídico do político*. Há que não misturar as coisas, e tendo conhecimento do político, não derivar ou derrapar para ele. A ausência de cortes epistémicos claros é sempre princípio de muito mal.

Em suma: há três cenários possíveis, e a escolha é do complexíssimo paralelogramo de forças que fará a História.

É interessante regressar a Napoleão, que tinha um sentido jurídico apurado (como decerto todas as pessoas com sentido da medida, ainda que desmedidas, e da prudência, ainda que por vezes audaciosas ao ponto de roçarem a temeridade). Ele sabia, antes de mais (e nunca será demais repeti-lo), que "o andamento de uma constituição está sempre subordinado aos homens e às circunstâncias.". Não pode haver constituição bem-sucedida se ignorar quem serão os seus destinatários e protagonistas, e o tempo em que deverá viver.

Napoleão, homem de Estado, preocupa-se com a efetividade da Constituição. Mas entende que precisa de alguma latitude. É verdade, mas não completa, não tanto que se torne uma constituição híper flexível. Diz ele que a Constituição "tem de ser feita de modo a não estorvar a ação do governo, de modo a não o obrigar a violá-la"[403]. Algo nos faz lembrar a sabedoria do rei do *Principezinho* ou *Pequeno Príncipe*[404]... E hoje sabemos que a violação pode ser por ação ou omissão.

Não diríamos totalmente como o Corso, embora compreendamos as suas razões. O problema não é tanto o valor sacrossanto de uma Constituição tão pouco exigente que não seja difícil a um governo qualquer não a cumprir. O problema é encontrar governos competentes e amigos de uma Constituição tão adaptada às pessoas e às circunstâncias que nem sequer exija ou peça demais. Mas exatamente o necessário e o justo. É, aliás, o que de algum modo parece pensar Saramago, que não era jurista: "As constituições estão aí e à luz delas, penso eu, que deveria ser julgada a gestão dos nossos governos."[405]

Sempre se alega com a falta de recursos para satisfazer as necessidades e os clamores reivindicativos. Talvez a chave do problema esteja a montante.

Por um lado, há que combater eficazmente a corrupção, em todas as suas modalidades, o que dará ao erário público uma fortuna. Mais nuns países do que noutros, mas sem dúvida muito.

Por outro lado, é necessário (e esta perspetiva é impopular, mas seja-nos permitida, enquanto opinião) uma educação para alguma frugalidade. Os tempos de guerra e de esgotamento dos recursos vão necessariamente impor restrições. E custarão muito menos se não aspirarmos todos a *nadar em mar de contentamentos*... A forma como educamos os nossos filhos e netos para a vida é a de um *luna parque* permanente, afora os excluídos da civilização, que, esses, penam do lado obscuro da

[403] NAPOLEÃO, *apud* Ernesto FERRERO – *Lezioni napoleoniche*, trad. port. de José Colaço Barreiros, *Lições de Napoleão*, Lisboa, Teorema, 2009, p. 25.

[404] Antoine de SAINT-EXUPÉRY – *Le Petit Prince*, trad. port. de Alice Gomes, *O Principezinho*, 4ª ed., Lisboa, Aster, s/d.

[405] José SARAMAGO – "Constituições e Realidades", in *O Caderno*, Porto, Porto Editora, 2018, p. 81.

vida, sem sequer terem direito à infância. De um lado, a alienação, que começa nas classes médias baixas e sobe por aí acima, e do outro a miséria. Não há Constituição moderna (de um Estado Constitucional democrático, de direito e social) que possa ser cumprida com esta dicotomia gritante, em que, para mais, todos perdem.

A justiça social (com esse ou outro nome), com todo o equilíbrio e sem prejudicar as liberdades políticas, como é óbvio e já adquirido histórico civilizacional[406], tem de ser imperativo constitucional e também político. E nele se inclui (e tal pressupõe) a educação integral não consumista e não infodependente, que são fenómenos de profunda alienação, a que o mundo constitucional não pode ser alheio. Eventualmente sob pretexto de uma ideia anarquista e laxista de falsa "liberdade". Um *laissez faire* que pode chegar a ser "criminoso", até. Porquanto, desde logo, o *vidrado* no celular ou no computador, e o comprador compulsivo, como o bulímico, ou o acumulador, não podem ser bons cidadãos. Não têm tempo, nem disponibilidade mental e anímica para a participação na *res publica*. A cidadania implica alguma frugalidade voluntária, inteligente, e, digamos, ecológica *lato sensu*. Implica discernimento, identidade, dignidade não apenas exteriormente reconhecida, mas pessoalmente assumida e protagonizada.

Há assim um vasto trabalho a empreender, porque o projeto constitucional vale a pena. É uma bandeira de que nos devemos orgulhar. E será parte da solução dos problemas no futuro, já próximo.

[406] Já em 1971, entre nós, se sintetizavam alguns novos rumos da Justiça Social, entendida latamente como proteção dos menos favorecidos (sem que, dizemos nós, se deva cair com tal num simples assistencialismo), ultrapassando as bipolaridades iniciais a que o conceito se associava, e alguns ainda associam, de forma exaltante ou crítica: Alberto P. Xavier – *Economia de Mercado e Justiça Social*, Lisboa, ed. autor (?), Tip. Anuário Comercial de Portugal, 1973, máx. p. 435 ss.. Desde então, muitas versões tem havido a favor e contra. Um dos mais encarniçados adversários dela é o neoliberalismo. Cf., *v.g.*, Plauto Faraco de Azevedo – *Direito, Justiça Social e Neoliberalismo*, 1ª ed., 2ª tiragem, São Paulo, Editora Revista dos Tribunais, 2000. V. ainda Pelissier Tanon/José Manuel Moreira – *Será a Justiça Social Possível? Apresentação de 'De la Justice' de Bertrand de Jouvenel*, Separata de "Humanística e Teologia", 21, 2000, p. 24 ss.. A nossa perspetiva da Justiça social é a plasmada nas constituições, nomeadamente as de Portugal e do Brasil. É o programa socioeconómico, ou constituição socioeconómica dessas magnas cartas. E é já plenamente Direito, não é mera aspiração nem ideologia.

Parte V

ATUALIDADE E DEFESA DO CONSTITUCIONALISMO MODERNO

"(...) a instância predominante hoje do campo retórico do Direito em sentido estrito é o constitucional."

LUIS ALBERTO WARAT[407]

[407] Luis Alberto WARAT – *Do Paradigma Normativista ao Paradigma da Razão sensível*, in *Temas Emergentes no Direito*, coord. de Marcelino Meleu/Mauro Gaglietti/Thaise Nara Graziottin Costa, Passo Fundo, IMED, 2009, p. 27.

Capítulo I

CONSTITUCIONALISMO MODERNO, SEMPRE

O Constitucionalismo moderno tem duzentos anos no mundo de Língua Portuguesa. Duzentos anos é uma tradição muito razoável em Portugal (o Marquês de Pombal, na Lei da Boa Razão, exigia só metade disso para haver um costume enraizado) e uma eternidade no Brasil. Ao mesmo tempo que no ano passado se comemorou o início do Constitucionalismo moderno lusófono com a Constituição de 1822, sente-se agora que estamos numa encruzilhada constitucional. As constituições cidadãs portuguesa e brasileira vigentes indicam o caminho. E não podem ser subvertidas por hermenêuticas *pro domo*. Felizmente, há órgãos de soberania encarregados da interpretação da Constituição. São Tribunais, têm de ser somente tribunais. Espera-se que 2023 venha a ser o ano do retomar mais tranquilo da linha bicentenária do Constitucionalismo moderno.

Numa conferência muito célebre (no nosso tempo de Coimbra, era leitura, se não obrigatória, pelo menos muito explicitamente recomendada – e efetivamente adquirida por muitos estudantes – nas saudosas aulas do Prof. Gomes Canotilho), Ferdinand Lassalle (1825-1864) deu contributos de valor inestimável para a compreensão de elementos essenciais do ser e do modo-de-ser da Constituição. Chama-se a obra, em Alemão, *Über Verfassungswesen* (1862), algo como *sobre o ser (ou o "sendo") da Constituição*, mas o título que em português se encontrou mais frequentemente foi um singelo "O que é uma Constituição?" ou "O que é uma Constituição Política?". Também se poderia chamar "Sobre o Constitucionalismo".

Um dos esclarecimentos mais fecundos da análise do velho social democrata alemão (mas longe de ser o único), é que sempre há Constituição, em todos os tempos e lugares. Essa tese, que foi sendo assimilada (embora nem sempre de forma consequente) mais ou menos por todos os ulteriores teóricos, foi batizada de "conceito histórico-universal de Constituição".

Ao aceitarmos este conceito histórico-universal de Constituição, para o qual não há comunidade ou sociedade política que não possua, pelo simples facto de o ser, uma Constituição, imediatamente deparamos com um problema conceitual e terminológico. Se sempre há Constituição, numa qualquer "formação social", então há Constituição mesmo quando o vocábulo "Constituição" não esteja presente, mesmo quando o processo de criação da Constituição não tenha passado pelos trâmites tidos como normais para a sua formação, mesmo que o seu conteúdo não seja determinado pelos princípios constitucionais hoje mais ou menos dominantemente vigentes.

Expliquemo-nos mais explicitamente: há sempre uma Constituição, em qualquer sociedade, em qualquer tempo histórico, mesmo que a ideia de "Constituição" lhes seja de todo alheia, bem como alguma palavra designatória correspondente. Não é necessário, por isso, que haja um processo formalizado e intencional de criação da Constituição – a Constituição também *é o que está* (e tal como está, o constituído – o *statu quo*); finalmente, também não se deve vincular o conceito de Constituição a um "programa" constitucional, tanto sendo Constituição uma ordem comportando uma relativa desordem política (nunca há, nem mesmo na dita "anarquia", uma desordem absoluta – como demonstrou, *mutatis mutandis*, Maurice Duverger[408]), tanto o sendo a democracia como a ditadura, etc.

Um procedimento que parece cada vez mais comum (de entre as múltiplas formas de beligerância teórica, em que o nosso tempo é pródigo) é o de definir restritivamente os conceitos operatórios (ou paradigmas) das ciências sociais e normativas, o que redunda na mais feroz

408 Maurice Duverger – *Introduction à la politique,* Paris, Gallimard, 1963, trad. port. de Mário Delgado, *Introdução à Política*, Lisboa, Estúdios Cor, 1977; Idem, *Janus, les deux faces de l'Occident,* Paris, Gallimard, 1962.

forma de exclusão das ideias adversas ou alternativas. Perante o silêncio ou perante a formulação de um tipo fechado de definição, jamais os "outros mundos" (que ele "há mais mundos"...) teóricos poderão sequer assomar à mente da esmagadora maioria do público.

Ora, limitar a ideia de Constituição no tempo, no espaço, ou a um ideal ideológico, ou ainda a uma volição social (entre outros procedimentos limitativos e enclausurantes), afigura-se-nos um totalitarismo que pode revelar-se mais ou menos subtil, mas, ainda assim, será totalitarismo de parte inteira.

Dizer, como faz o artigo 16º da clássica Declaração dos Direitos do Homem e do Cidadão francesa, que só há Constituição com (ou melhor, que deixa de haver Constituição quando não haja) separação de poderes e direitos (fundamentais e/ou humanos) é muito válido e profundamente esclarecedor do sentido do que está em jogo, pelo menos para uma cosmovisão veteroliberal da Constituição (e suas legítimas sucessoras), mas não faz muito sentido, nem para momentos anteriores, nem ulteriores. Infelizmente, neste último caso (porque deplorar a falta em anteriores não deixaria de ser um anacronismo). Embora se espere que, no futuro, os momentos de hiato ou retrocesso constitucional, que já os tem havido, venham a tornar-se cada vez mais curtos e raros. Mas de pouco adiantam os votos piedosos se não houver determinação cívica para o garantir... E alguma sorte também...

A opção coloca-se, em termos conceituais e terminológicos (e portanto, também, de sistematização) de forma muito clara: ou só consideramos ser Constituição a Constituição em sentido moderno (ou Constituição moderna), ou seja, na perspetiva daquilo a que Carl Schmitt chamou "conceito absoluto" de Constituição, e então aí teremos certamente características que até ao alegado Estado dito "pós-social" (neoliberal) ou à dita e correspondente sociedade "pós-moderna" não correspondem (é uma perspetiva que ignora, antes de mais, o passado, e nega, na prática, o conceito histórico-universal de Constituição); ou partimos, pelo contrário, para uma visão compreensiva do fenómeno constitucional e a única coerente com o seu conceito histórico-universal, e consideraremos constitucional todo o tipo de estatuto jurídico ou normativo do político, organizador, legitimador e eventualmente propulsor de todas as sociedades políticas, quer representado como constitucional quer não, quer escrito quer não, quer codificado quer não, quer liberal-democrático quer não. É por esta segunda opção que enveredamos. Nesta perspetiva, será constitucionalismo moderno o correspondente a esse movimento... Uma das mais conseguidas sínteses sobre ele é a que Cardoso da Costa, escreveu para o verbete respetivo ("Constitucionalismo") da "Enciclopédia Pólis". Aí se explicita, nomeadamente:

> "Fala-se de constitucionalismo ou movimento constitucional para designar o movimento histórico-político que, sob o impacto da Revolução Americana e da Revolução Francesa dos finais do séc. XVIII, mas colhendo a sua primeira inspiração nas revoluções inglesas do século anterior e aí encontrando os seus pródromos (...) se traduziu na progressiva e generalizada substituição do regime de monarquia absoluta até então vigente na Europa Continental, por outro fundado na Constituição escrita e obedecendo ao princípio da separação dos poderes"[409].

E, por outro lado, latamente se englobará no Constitucionalismo *tradicional* tudo o que precede esta conceção e esta prática.

Em rigor, será que se deveria também considerar um Constitucionalismo "pós-moderno", porque quer a pura modernidade quer o puro constitucionalismo moderno parece terem já, ao menos em muitos aspetos, deixado de existir em alguns países ou nalguns momentos? Tal poderia animar os espíritos mais dados ao fogo-fátuo das novidades há algumas décadas atrás. Mas não hoje, quando se viu já claramente vista a associação do pós-moderno negador das meta-narrativas a uma afasia demissionária de valores e de programa, objetivamente cúmplice de uma "mão invisível" desreguladora, que redundou naquilo a que Adriano Moreira chamou "neoliberalismo repressivo".

Além de que, no plano propriamente constitucional, não se vislumbraram, nestas décadas, e em várias latitudes, nenhumas propostas realmente inovadoras, oscilando-se entre o coerente aprofundar e melhorar o dado e alcançado (como a proposta de aperfeiçoamento constitucional de Jorge Miranda) ou tentativas de revisionismo em geral de pormenor, ou então propostas de revisão constitucional inconstitucionais (desrespeitadoras das mínimas regras do jogo democrático e do legado do Estado constitucional). Sem mesmo entrar no mérito (que não dis-

[409] J. M. Cardoso da Costa – *Constitucionalismo,* in "Polis. Enciclopédia Verbo da Sociedade e do Estado", Lisboa, Verbo, 1983, vol. I , col. 1151.

cutiremos) das propostas ultimamente sobre a mesa, em Portugal, será que para alguma delas alguém reivindicará o estatuto de rutura de fundo com o próprio Constitucionalismo moderno? Embora uma ou outra o pudessem obviamente constituir, na mais objetiva das análises...

Conclui-se, então, tudo ponderado, pela simultânea unidade e dualidade do Constitucionalismo.

Unidade que decorre do conceito histórico-universal de Constituição. *Dualidade* que resulta de haver um constitucionalismo histórico, natural, tradicional, consuetudinário, pré-moderno, que é, em Portugal, representado por leis fundamentais do Reino, a seu tempo plasmadas sobretudo no Livro II das Ordenações – todas elas: Afonsinas, Manuelinas e Filipinas –, além de um constitucionalismo moderno, que se inaugurou, entre nós, com a revolução do Porto de 1820 (a 24 de agosto) e a Constituição de 1822. O Constitucionalismo moderno tem duzentos e dois anos e pouco. O Constitucionalismo tradicional durou desde a fundação da nacionalidade portuguesa (que em geral se convenciona ter ocorrido – passem as polémicas – em 1143) até 1820, data da revolução veteroliberal. No território do Brasil, durou desde o desembarque de Pedro Álvares Cabral (1500) até à mesma data. Passando o Constitucionalismo moderno brasileiro a autonomizar-se (mas sempre em diálogo com o português) com a independência (um processo que durou de 1821 a 1825, mas é comemorada pelo mítico Grito do Ipiranga, de 7 de setembro de 1822).

É verdade que esse Constitucionalismo moderno sofreu recuos, logo com a Carta Constitucional de 1826 (e no Brasil com a Carta de 1824, que é sua direta fonte – ambas dadas por D. Pedro, I do Brasil e IV de Portugal), outorgada e não fruto do poder constituinte originário do Povo. E a Constituição portuguesa de 1933, aprovada por um plebiscito por uma votação cujos números ainda hoje não são consensuais nas fontes correntes, se no plano teórico talvez não fira na sua letra em absoluto os preceitos do artigo 16º da clássica Declaração francesa, obviamente na prática os atropelou quotidianamente. Mas na marcha geral dos tempos, com alguns recuos, a verdade é que continuamos no mesmo caminho do Constitucionalismo Moderno do Vintismo. Somos ainda Vintistas, com aperfeiçoamentos, com desenvolvimentos. Não houve qualquer mudança de rumo essencial, nem salto qualitativo.

Vivemos, pois, plenamente, com a nossa ordem Constitucional atual, sob o paradigma do Constitucionalismo Moderno, que aos dois elementos explícitos do referido artigo fundador francês acrescentou a sacralidade textual que se analisa em pelo menos alguma rigidez da Constituição (e especialmente em limites materiais de revisão ou cláusulas pétreas), e que associou a esse bloco constitucional fundador a soberania popular, o sufrágio universal e o controlo da constitucionalidade, especialmente a dimensão concentrada em órgãos jurisdicionais próprios (Tribunal Constitucional em Portugal e noutros países lusófonos, Supremo Tribunal Federal no Brasil).

Façamos por momentos um exercício de utopia, ou de imaginação política: e se vivêssemos numa sociedade sem direitos fundamentais, com confusão e concentração dos poderes, com soberania exclusiva de um soberano, coroado ou não, se não houvesse votação para os titulares do poder, e se as normas fossem fruto incontrolado deste, sem controlo da constitucionalidade? Mais ainda, se não obrigassem o seu próprio autor (que seria *legibus solutus*), mas apenas os súbditos ou vassalos? Bastaria este mundo às avessas assim esquiçado para podermos ver quão apegados (pelo menos a imensa maioria dos nossos contemporâneos – os que são "modernos", para lembrar uma lúcida advertência de Teilhard de Chardin) estamos – e ainda bem – aos fundamentos do Constitucionalismo Moderno, que (inspirado nas ideias de 1789 e na sua tríade sagrada – Liberdade, Igualdade, Fraternidade) em Portugal e no Brasil floresceu há pouco mais de meros 200 anos. Não é muito tempo. Embora já seja bastante para consolidar uma nova tradição, e motivo para recordar e refletir.

Não deixa de ser significativo que, quando começou a ganhar força o projeto, que seria um culminar do Constitucionalismo Moderno, de avançar para a criação, sob a égide da ONU, de um Tribunal Constitucional Internacional, além dos Tunisinos que foram os autores da proposta no séc. XX, e obviamente de alguns outros de vários países (Canadá, Alemanha, França, por exemplo), foram Portugueses e Brasileiros dos que mais apoiaram a ideia, e se desmultiplicaram em atividades e publicações. Infelizmente, com as presentes condições internacionais, marcadas pelo rescaldo da pandemia e na vigência do conflito na Ucrânia, é um projeto que não poderá andar ao ritmo desejado. Mas não está esquecido...

Capítulo II

DEFESA DO CONSTITUCIONALISMO MODERNO E ESTADO DE DIREITO DEMOCRÁTICO, HOJE

Há coincidências perturbadoras.

Terminava este livro sobre o Constitucionalismo moderno (sobretudo em Portugal e no Brasil), quando eclodiu a invasão, ocupação, depredação e pilhagem dos palácios sede dos três poderes em Brasília, claríssima e violenta afronta ao Estado de direito democrático. Tendo a situação sido apelidada já de muitas formas em apreciações políticas e jornalísticas, competirá ao poder judicial tudo vir a qualificar criminalmente e legalmente apurar responsabilidades. Tais atos foram verberados de imediato pelas mais altas autoridades portuguesas, espanholas, francesas, da União Europeia, de países da América Latina e da CPLP, dos EUA, etc., numa onda de solidariedade internacional com as instituições democráticas brasileiras.

Não nos cabe a nós comentar politicamente esses eventos. Mas o pensamento constitucional a eles não pode ficar indiferente (a Constituição é "estatuto jurídico do político", desde logo). É, porém, patentemente imprescindível que deles se tirem lições, não apenas no Brasil, mas também nos países que se creem com sólidas democracias e que estultamente se julgam, como que por obra e graça de um escudo invisível, imunes a sobressaltos institucionais de monta.

O presidente da União Internacional de Juízes de Língua Portuguesa, Carlos Mondlane, em entrevista à agência noticiosa Lusa, em Moçambique, considerou que o assalto às sedes dos três poderes em Brasília podia ter tido lugar em qualquer país da lusofonia, chamando muito pertinentemente a atenção para as consequências da manipulação através das redes sociais. Afirmou:

> "Os nossos países também devem olhar para isto [a invasão] como um exemplo do que pode acontecer. [...] Hoje as pessoas, através do fluxo de informação que recebem pelas redes sociais e discursos extremistas de pessoas sem consciência política, podem sair à rua para usar mecanismos que não estão previstos pela Constituição, achando que estão a reivindicar direitos". E acrescentou, colocando o dedo pelo menos numa das feridas destes fenómenos populistas: "[...] é necessário que se criem mecanismos de controlo das redes sociais porque estão a tornar-se uma autêntica selva. [...] Há, infelizmente, pessoas que são facilmente manipuláveis".

Estas ocorrências trágicas, que pudemos ver em direto pelas televisões, ocorrem um ano e um par de dias após a invasão do Capitólio, num país como os EUA, considerado referência democrática mundial. E com esse trágico evento possuem muitas afinidades, embora sejam os factos brasileiros simbolicamente mais graves (mas não só simbolicamente), nomeadamente por simultaneamente haverem atacado os três poderes fundamentais do Estado e (além do mais) destruído ou roubado património artístico de valor inestimável – estando ainda para saber qual a dimensão e gravidade dos danos na documentação (em papel e em suporte digital) violada de cada um dos poderes.

As apreensões com a capacidade de a Democracia se conseguir defender a si mesma veem de há muito. A História dá-nos lições eloquentes. Mas em pedra muito dura de "autismo" não consegue a água mole das memórias e das advertências fazer valer os seus argumentos. Não poucos têm reclamado um reforço prático de reforma, renascimento, regeneração: simultânea à afirmação da superioridade moral desta forma de governo e de convivência social, viva na ética republicana e no seu *élan*, a par de um fortalecimento da autoridade democrática. Levando a sério os perigos reais. Porque há muitos, mesmo com responsabilidades, que não levam a sério os sinais de alarme. Certamente, pelo menos em alguns casos, porque vivem nas pressas e correrias do presente, apenas do presente, esquecendo ou ignorando as lições do passado, e sem tempo nem disposição para antecipar o futuro que se não reduza ao planear a próxima eleição ou a próxima promoção.

As democracias resistem, em grande medida, por inércia, por hábito, por sorte. Mas a sorte pode não durar. Só com democracias que sejam capazes de mostrar a sua coerência e limpidez de procedimentos, que tenham as mãos limpas e a cabeça clara, que consigam eficientemente resolver os problemas dos cidadãos e não meramente se percam em verbalismo, eleitoralismos, intrigas, conluios e negócios nem sempre claros, só com democracias assim, se começará a esvaziar o muito difundido (e reconheça-se que com eco em muitas camadas sociais, em vários países democráticos) discurso hipócrita, falsamente moralizador, dos que, populistas e demagógicos, sempre invocam corrupções e negociatas como sendo a profunda e verdadeira essência dos regimes democráticos, assim procurando justificar novas ordens a instituir, privadoras das liberdades e (ao contrário do que apregoam) absolutamente indiferentes à sorte dos menos bafejados pela *Fortuna*. Tanto mais que chegam ecos de uma interpretação mais global destes fenómenos. Segundo alguns, existiria mesmo uma nova internacional[410]. O nome importa relativamente pouco (apesar de ser muito esclarecedor), mas o *quid* é muito relevante.

Caso não se toquem a rebate os sinos democráticos, sem ética, que se traduza em ações demofílicas, e encerradas as elites (ou oligarquias) numa bolha superestrutural (como outrora as cortes das monarquias), afastadas e como que indiferentes (apesar de alguns discursos) às muito concretas e urgentes preocupações e penas das sociedades, as democracias não alcançarão força moral e anímica para se defenderem dos seus múltiplos e impiedosos inimigos. Sempre renovados, sempre insistentes, sempre fortalecidos, jamais dando tréguas.

Vale a pena rever e meditar a fotografia, reproduzida num livro do saudoso Luís Salgado de Matos[411], mostrando os parlamentares da I República portuguesa à saída do Parlamento, após o golpe de Estado de 28 de maio de 1926, que os parece ter livrado do "fardo" de serem representantes do Povo. Parecem, mais ainda que resignados com a sua deposição, verdadeiramente aliviados. Uma das razões da queda do primeiro

[410] Ugo Palheta – *La Nouvelle internationale fasciste*, Paris, Textuel, 2022.

[411] Luís Salgado de Matos – *Tudo o que sempre quis saber sobre a Primeira República em 37 mil palavras*, Lisboa, ICS, 2010.

regime republicano em Portugal foi – tem-se dito – a perda do *élan* democrático, a perda da própria vontade de viver, essa "apagada e vil tristeza", uma espécie de *acídia* (que alguns traduzirão por preguiça, mas que é sobretudo falta de esperança, de projeto, de garra – lassidão)[412].

As democracias ocidentais em que desaguaram os constitucionalismos saídos da Revolução Francesa (precedida da americana e das revoluções inglesas do séc. XVII) encontram-se todas mais ou menos sob ameaça não platónica, mas efetiva.

Quando fechávamos as primeiras provas deste livro, um artigo da estudiosa de temas judaicos Esther Mucznik, dava conta de uma carta em que 1197 ex oficiais superiores israelitas, endereçada à presidente do Supremo Tribunal de Israel e ao sistema judicial no seu conjunto, advertindo contra alterações do sistema jurídico e das leis fundamentais do país, que "poderão fazer de Israel uma democracia de nome, mas sem a essência". Os signatários significativamente consideram o poder judicial como "o último bastião", tendo a "responsabilidade de parar o processo de destruição da democracia"[413]. Uma das maiores juristas de Israel terá explicado o sistema de degradação da democracia: "As democracias não morrem de um dia para o outro, mas vão-se desgastando dia após dia. O problema é que o público não se apercebe"[414].

Alguns dias antes, o secretário-geral das Nações Unidas, António Guterres, alertara, na conferência comemorativa dos 50 anos do semanário "Expresso", para o retrocesso dos Direitos Humanos e para o "beco sem saída", para que o mundo caminha a passos de gigante. Guerras, ditaduras, desigualdades, desrespeito pelas liberdades, etc. O rol foi grande e cobriu todos os quadrantes do planeta[415].

Evidentemente que os mais otimistas, os incuravelmente panglossianos, acreditam (hoje muito se "acredita" no discurso público...) que o peso do *statu quo* prevalecerá contra a abertura das portas do inferno antidemocrático. E daí que haja em muitos democratas e, pior ainda, em

412 Jean Lauand – *O Pecado Capital da Acídia na Análise de Tomás de Aquino*, in "Videtur", CEMOROC, USP, Porto, n. 28, 2004, pp. 35-62.

413 Esther Mucznik – *Israel, a democracia em risco?*, "Público", 12 de janeiro de 2023, p. 7.

414 *Apud idem, ibidem.*

415 Cf., *v.g.*, ed. eletrónica : https://eco.sapo.pt/2023/01/06/guterres-alerta-para-mundo-a-caminhar-para-beco-sem-saida/ (ultimamente consultado a 12 de janeiro de 2023).

não poucos responsáveis, pelo mundo fora, um *engano de alma, ledo e cego, que a fortuna não deixa durar muito...*

Proliferam, de há muito, mas ultimamente mais ainda, artigos e mesmo obras de fundo sobre como perecem, como não conseguem resistir, as democracias. Uma das últimas, recomendada na respetiva capa pelo atual Presidente dos EUA e pelo antigo Presidente Obama, é *Como Morrem as Democracias*, de Daniel Ziblatt e Steven Levitsky, já traduzida entre nós. Um clássico continua a ser *Como Acabam as Democracias*, de Jean-François Revel, de que também existe tradução portuguesa.

Nada de novo. O sábio Montesquieu explicara já tudo no seu clássico *Do Espírito das Leis*: os despotismos, as tiranias, as ditaduras (vários nomes pode ter esse "mal" político – mas importam menos às pessoas concretas as classificações quanto os seus efeitos nocivos) começam com o sono dos que têm a cura das sociedades livres, e, em geral, dos próprios cidadãos. Com o laxismo, afinal, com a incúria, com o descaso, com um otimismo ingénuo, dir-se-ia "negacionista", dos perigos que espreitam sempre (e mais ainda em momentos de crise) as sociedades democráticas, se abre espaço para o crescimento do número de adeptos de regimes de exceção. Porque, não se esqueça, embora minoritários, estes sempre têm adeptos. Há personalidades autoritárias e totalitárias que projetam nos líderes sem freios as suas frustrações e debilidades: é uma forma de vingança por interposta pessoa. Só que, não raro, os "idiotas úteis" são os primeiros a sofrer e até a perecer com as viragens antidemocráticas que apoiaram e de que sempre são "carne-para-canhão". São de lamentar, pela sua triste sorte de eternos iludidos.

Ter-se-á agora compreendido, de forma dolorosa, que um Estado democrático não consegue conviver (sequer sobreviver) com o apelo permanente a golpes e a contínua associação "em pé de guerra" de massas que vivem numa realidade paralela (parece, por exemplo, que não poucos são fanáticos contra a ciência: seria interessante ver quantos acreditam que a Terra é plana, ou que poderá haver uma ajuda de "extraterrestres" numa subversão da ordem democrática), dispostas a tudo (até a sacrificar a própria vida – afirmam alguns) na sua ilusão? A ligação, já observada por Tocqueville, entre o fermentar de uma alteração "revolucionária" (ou contrarrevolucionária, acrescentaríamos) e a paixão religiosa mais ou menos fanática, evidencia-se em alguns casos[416]. Mas, como advertiu Riemen, cada caso terá a sua própria idiossincrasia – por vezes até surpreendente[417].

Mesmo em latitudes mais tranquilas e que se creem mais ao abrigo de aventureirismos, não se pode menosprezar a importância e a efetividade erosiva do sistema por parte da permanente guerrilha antidemocrática – nomeadamente pela utilização de meios de comunicação social, clássicos e de redes sociais, também para a construção de realidades paralelas, nomeadamente através das *fake news*? E o grande problema é que a incompetência, o desprezo pelas necessidades reais da sociedade, o oportunismo, o carreirismo, o nepotismo, a corrupção, podem em alguns tempos e lugares assumir uma tal dimensão (para mais agigantada à luz de interpretações sensacionalistas e malévolas) que as pessoas menos educadas (se simultaneamente as democracias também descuram a educação em geral e a educação cívica em particular: e isso ocorre frequentemente) se sentem tentadas a contribuir para ruturas. Já que a democracia não é capaz de cumprir as suas promessas, pelo menos têm a tentação de mudar, ou "pregar-lhe um susto" eleitoral a ver se emenda a mão e arrepia caminho. Só que esses sustos por vezes redundam em mais que sustos, e quando o são apenas não se tem visto significativamente que tenham contribuído para efetivas mudanças de políticas. Porque, na verdade, o fundo da questão reside no próprio recrutamento (e, antes disso, na formação: competência técnica e idoneidade ética) do pessoal político em democracia também, e obrigaria a uma profunda *metanoia* da seleção dos próprios candidatos e dos nomeados. Por alguma razão não parece ter prosperado, em Portugal, a pequena ideia (mas generosa) das eleições primárias dentro dos partidos para os seus candidatos a cargos públicos. O que não quer dizer que fosse panaceia. Poderia, porém, ter sido um sinal... A questão é complexa. A instituição da "ficha limpa" no Brasil também deu grandes esperanças. Mas (sem obviamente comentar os casos concretos) sabe-se de há muito que "pensada lei, pensada malícia" e sempre a equipa da ilegalidade parece andar uns tantos passos à frente das medidas contra ela...

[416] Alexis de Tocqueville – *L'Ancien Régime et la Révolution,* I, 3 (na ed. de J. P. Mayer, Paris, Gallimard, 1967, p. 68 ss., máx. p. 71).

[417] Rob Riemen – *De eeuwige terugkeer van het fascisme,* trad. port. de Maria Carvalho, *O Eterno Retorno do Fascismo,* trad. port., Lisboa, Bizâncio, 2012.

E, apesar de tudo, as instituições funcionam, e o clima que se vive nos países democráticos é respirável. O que não ocorre noutros ambientes. Pesem todas as crises, todas as deficiências e todos os calcanhares de Aquiles, é bom, muito bom, viver em democracia, mesmo se uma democracia imperfeita. Os ventos de guerra que sopram de Leste também não são tranquilizadores. Uma democracia tem sempre acrescidas dificuldades em tempos de conflito armado, ainda que não diretamente nas suas fronteiras físicas. Hoje as fronteiras geográficas acabam por ter um papel a relativizar, face à globalização, e as fronteiras passam a ser simbólicas, mediáticas, de fluxos comerciais e financeiros, informáticas, etc. Todos somos vizinhos de todos. As guerras são sempre, ainda que aparentemente distantes, uma ameaça às democracias.

Sendo as nossas Constituições, justamente apelidadas de "cidadãs" (a começar pela brasileira: no Brasil se cunhou a designação na última Constituinte), os grandes monumentos que consagram o nosso viver democrático coletivo, os tempos que se vivem aconselham redobradamente a maior prudência em qualquer revisão constitucional. Há muitas reformas a fazer, mas plenamente possíveis dentro dos atuais parâmetros, ou com ajustamentos não sublevadores.

Nos últimos tempos, tem-se assistido, sobretudo no Brasil, a perigosíssimas e muitíssimo erróneas interpretações da Constituição Federal, dando mostras de uma imaginação – deve reconhecer-se – que antes de mais nos espanta. A capacidade de manipulação hermenêutica deixou de ser apanágio de alguns juristas menos escrupulosos, para se difundir pela comunicação social formal e informal e atingir o mais iletrado. Ora, sabe-se proverbialmente da petulância imparável, da arrogância exuberante, da ignorância. E se se argumenta contra a Ciência até que a terra é plana, quão mais fácil não será distorcer a Constituição, fazendo-a dizer o contrário do que realmente diz? Felizmente que vigora nos nossos países um regime em que há um órgão concentrado de controlo da constitucionalidade. Talvez até mais perigoso que o desprezo ou o ataque direto à Constituição seja o massacrá-la com interpretações a si contrárias, invocá-la precisamente com intuitos subversivos, antidemocráticos, inconstitucionais.

Ora, há muito palco mediático para soluções mirabolantes e propostas chocantes e antidemocráticas.

Um dos grandes problemas da anomia comunicacional em que degenerou a obviamente justa e positiva liberdade de expressão associada a uma cega tecnologia (manipulável), são não apenas as *fake news*, como ainda a possibilidade (já denunciada por muitos, de que se salienta Umberto Eco) de saltarem para a ribalta até da comunicação social clássica (nem se fala das redes sociais) os protagonistas, os temas e as soluções mais absurdas e inconsistentes, enquanto quem estudou, quem tem experiência, quem sabe e é competente fica na sombra, sem voz, porque não usufrui do *marketing* necessário, dos contatos convenientes, ou simplesmente desagrada (ou não agrada suficientemente) por não apresentar *soundbites* apelativos, chocantes, ou simplistas. Sabemos que várias personalidades de valor, em vários países, abandonaram a vida pública por explicitamente se considerarem incapazes da simplificação que sentiam ser necessária para poderem ser notícia. E não poucos criadores, artistas, literatos, e pessoas de saber e ciência (assim como muitos profissionais esforçados, criativos e beneméritos, em todos os ramos da sociedade) guardam uma real, ainda que contida, amargura por se verem esquecidos e preteridos por outros, cujo contributo para a sociedade se lhes afigura muito escasso. Atribui-se normalmente a John dos Passos a ideia de que o prestígio de um intelectual seria um pouco superior ao de uma foca amestrada, mas muito abaixo do de um pugilista. Não são só os intelectuais. Sentem muitos que a fama e a fortuna andam distribuídas de uma forma estranha, bizarra. E perante certos números bilionários que correspondem a façanhas ou competências não socialmente valorizadas (ou que claramente têm o *fumus* de corrupção ou afim) é natural que cresça mais o descontentamento dos que têm que viver com magros recursos. Os quais, sem educação e treino do espírito crítico, são terreno úbere para soluções de força e projetos de dar um fim ao Estado de Direito democrático.

Numa revisão formal da Constituição como na sua interpretação, pequenos passos temerários podem redundar em grandes males. Uma pequena derrapagem aqui, um pequeno descuido acolá, uma ligeira cedência neste ponto ou naquele, grão a grão podem ir-se baixando as guardas, como aparentemente estiveram bastante desprotegidos os símbolos do Poder democrático em Brasília. Importa que, com conta, peso e medida – muita prudência – se melhore a Constituição, se aperfeiçoe o seu texto. Desde logo, ouvindo os juristas práticos, no terreno... Jamais que claudique como bastião do Estado de Direito democrático, *bíblia* da República.

Por vezes, é uma sanha antidemocrática clara, evidente, gritante, que pretende revanchismos patentes; mas, outras vezes, mais subtilmente, é em nome de pretensa democraticidade, ou igualdade, ou paz, ou outros valores aceites (ou da eficiência, do progresso, da técnica, essa que hoje "tem sempre razão"), que se insinua e afirma um revisionismo que (bem vistas as coisas, sem ingenuidades) acaba por visar o coração de um património de séculos, e que apenas age como lobo sob a capa de cordeiro.

A ingenuidade dos bem-intencionados, dos que afinal querem mostrar diálogo com todos, maleabilidade, concessões, etc. (confundindo democracia com fraqueza, frouxidão, tibieza, ausência de convicção), pode ignorar o perigo de projetos e práticas que "levam água no bico". Trocar "igualdade" por "equidade", como se pretendeu no passado, ou adotar um hino nacional com palavras muito simples e ingénuas (atacando os presentes como elitistas ou então belicistas ou xenófobos ou nacionalistas, e esquecendo a marca histórica que necessariamente transportam – na linha da contracultura do cancelamento), como de vez em quando se reclama, quer no Brasil quer em Portugal, ou (porque não?) mudar a bandeira para um *design* mais moderno (ou usar a bandeira com fins desviados, sectários), aparentemente são coisas de somenos, ou até, para alguns, oportunidade para se ser moderno, alinhar com a moda.

Mas valores e símbolos nacionais são muito sérios. E significam mais do que aparentemente parece, e diverso do que frequentemente lhes assacam os seus detratores. Já não andamos a lidar bem com os símbolos nacionais e com os valores republicanos. É preciso que se reconheça e defenda o valor do nosso património constitucional, num e no outro lado do Atlântico. Quebradas barreiras identitárias como essas (que o são), onde se parará? O problema é se teremos, onde é preciso que se atue, quem saiba suficientemente História e Semiótica, possua sensibilidade cultural, "feeling" político e sentido de Estado para que se possam empreender as mudanças necessárias na linha do Constitucionalismo moderno e se impeçam as que o contrariariam e fariam recuar – até, no limite, com perdas civilizacionais. E antes de mais é requerido bom senso e sentido da oportunidade. Já chega de "épater le bourgeois".

Têm-se ouvido – felizmente – algumas vozes responsáveis (ao mais alto nível) que dão o tom certo. Esperemos que sejam difundidas, ouvidas e acompanhadas.

PALIMPSESTOS E AGRADECIMENTOS

A Parte Primeira retoma, no essencial, um artigo publicado na "Revista Internacional d'Humanitats", vol. 56, set-dez 2022, CEMOrOc-Feusp/ Univ. Autònoma de Barcelona, agradecendo-se ao seu Diretor, Prof. Doutor Jean Lauand. Uma versão praticamente idêntica foi confiada em Portugal à revista "Pólis", nº 6 (II série), julho-dezembro de 2022.

A Segunda Parte praticamente reproduz, sem notórias alterações (salvo a tentativa de atualização ortográfica e a atualização ou adição de meia dúzia de referências bibliográficas), uma parte do nosso de há muito esgotado livro *Raízes da República*, editado em 2006 pela Almedina, de Coimbra, o qual, por seu turno, na parte da Constituição de 1822 e da Carta constitucional de 1826, derivara da nossa tese de doutoramento, *Mythe et Constitutionnalisme au Portugal* (1777-1826). *Originalité ou influence française?*, Paris, Université Paris II, 1992, policóp., (sendo, portanto, uma tradução do original francês), e viria a dar depois origem, parcialmente, ao nosso livro *Constitution et mythe*, Quebeque, Presses de l'Université Laval, graças a convite do Prof. Doutor Bjarne Melkevik, e Prefácio do Prof. Doutor François Vallançon.

A Terceira Parte desenvolve um pouco um artigo oferecido à revista "Finisterra", a convite do seu Diretor, Prof. Doutor Fernando Pereira Marques.

A Quarta Parte retoma, no essencial, um artigo publicado na revista na "Jurismat", Portimão, 2022, nº 16, pp. 25-40, agradecendo-se ao seu Diretor, Prof. Doutor Alberto de Sá e Mello. Estudo que depois se ofereceu também, com ligeiras modificações, à "Revista Ultracontinental de Literatura Jurídica", a convite do Prof. Doutor Waldir de Pinho Veloso. Para quem fica, também, o nosso "obrigado".

A Quinta Parte ecoa um artigo publicado na revista "Convenit Internacional", agradecendo-se ao Prof. Doutor Jean Lauand, seu diretor.

A imagem da capa (com base em imagens do banco de imagens Shutterstock) é da autoria da designer Profª Drª Valéria Barbosa, da Faculdade Belas Artes em São Paulo e da UNIP – Universidade Paulista, a quem igualmente se agradece.

O texto da II Parte teve que ser submetido a alguns trabalhos de uniformização e formatação, e uma primeira revisão gráfica do Prof. Dr. Ewerton Torres. Agradecemos ainda à Senhora Profª Drª Ezilda Melo e ao Prof. Doutor João Relvão Caetano o incentivo para a publicação. Assim como à Almedina o simpático acolhimento de sempre, muito especialmente na pessoa da Senhora Drª Sofia Barraca.

O nosso grato e geral reconhecimento.